KB143230

학교 민주시민교육의
세계적 동향과 과제

학교 민주시민교육의
세계적 동향과 과제

초판 1쇄 인쇄 2019년 11월 13일
초판 1쇄 발행 2019년 11월 19일

지은이 한국교육연구네트워크
펴낸이 김승희
펴낸곳 도서출판 살림터

기획 정광일
편집 조현주
북디자인 꼬리별

인쇄·제본 (주)신화프린팅코아퍼레이션
종이 월드페이퍼(주)

주소 서울시 양천구 목동동로 293, 22층 2215-1호
전화 02-3141-6553
팩스 02-3141-6555
출판등록 2008년 3월 18일 제313-1990-12호
이메일 gwang80@hanmail.net
블로그 http://blog.naver.com/dkffk1020

ISBN 979-11-5930-122-3 93370

학교 민주시민교육의
세계적 동향과 과제

한국교육연구네트워크 지음

살림터

민주공화국은 촛불혁명 이후 대한민국의 주권자가 탄생한 지 100주년의 의미, 그리고 최근 광장에서 드러난 시민의 의사를 구현해야 한다. 그리고 지난 100년에 걸쳐 건국되고 성숙해 온 대한민국이라는 민주공화국은 그 눈부신 성취에도 불구하고 분단과 군부 독재의 질곡에 끊임없이 시달려 왔고, 민주화 이후에도 여러 면에서 빈약한 '결손 민주주의'를 제대로 벗어나지 못했다. 심지어 지난 이명박, 박근혜 정부를 거치면서 우리나라는 민주주의라는 외피를 쓴 새로운 종류의 권위주의 국가로 전락할지도 모를 위기까지 맞이했었다.

이런 위기 속에서 발생한 2016년 겨울의 '촛불혁명'은 4·19혁명과 5·18민주화운동 및 6·10민주항쟁의 전통을 이어, 그러한 위기로부터 우리의 민주주의를 구한 위대한 시민혁명이다. 그 혁명을 통해 새로운 민주 정부가 탄생했고, 이제 우리 민주주의는 분단의 질곡을 허무는 항구적인 한반도 평화체제에 대한 비전과 함께, 더 완전한 성숙을 위한 도약을 준비하고 있다. 이러한 역사적 성취를 공고히 하고 그 주역들이 더 큰 열정과 역량을 갖추고서 민주주의의 새 시대를 열 수 있도록 하기 위한 사회적 준비와 노력이 필요하다.

우리 시민들은 역사의 고비마다 민주주의를 위기로부터 구해 냈다. 그러나 이렇게 어렵게 쟁취한 민주주의를 지키고 가꾸며 더 온전하게 성숙시키기 위해서는 이제 시민들이 더 일상적으로 민주주의를 실천할 필요가 있다. 그러기 위해서 우리 사회는 주권을 가진 시민들의 정치 참여를 일상적으로 이끌어 내고 민주주의 역량을 함양하도록 돕는 효과적인 민주시민교육의 체계를 시급하게 마련해야 한다.

그동안 우리의 시민교육은 '민주적'이지 못했다. 말로만 민주시민교육이었지 실제 이전의 공민교육이나 국민교육의 수준을 크게 벗어나지 못했다. 그래서 '민주적' 시민교육이 등장하였다. 단순히 정부에서 제공하는 지식을 기계적으로 전달하거나 순응적 덕목을 주입하는 체제 유지나 정권 홍보를 위한 소극적 시민성을 위한 교육이 아니라, 민주주의에 토대를 둔 '민주적 교육'을 하는 것에 초점을 두려는 것이다. 민주주의는 동의를 바탕으로 한 정부의 한 형태이고, 시민적이고 정치적인 정책이 교의와 물리력보다는 이성과 논의에 바탕을 둔 열린 토의에 의해 결정되어야 한다는 생각에 기반을 두고 있다. '민주적 시민성을 위한 교육'(이하 '민주시민교육'으로 약칭)은 시민교육에 대한 민주주의적 성찰로부터 나온 말이라고 할 수 있다.

지금까지 인성교육이 개인 차원의 도덕성을 강조한다면, 이제는 사회적 실천을 통해 공동체와 자신을 변화시키고 협력하여 공공선을 이루는 주체적 의지를 가진 민주시민의 가치와 시민성이 강조된다. 그 출발점이 바로 학교에서 시작하는 민주시민교육이며, 이 교육을 통해 개인과 공동체의 변화가 시작될 것이다. 그 변화를 통해 우리는 모두가 자신의 말과 글, 그리고 삶으로 각자의 행복을 자신 있게 이야기하는 세상을 만들어 가야 한다. 학교교육의 성패는 궁극적으로 민주시민교육의 성패 여부에 달려 있다. 민주주의는 목적일 뿐 아니라 절차와 과정이 그 자체로서 중요하다. 민주주의는 '삶의 양식' 그 자체이므로 학생은 미래의 시민으로 육성되는 것이 아니라, 현재의 학교에서 민주주의로 살아가야 한다.

　이러한 문제의식을 가지고 심성보는 일상에서 나타나는 비민주적인 의식과 태도, 행위, 관행을 인식하고 이를 개선하기 위한 방안으로 '일상의 민주주의'를 더욱 요구한다. 일상의 민주주의란 일상의 차원을 규율하는 시민의 덕성, 즉 시민성이 구현되는 것을 말한다. 시민성을 '가르치는 것'이 아니라, '학습하는' 것이어야 한다. 3C(교육과정, 학교문화, 지역사회)가 융합된 민주학교가 건설되어야 아이들의 시민성은 잘 형성될 수 있다.

　이기라는 프랑스의 중등교육과정이 시민성 함양이라는 본래의 목표에 충실하게 만드는 방법을 모색하고 있다고 본다. 민중교육의 전통이 반영된 중등교육과정은 주체적이고 비판적인 사유를 할 수 있는 공동체의 일원, 즉 시민을 길러 내는 것을 목표로 한다. 뭔가 새로운 제도나 프로그램을 만들려고 하기보다는 왜 기존의 교육과정이 원래 취지대로 이루어지고 있지 않은지 그 장애물을 제거하려는 노력이 필요하다.

　홍은영은 안네 프랑크 교육기관의 사례를 통해 독일 정치교육이 참여자들로 하여금 자신의 일상생활 속에서 발견할 수 있는 질문에 관해 함께 토론하고 사회정치적 이슈를 사회적·역사적 맥락에서 파악하고 자신의 사회적 차별을 반성하는 '살아 있는' 정치교육을 실시하고 있다는 것을 보여 준다. 독일의 정치교육은 역사의식에 기반을 둔 시대정신과 인권교육을 포함하고 있다. 민주시민교육은 구체적인 사회 현실에 의해 조건 지워지고 규정되고 있다는 것을 소홀히 해서는 안 되며, 지속적인 자기반성을 해야 한다.

　서현수는 오늘날 핀란드의 시민교육이 활력 있는 시민사회와 공동체 발전 및 개인들의 다양한 관심, 정체성 실현을 지원하는 자유교양교육으로 성격이 진화하였으며, 시민교육기관들도 지자체와 시민사회의 협력적 거버넌스 속에 운영되는 평생학습기관들로 제도화되었다고 밝히고 있다. 핀란드의 학교 교과과정은 별도의 시민교육 과목을 운영하고 있지는 않으나, 사회 과목을 중심으로 한 다양한 교과목의 내용과 교육과정에서 현대 민주주의적 법치국가와 보편적 복지국가의 기본 가치와 이념을 바탕으로 통합적, 실용적 관점의 민주시민교육을 제공하고 있다. 이러한 원칙은 예술교육과 스포츠, 공예교육, 나아가 핀란드의 혁신적 특수교육 시스템 속에서도 일관되게 견지되고 있다. 교과과정 외에도 다양한 방식의 공동체 참여를 통해 시민교육의 효과를 기도하고 있으며, 그와 같은 참여의 경험 자체는 가장 좋은 시민교육일 수 있다고 본다.

권순정은 영국의 시민교육의 핵심 개념 안에서 다양성에 대한 존중, 공존, 그리고 영국 사회의 주류와 비주류로 분류되는 다른 인종·민족성을 가진 아이들을 영국 시민으로 길러 내야 한다는 공통점을 발견한다. 이러한 공통점에도 불구하고 국가 정치적 상황에 따라 시기별로 제시되는 시민교육의 핵심 개념들은 상이함을 알 수 있다. 영국 사례를 종합하면 다양성이 공존하면서 민주적인 사회를 유지하기 위해서 개인을 먼저 시민으로 길러 내는 것이라는 입장과 공동체를 우선순위에 두고 그 안에서의 시민을 길러 내야 한다는 입장의 줄다리기 상황이 전개되고 있다. 국가의 정치 상황에 따라 변화해 온 영국의 시민교육은 도덕의 관점 또는 도덕교육의 맥락을 포용한 시민교육을 하고 있다.

장수빈은 미국의 학교 민주시민교육의 사례를 통해 시민교육이 사실적 지식을 많이 아는 것에서 그치지 않고, 반드시 독립적으로 사고하는 역량을 길러 주는 강화의 교육을 하고 있음을 보여 준다. 학생이 정치적 효능감과 자신감을 경험하는 것이 시민교육에서 중요한 요소이다. 미국의 학교 민주시민교육은 행위자를 다원화하면서도 동시에 교육 내용의 획일성을 지양하고 있다. 어느 한 기관이나 단체, 개인이 권력을 독점하지 않는 '견제와 균형'은 민주주의의 핵심 원리 중 하나라고 믿고 있다. 그리고 미국의 민주시민교육은 학력 격차의 문제, 교육 평등성의 문제를 소홀히 다루지 않는다.

장은주는 민주시민교육에서 가장 중요한 요소를 '비판적 사고' 교육으로 본다. 이 교육은 궁극적으로는 주체가 교육의 내용과 방식을 스스로 비판적으로 성찰하고 내면화하지 않으면 성공할 수 없다. 그리고 민주시민교육에 대한 사회적 합의의 가능성을 염두에 두면서 우리 사회가 추구해야 할 시민의 상을 그려 보고 민주시민교육의 개념에 대한 잠정적인 규정을 도출하고자 한다. 나아가 지금 우리 사회의 상황을 고려하면서 민주시민교육에 대한 사회적 합의를 끌어내는 데 필요한 몇 가지 기본 관점과 원칙을 제시한다.

학교 민주시민교육은 학교민주주의 없이는 불가능하다. 교사 스스로 학교 안에서 민주시민으로서 생활을 하지 못하면서 학생들에게 민주주의를 가르칠 수는 없으며, 학생들도 교과서를 통한 추상적이고 관념적인 차원의 교육만으로는 제대로 민주주의를 배울 수 없을 것이다. 그래서 민주시민교육계는 민주시민교육의 활성화에 대해 많은 교육 주체들의 자발적 참여를 이끌어 내기 위해서라도 우선적으로 학교 민주화 운동을 적극적으로 추진해야 한다. 민주시민교육의 활성화를 위해 '민주주의 헤게모니 전략'을 구사해야 한다.

원래 이 책은 한국교육연구네트워크가 개최한 2018년 가을학술대회 '국민주권시대의 학교 민주시민교육의 현황과 과제'에서 발표된 글들을 수정·보완하여 엮은 것이다. 최근 학교민주시민교육에 대한 관심이 매우 높아졌다. 학교민주시민교육의 활성화는 곧 촛불정신을 완성하는 일이기도 하다. 세계사에 획기적 기록으로 남을 촛불정신의 완성은 학교의 민주주의화를 위해 교사와 학생, 그리고 학부모가 민주시민으로 다시 탄생하는 일일 것이다. 각자 서 있는 현장에서 시민으로의 재탄생을 위한 실천을 해야만 한다. 그래야 나라다운 나라로서 민주적 국가에 걸맞은 민주주의 학교가 탄생될 것이다.

2019년 11월

한국교육연구네트워크 씀

차례

제1장

민주시민교육이란 무엇인가?

심성보(부산교육대학교 명예교수, 한국교육연구네트워크 이사장)

1. 촛불혁명 이후 학교민주주의의 새로운 위기

우리는 자기 행동을 정당화하기 위해 일상적으로 거의 모든 일에 대해 '민주주의'를 들먹이는 사람들을 수없이 목도하고 있다. 민주주의가 자기와 아무 상관도 없다고 말하는 사람들 또한 드물지 않다. 점점 더 고도로 복잡해지는 사회에서 민주주의는 너무도 비효율적이고 위험한 일이라 여기는 사람들도 있다. 이처럼 많은 사람들이 민주주의라는 말을 쓰지만 그 의미가 모호할 때가 적지 않다. 일부 특권층은 민주주의 개념을 정교하게 가다듬고 사회 전체에 그 개념을 확장하려는 노력을 자신들의 기득권에 대한 위협으로 받아들이기도 한다.

이런 상황에서는 제대로 된 민주시민교육을 활성화해 보려는 그 어떤 노력도 정치적 편향성에 대한 시비에서 자유롭지 못하다. 게다가 우리 사회의 극심한 냉전형 이념적 대립을 증폭시키는 악순환마저 계속되고 있고, 헌법에 보장된 교육의 정치적 중립성 원칙이 교육현장을 정치적 진공 상태로 만들기도 한다. 교사들에게는 보편적 인권이자 모든 국민이 누리는 기본권인 정치적 활동의 자유도 심각하게 제한하고 있는 것이다. 여기에 민주시민교육이 들어설 자리는 거의 없어 보인다. 박근혜 정부가 개인의 품성 함양에 초점을 둔 중앙정부 차원의 「인성교육진

흥법」(2014년 5월 26일 제정)을 추진하자 인성교육은 물론이고 민주시민교육은 더욱 위축되었다.

촛불시민혁명 이후 출범한 민주정부는 성숙한 민주시민을 양성하기 위해 교육부에서 〈민주시민교육 활성화를 위한 종합계획〉(2018년 12월)을 발표했다. 그런데 학교민주주의 담론은 풍성한데, 학교현장의 민주주의 실천은 좀처럼 일어나지 않고 더디기만 하다. 학교에는 여전히 다양한 형태의 제도적 폭력이 상존하고 있고 일상생활의 민주화 수준도 높지 않다. 또 정부의 다양한 정책 시행에도 불구하고, 민주시민교육의 정체성 논란은 여전하다. 민주주의를 국가권력의 부정의에 저항하는 민주화 운동의 개념으로 협소하게 이해하는 경향도 있다. 그리하여 일상생활 속에서 민주주의 실천을 소홀히 하는 모습도 보인다. 삶의 양식으로서 민주주의를 정치 또는 제도로만 좁게 이해하는 경향도 있다. 게다가 우리 사회가 놀랄 만한 경제성장과 더불어 민주화를 이뤄 냈음에도 아직 성숙한 시민사회로 발전해 가지 못하고 있다. 산업화 과정에서 시민이 형성될 수 있는 물질적 토대는 마련되었지만, 시민계층은 오직 경제적, 사회적 상승욕구에 가득 차 있고, 그 과정에서 사회를 이끌 행동양식과 정신적 자원을 만들어 내지 못했다.[1] 정당과 투표 등 선거제도를 학생들에게 알려 주고, 토론수업만 하면 민주시민교육이라고 '착각'하는 사람들이 있다.

더욱이 우리 사회는 지금 문화적 내전과 다름없는 가치관의 충돌이 벌어지고 있다. 다양한 사회적 쟁점으로 인한 사회적 논란과 갈등이 끊이지 않고 있다. 대통령 탄핵, 원자력발전소 건설 문제를 둘러싼 공론화위원회, 미투 운동 등이 대표적이다. 사회적 갈등을 대화와 토론을 통해 해결하지 못하고 편향된 이념에 갇혀 있다.

이런 현실을 개선하려면 학교교육정책을 전환해야 한다. 지금과 같은 수준에 머물 것인지, 더욱더 발전된 민주주의 사회가 될 것인지는 미래의 유권자이자 주인이 될 현재의 학생들이 어떤 교육을 받았는지에 따라 달라지기 때문이다. 혁신교육의 역사가 오래된 곳은 깨어 있는 시민을 키우는 한편으로 더 높은 수준의 민주시민교육을 위해 고군분투하고 있다. 입시제도가 완전히 바뀐 이후에만 민주시민교육이 실현될 수 있다고, 권력과의 싸움으로만 해결된다고 여겨서는 안 될 것이다. 따라서 일상에서 나타나는 비민주적인 의식과 태도, 행위, 관행을 인식하고 이를 개선하기 위한 방안으로 '일상의 민주주의'가 더욱 요구된다. 이를 위해 민주주의에 대한 올바른 이해, 민주시민교육의 개념과 방향을 정립해야 한다.

2. 민주주의의 정의와 이점들

사실 '민주주의'란 말의 스펙트럼이 너무 넓게 쓰이고 있다. 사람들은 스스로 반민주적이라고 생각지 않는다. 토론과 타협을 거부하는 조직의 회의도 민주주의 회의라고 우기는 사람도 있다. 민주주의 사상의 역사는 복잡하며 상충하는 개념들로 특징지어진다. 민주주의 제도는 그것의 허약함과 취약성이 그대로 드러난다. 그것은 여러 가지 상이한 가치들-상이한 종류의 가치들-이 합류하는 지점에 서 있으며, 따라서 어느 가치가 어떤 부분에 연관되어 있고, 그런 가치들이 어떻게 결합되어 있는지 이해하는 것은 쉽지 않다. 민주주의가 왜 좋은지, 어떤 형태가 가장 바람직한지, 우리가 얼마만큼 민주적이고 어느 정도의 민주주의를 원하는지에 관한 견해들은 다양하고 복잡하게 섞여 있는 경우가 많다. 불가피하게 우리는 서로 다른 가치들 사이에서 균형을 잡아야 한다.

민주주의란 무엇인가? 왜 우리는 국가의 운영에서 민주주의를 지지해야만 하나? 민주화를 한다는 것은 어떤 의미인가? 민주화를 통해 구현하고자 하는 사회는 과연 어떤 모습인가? 도대체 어떤 사람이 민주주의자이며, 민주적 학교의 모습은 어떤 것일까? 아이들의 민주적 태도를 어떻게 기를 것인가? '지배'의 범위는 어느 정도나 넓게 또는 좁게 해석되어야 하나? 무엇이 민주적인 활동의 적절한 영역인가? 지배란 정치적인 것을 다루는 것이라고 한다면, 이것이 의미하는 바는 무엇인가? '~에 의한 지배'는 복종의 의무를 의미하는가? '민'의 지배에 복종해야 하는가? 복종 의무가 있는 경우는 어떤 것이고, 반대할 수 있는 경우는 어떤 것인가? 지배는 법과 질서를 다루는 데 그치는가? 아니면 국가들의 관계, 나아가 경제, 가정 혹은 경제, 가정 혹은 사적 영역 등을 다루는 데까지 확장되는가? 공공연히 그리고 적극적으로 '불참하는 자들'에게는 어떤 역할이 허용될 것인가? 민주주의가 '민'의 일부에 대해 또는 정당한 지배의 영역 밖에 있는 자들에 대해 강압적 수단을 사용할 권리가 있다면 어떤 상황에서 그러한가? 그런데 인민/국민/민중/시민 등 다양하게 번역되는 '민에 의한 지배'는 명확한 개념처럼 보이지만, 실제의 겉모습은 모호하다. 누가 'Demos'로 간주될 것인가? '민'에게 어떤 종류의 참여가 예상되는가? 어떤 조건들이 참여에 도움이 되는 것으로 예상되는가? 참여를 촉진하는 것과 저해하는 것, 혹은 참여의 비용과 편익은 대등할 수 있는가?

민주주의는 군주제나 귀족제와 달리, '民(Demos)'이 지배하는 통치 형태를 뜻한다. '민이 다스리다'로 정의되는 '민주주의'는 군주나 왕이 주인이 아닌 '민'이 주인인 사상이다. 민은 노예나 신하가 아니다. '누가 다스리느냐', 즉 누가 '민'인가―공동체 안에서 몫을 갖지 못한 자들, 즉 토지 미소유자, 여성, 아이, 모든 인간들, 소수자, 빈민, 노인, 장애자, 미

등록 체류자, 프롤레타리아 등—와 어떻게 다스리느냐, 즉 지배가 무엇을 의미하느냐—직접적 참여 체제, 간접적 대의 체제—에 따라 민주주의 사상은 달라진다.[2] 무엇을 '민'에 의한 '지배/다스림'으로 간주할 것인가를 둘러싼 논변은 다양하다.

- 모든 사람이 다스려야 한다. 즉, 입법, 정책결정, 법의 적용, 정부행정에 모두가 관여해야 한다.
- 모든 사람은 중요한 의사결정, 즉 법률 일반과 정책 일반을 결정하는 데 직접 관여해야 한다.
- 다스리는 자는 다스림을 받는 자에게 책임을 져야 한다. 달리 말하면, 다스리는 자는 다스림을 받는 자에게 자신의 행위를 정당화할 의무를 지며, 다스림을 받는 자에 의해 해임될 수 있어야 한다.
- 다스리는 자는 다스림을 받는 자의 대표자들에게 책임을 져야 한다.
- 다스리는 자는 다스림을 받는 자에 의해 선택되어야 한다.
- 다스리는 자는 다스림을 받는 자의 대표들에 의해 선택되어야 한다.
- 다스리는 자는 다스림을 받는 자의 이익을 위해 행동해야 한다.

Lively, 1975: 30: Held, 2015: 19, 재인용

민주주의 정치체제는 왜 그리고 언제 선출직 대표자를 필요로 하는가? 민주주의 정치체제는 왜 자유롭고 공정하며 빈번한 선거를 필요로 하는가? 왜 민주주의 정치체제는 표현의 자유를 필요로 하는가? 왜 민주주의 정치체제는 선택 가능하고 독자적인 정보원을 용이하게 접할 수 있는 것을 필요로 하는가? 민주주의 정치체제는 왜 자주적인 결사체를 필요로 하는가? 민주주의 정치체제는 왜 포용적 시민권을 필요로 하는

가? 이 질문들은 또한 부분적으로 민주주의를 정당화하는 근거를 제공하고 있다. 민주주의는 '민' 사이에 어떤 형태의 정치적 평등이 존재하는 정치 공동체를 의미한다.Held, 2015: 17 민주주의는 아무런 갈등이 없는 정치체제가 아니라 갈등을 생산적으로 승화시킨 정치체제라고 할 수 있다. 어떤 면에서 보면, 민주주의란 시민들이 다양한 사안들에 대해 저마다 고유한, 서로 다른 의견을 가질 수 있다는 차원에서 평등하다는 점을 서로 인정하는 정치체제라 할 수 있다.

민주주의는 여러 대안 가운데 근본적 가치나 선—정당한 권위, 정치적 평등, 자유, 도덕적 자기발전, 공익, 공정한 도덕적 절충, 모든 사람의 이익을 고려하는 구속력 있는 결정, 사회적 효용, 욕구의 충족, 효과적 결정 등—가운데 하나 또는 그 이상을 달성하는 데 가장 근접해 있다는 근거에서 옹호되고 있다.Held, 2015: 19 이런 여러 논변들이 충돌해 온 역사를 보면, 민주주의의 의미를 둘러싼 다음과 같은 두 입장 간의 갈등이 발견된다. 민주주의가 어떤 종류의 민의 권력—시민들이 자치와 자율적 조정에 관여하는 생활 형태—을 의미하는가, 아니면 의사결정의 보조 기구—권력자로 선출된 자, 즉 '대표'의 결정을 이따금씩 정당화하는 수단—를 의미하는가를 둘러싼 갈등이 그것이다. 민주주의의 범위는 어디까지여야 하는가? 민주주의는 어떤 생활 영역에 적용되어야 하는가? 달리 말하면 다른 중요한 목표를 보전하기 위해 민주주의는 분명하게 제한되어야 하는가? 이런 질문들은 매우 이해하기 어려운 문제들이다.

우리는 '민주주의 위기'라는 말을 더욱 자주 듣는다. 민주주의democracy 역사는 종종 혼란스럽고 복잡하다. '민주주의란 무엇인지', '민주주의가 왜 필요한지'는 민주주의의 이상을 묻는 것이고, '민주주의는 어떤 정치제도들을 필요로 하는지', '어떤 조건들이 민주주의에 우호적인지'는 민주주의의 현실 및 현실의 민주정부 상태를 묻는 것이다.^{Dahl, 1999: 48} 이러한 물음을 받고 있는 민주주의는 어떤 이점을 갖고 있는가?

- 민주주의는 잔인하고 포악한 독재자에 의한 통치를 예방하는 데 도움이 된다.
- 민주주의는 그 체제에 속한 시민들에게 비민주적인 체제가 허용하지 않으며 또 할 수도 없는 일정의 기본권을 보장해 준다.
- 민주주의는 가능한 어떤 대안적 체제보다도 그 시민들에게 보다 광범위한 개인적 자유의 영역을 보장해 준다.
- 민주주의는 사람들에게 자기 자신의 기본적 이익을 보호할 수 있게 해 준다.
- 민주적 정부만이 사람들로 하여금 자기 결정의 자유를 행사할 수 있도록 하는 최대한의 기회를 제공해 줄 수 있다.
- 민주적 정부만이 도덕적 책임감을 행사할 수 있는 최대한의 기회를 제공해 줄 수 있다.
- 민주주의는 다른 어떤 가능한 대안보다 인간의 발달을 더욱 완전하게 할 수 있도록 해 준다.
- 민주적 정부만이 상대적으로 높은 정도의 정치적 평등을 도모해 줄 수 있다.
- 현대 대의제 민주정치체제는 상호 간 전쟁을 하지 않는다.
- 민주적 정부를 지닌 국가들은 비민주적 정부를 지닌 국가들보다 더 번영하는 경향이 있다.

Dahl, 1999: 69-86

민주주의 제도가 결정적으로 중요한 이유는 이것이 단순히 자유나 평등, 정의와 같은 여러 가치들 가운데 하나를 대표하기 때문이 아니라, 경쟁하는 규범적 관심들을 연계하고 중재할 수 있는 장치이기 때문이다. 역사적으로 민주주의 제도는 가치들을 연관시키는 방법을 제시하며, 가치 충돌의 해결을 공적 과정에 참여하는 자들에게 맡기는 방법을 제시하면서, 상이한 규범적 관심사들 간의 관계 규정에 필요한 기반을 만드는 데 있어 지침 및 방향을 제시해 왔음을 확인할 수 있다.Held, 2015: 492 민주주의 제도는 변화의 프로그램을 통해 절박한 실제적 이슈에 대해 숙의·토론·결정할 수 있는 기회가 다른 체제에서보다 더 잘 제공될 수 있다.

　그리고 시민성의 사회화 과정이 개인을 기존의 질서에 적응시키는 것이라면, 시민성의 주체화 과정은 기존 질서를 넘어서는 정치적 주체성과 주체자로 만드는 것이다. 상탈 무페Chantal Mouffe, 랑시에르Rancière가 역설하듯 민주적 정치에서 주체화 과정은 치안 질서 기능을 하는 '경찰police'을 민주적 질서 기능을 하는 '정치politics/the political'로 치환시키는 것이다.Biesta, 2014가: 87-96[3] 적의敵意, antagonism에서 쟁의爭議, agonism[4]로 옮겨 가게 해야 한다는 것이다.Biesta, 2014가: 92-94 어느 정도의 관용과 적의가 아닌 쟁의적 갈등이 결합하는 것이 민주주의 유지에 필수불가결한 요소가 된다. 기본적으로 정치는 갈등을 처리하는 행위로서 적의를 쟁의로 바꾸는 것이라고 할 수 있다. 자유주의자와 공동체주의자/시민적 공화주의자 사이에 벌어지는 주류적 논쟁에 도전하는 쟁의민주주의는 서로 연관되는 세력과 서로 갈등하는 세력 사이의 쟁의적/쟁론적 존중을 강조하고, 모든 사회 영역에 존재하는 상반되는 정체성과 대화해야 한다.Carter, 2006: 423 민주적 공론장의 활성화에서 이견과 부동의 그리고 권력에 대한 투쟁에 중심을 두는 접근이라고 할 수 있다.Ruitenberg, 2011

3. 민주주의의 본질을 추구하는 민주시민교육

　대체로 민주주의라고 하면 자신이 원하는 것을 다 자유롭게 할 수 있다고 생각하는 경향이 있는데, 민주주의란 모든 사람이 자기가 원하는 방식으로 살아갈 수 있는 자유를 평등하게 보장하는 것만 추구하는 제도가 아니다. 민주주의는 우리들이 우리 자신의 자유만을 확장하고 실행하다 보면, 다른 사람의 자유와 행동을 침범할 수 있다는 점을 인식하고, 모든 사람들이 이 자유를 현명하게 사용하도록 요구하는 제도임을 유념할 필요가 있다. 이런 관점에서 민주주의는 다른 사람의 자유에 대한 인식과 '자기 제한self-restraint'을 요구한다고 할 수 있다.Biesta, 2019 이런 자기 제한을 익히기 위해 민주주의는 교육을 필요로 한다. 모든 사람에게 평등한 기회를 주고자 하는 민주주의 사회는 언제나 우리에게 타협과 자기 제한을 요구한다는 것을 알아야 한다. 다시 말해, 민주주의는 모든 사람에게 최대의 번영을 가져다주려는 게 아니라, 어느 정도의 제한을 요구하는 것이다. 자기 제한력을 키우는 교육적 방법으로 정원 가꾸기나 동물 키우기, 석재나 목재를 다루는 노작교육 등을 들 수 있다. 정원 가꾸기나 동물 키우기가 생태교육으로만 여겨져서는 안 된다. 식물을 키우다 보면 식물을 내 마음대로 빨리 자라게 할 수도 없다. 열심히 물을 주고 정성을 들여도 때로는 식물이 죽기도 한다. 이때 아이들은 엄청난 좌절감을 경험한다. 그런 만남 속에서 아이들은 자신의 욕망을 직면하고 그 욕망을 판단하는 실제적 연습을 하며 자기 제한을 배운다.

　비에스타는 욕망에 충실한 것이 민주적이란 통념과 달리 '아동 중심 교육child-centred education', '학생 중심 교육student-centred education'을 지나치게 강조하며 학생들을 만족시키는 것에만 치중하는 교육도 위험하다고 역설한다.Biesta, 2019 한나 아렌트처럼 아동 중심적 진보주의에 대한 경고를 하고 있다. 아이들이 원하는 것만 얻게 되고 어떤 저항이나 어려움을 겪지 않는다면, 현실세계에서 자신의 욕망을 집합적 욕망으로 전환할 수 없을 것이다. 왜냐하면 공적 영역을 유지하거나 공적 영역에 의해 유지되는 가치는 개인 이익의 가치가 아니라, 때로는 개인 이익에 맞서는 집합적 이익의 가치이기 때문이다.Marquand, 2004 민주주의의 핵심 요점, 즉 민주적으로 함께 살기의 핵심 요점은 롤링 스톤스Rolling Stones의 가사처럼 "항상 원하는 것을 가질 수는 없다you can't always get what you want"는 것이다.[5] 데이비드 마퀀트David Marquand가 지적한 것처럼, 이런 자기 제한은 자연스럽게 생겨난 것이 아니라 "학습되고 내면화되어야 하는데 이 과정은 때론 고통스럽게 이루어진다."Marquand, 2004 민주주의는 모든 사람이 원하는 것을 할 수 있고, 갖고 싶은 것을 얻을 수 있는 완전한 자유를 누릴 수 있는 조건을 말하는 것이 아니다. 민주주의는 우리가 원하는 것과 어떤 사람이 되고자 하는 것에 개입한다.

따라서 민주주의 과업은 자연적인 것이 아니라, 역사적 발명품이고 정치적 프로젝트로 이해되어야 한다. 이 프로젝트를 잘 수행하기 위해서는 교육을 통해 민주시민을 잘 길러 내야 한다. "민주주의자들은 태어나는 게 아니라 만들어지는 것이다Democrats are made, not born."Parker, 1996: 20 모든 사람은 욕망을 갖고 있는데, 아동·청소년 시기에 자신의 욕망을 적절하게 제한하는 방법을 익혀야 민주시민으로 길러질 수 있다. 최근 높아진 서구의 포퓰리즘에 대한 지지[6]는 이런 자기 제한의 실패 사례이다. 자기 제한은 자신을 파괴할 정도로 욕망을 억제해서도 안 되고, 자신의 욕망만을 극도로 추구하면서 세계를 파괴해서도 안 된다. 민주주의의 열쇠는 우리가 개인적인 욕망에 의해서만 추동되는 삶을 살지 않으며, 어떻게 하면 개인과 집단들의 욕망이 집합적으로 수행될 수 있는지, 또는 개인과 집단들의 욕망이 집합적으로 바람직하게 전환될 수 있는지 끊임없이 질문을 던진다는 점에 있다. 개인과 집단의 욕망을 집합적으로 바람직한 것으로 전환하는 이 과정에서 핵심적이고 근본적인 교육적 이슈를 찾을 수 있다. 아동과 청소년들이 자신들의 욕망 중 어떤 것이 바람직하게 여겨질 수 있는지 질문을 던지게 하는 것이다. 이는 아동과 청소년들이 우리의 모든 욕망을 충족시키기에는 제한된 능력을 가진 지구에서, 다른 사람들과 더불어 자신의 삶을 잘 살도록 하기 위한 것이다. 이는 인식의 문제가 아니라, 아마도 의지를 교육하는 것이고, 민주적인 '마음'을 갖게 하는 일이다. 아동과 청소년들이 자신의 욕망을 '성숙한 방식'으로, '세계 속에서' 살아가며 조정하도록 교육하는 것이 중심이 되어야 한다.Biesta, 2017 '세계 속에 존재하기existing in the world'란 사람들이 세계 속에서 행동하고, 어떤 계획을 세계 속으로 가지고 들어온다는 뜻이다.[7]

한나 아렌트도 아이들이 '세계에 낀 존재'라고 하였다. 아이들은 앞으로 나아가려는 사람을 뒤에서 잡아당기거나, 아니면 뒤에서는 막 밀지만 앞에서는 막고 있어서 어찌해 볼 수 없는, 즉 '과거와 미래 사이에' 끼여서 나아가지도 물러서지도 못하는 상황에 처해 있다. 아이는 과거와 미래의 '중간에 낀in-between' 존재, 탄생과 죽음 사이를 채우는 인간 실존의 조건에 놓여 있다. 그리고 세계에 영향력을 발휘한 현명한 '힘들'의 목록은 시간의 흐름에 따라 변한다. 따라서 우리는 이 중간지대를 '세계 속의worldly' 공간으로 생각할 수 있지만, 동시에 이곳을 교육적 공간으로 신중하게 다루지 않으면 안 된다. 이 공간은 우리가 세계 속에서 혼자 존재하는 것은 아니라는 것, '저 바깥의 세계'가 있다. 에밀 뒤르켐은 이를 사회적 사실 또는 사회적 실재라고 하였다. 헤겔은 그것을 이성적인 것이라고 하였다. 그는 이성적인 것이 현실적인 것이라고 역설하였다.

조각품 돌덩이의 특정 부분을 너무 세게 망치로 두들기면, 깨져 버릴 수도 있다. 또는 우리가 동료들을 너무 세게 몰아붙이면 그들과의 관계를 파괴시킬 수도 있다. 이것이 세계 파괴world-destruction의 위험이다. 한나 아렌트의 '세계상실'에 대한 우려와 맞닿아 있다. 어른들의 정치 편향성 때문에 아이들이 세계를 제대로 이해하는 것을 방해할 수도 있다. 때로는 뒤로 물러서는 것이 정말로 중요하다. 우리가 세계와의 사이에 물리적 또는 사회적 여유 공간을 허용하는 것이기 때문이다. 그러나 여기에도 위험이 도사리고 있다. 우리가 너무 많이 뒤로 물러나게 된다면, 우리 스스로 세계 속에서 존재할 가능성을 파괴하는 것으로 귀결된다. 이것은 자기파괴self-destruction의 위험이다.[8]

따라서 우리는 세계파괴와 자기파괴라는 두 극단의 위험 사이를 거니는 보다 어려운 '중간지대middle ground'에 남을 필요가 있다.Biesta, 2019 자기파괴와 세계파괴의 중간지대에 머물러 있는 중용의 철학이 교육적 지혜가 될 수 있다. 폴 틸리히Paul Tillich도 『존재에의 용기』에서 공동체 참여community involvement와 자기도취narcissism의 양극단을 염려한 바 있다. 욕망을 억압하지는 않지만 세계 속에서 잘 존재하고자 하는 우리의 바람을 욕망이 지원할 수 있도록 그것을 검토하고, 의문을 가져 보고, 필요하다면 전환시키는 '성숙한 삶의 방식'이 필요하다. 자신의 욕망만을 좇는 유아적 삶의 방식이어서는 안 된다. 아이들이 성숙한 삶의 방식에 이르도록 강제하지 않으면서도 욕망의 전환이 이루어지도록 하는 '욕망의 비강제적 재배치'가 필요하다. 욕망을 전환시키는 교육뿐 아니라 교육의 비강제적 특성을 강조한다. 이 점은 아동과 청소년들이 자신들의 욕망을 시험하고 전환하고자 하는 '욕망을 일깨우는arousing a desire' 것이 교육이라고 보는 것이다.Biesta, 2019 물론, 교육이 강제 행위가 아니라고 말한다고 해서 중요하지 않다는 것은 아니다. 그 반대로, 중간 지대에 머무는 것에 도전하고 세계파괴나 자기파괴로 귀결되지 않도록 하는 것에 교육의 성패가 달려 있다.

그러기에 민주적 시민성으로서 성숙한 자기관계로서 악셀 호네트가 강조하는 자기존중/자존감self-respect[9]과 자부심/자긍심self-esteem[10] 사이의, 그리고 루소가 강조하는 절대적 자기애amour-de-soir와 상대적 자기애amour-de-propre 사이의 적절한 균형을 필요로 한다.곽덕주, 2019 이 말은 자기를 갈고닦는 자신을 위한 '爲己之學'과 남을 위한 '爲人之學' 또는 '남을 새롭게 하는 공부新民之學'의 변증법을 요구하는 것과 같다.[11] 성찰과 함양을 함께 해 나가는 '합내외지도合內外之道'로 이끌어야 한다. 『중용』 제25장

따라서 학생들의 경험과 이해를 중시하는 아동 중심주의child-centredness와 세계에 대한 이해 및 태도 그리고 상호의존을 중시하는 세계적 마음태도world-mindedness를 동시에 고려하지 않으면 안 된다.Peterson & Warwick, 2015: 18-19 아동 중심주의 교육의 '행동하는doing' 교육 방식에서 아동과 청소년은 그들 자신이 원하는 것하고만 만나고, 그들이 원하는 것만 얻고, 결코 세계 속으로 들어가지도 못하고, 기대했던 것과는 다른 것과 만나는 도전은커녕 결코 그런 상황에 초대받지도 못할 위험성이 있다. 아동과 청소년을 교육의 중심에 두는 것이 때로는 민주적 교육의 핵심인 양 제시되고 있는데, 이럴 때 아동과 청소년들에게 무엇을 해야 할 것인가를 말해 주기보다는 오히려 그들이 받게 될 교육이 어떤 것이어야 하는지 스스로 결정할 자유만을 줄 수 있다. 자유에 어떤 경계도 없다면, 또 그런 자유가 그들의 욕망에 한계를 지어 줄 '저기 바깥의 세계' 현실과 대화하도록 하지 않는다면, 결국 욕망을 전환시키는 어려운 작업을 시행할 수 없는 교육 형태가 되고 말 것이다.

우리의 욕망을 모두 채워 주기에는 제한된 능력만을 가진 이 지구에서—이것은 생태적인 질문이다—내가 욕망하는 것 또는 내 속에서 욕망으로 만나는 것이 욕망할 수 있고 욕망해야 하는 것인지, 내 자신의 삶을 위해서인지 또는 다른 사람과 함께 사는 삶을 위한 것인지를 질문하는 것, 즉 이 부분은 민주주의가 요구하는 중요한 질문이다. 이렇게 볼 때 민주시민교육이란 민주주의의 '본질essence'을 파악하고, 이것을 통해 우리 각자의 욕망이 요구하는 민주적 삶의 방식에 대한 질문을 하는 것이다. 우리의 욕망을 모두 채우기에는 모자란 지상에서 욕망에 의해서 이끌어지거나 세계로부터 도망치지 않고, 우리가 욕망하는 것이 다른 사람들과 함께 삶을 잘 살아가도록 도울지 방해할지에 대해 질문을 늘 던지며, 세계 속에서 그리고 세계와 함께 성숙된 방식으로 존재하는 것이다. 한정된 지구vulnerable planet를 언급하는 것은 민주주의의 문제가 생태 문제와 분리할 수 없다는 것을 의미한다.Biesta, 2019 우리가 어울려 살아가야 할 존재에는 다른 사람뿐만 아니라, 우리가 살고 있는 자연환경도 해당된다.

이러한 관점에서 세 가지 차원의 작업, 즉 개입interruption → 지연suspension → 지지sustenance의 과정을 필요로 한다. 첫 번째 교육적 작업은 세계 속에서 성숙한 방식으로 존재하도록 하기 위해 아동과 청소년들이 자연세계와 사회적인 세계를 진짜로 만나게 하는 것이다. 다른 말로 하면, 바깥 저편에 존재하는 세계가 그들의 삶으로 들어오게 하는 것이다. 여기에서 중요한 것은 '개입'의 성격이다. 교육의 목적은 아동과 청소년들이 자기 자신에게만 관련되어 존재하는 것으로부터 '멀리' 벗어나게 하는 것이다. 이렇게 해야 교육 속에서 물리적 세계와 사회적 세계의 현실이 아동과 청소년들의 현실에 개입할 수 있는 가능성이 생긴다. 다른 말로 하면, 아이들이 저항을 경험할 가능성을 갖는 기회이고, 바로 여기에서 교사의 중요한 임무가 보인다. 그들이 이러한 저항을 두려워하거나 도망치지 않고 그 저항과 함께 머물 수 있도록 하는 것이다. 다른 식으로 표현하자면, 인지적이라기보다는 존재론적 의미에서 아동과 청소년들은 그들이 세계에 대해 원하는 바와는 다른 '실재reality'를 만나게 하는 어려움을 감당해야 한다.

두 번째 교육적 작업이 교육이 성숙함grown-up에 관심을 갖는다면, 교육은 속도를 높이기보다는 낮추는 '지연' 과정임을 인식해야 한다. 속성재배나 웃자라기의 위험성을 강조하는 것이다. 세계와의 관계에서 한때 가졌던 욕망에 주의를 기울이기 위한 것만이 아니라, 어떤 욕망이 성숙한 방식으로 세계에 존재하는 데 도움이 될지 걸림돌이 될지를 파악하는 데 시간을 갖기 위해 속도를 늦추는 것이다. 정치철학자 오케쇼트가 강조한 대로 세상으로부터의 일정한 '격리estrangement'일 수 있다. 자유교양 교육자들이 강조하는 '관조contemplation'의 태도일 수도 있다. 빙 둘러앉아 중요한 주제에 대해 토론을 벌여 동의나 합의에 이르게 하는 것과 같은 사회적이고 언어적인 과정에 많은 초점을 맞추는 민주적 교육과 민주시민교육에 관한 견해들이 있을 수 있다. 이런 방법들을 세계와 만나고 그 세계 속에 머무는 성숙한 방식을 찾기 위해 우리의 욕망을 전환하는 과정에서 도입할 수는 있지만, 정말로 느리게 이뤄지는 민주시민교육이야말로 훨씬 더 일찍, 별말 없이 시작된다는 점을 말하고 싶다. 목재와 석재, 금속 등에 대한 기술교육은 '물질적 세계의 저항resistant materials'을 알려 줄 수 있다.Biesta, 2019 이 모든 것에는 시간이 필요하며, 더 중요하게는 각각 적합한 시간이 부여될 필요가 있다. 느리게 가는 과정과 속도를 늦추는 과정으로의 교육이 필요한 이유다. 더 빨리 과정을 마치는 학생들일수록 자신의 바깥에 존재하는 세계와 진짜 만나고 만남을 통해 얻을 수 있는 시간을 줄 기회는 더 적어질 위험이 있다. 따라서 더 깊은 이해를 위한 일종의 '숙의deliberation' 과정을 필요로 한다. 이 작업은 이미 민주시민교육의 중요한 부분이다.[12]

셋째로, '개입'와 '지연'에 덧붙여 교육에는 지원과 양분을 의미하는 아름다운 단어인 '지지'가 필요하다. 학생들을 세계 쪽으로 '돌아보게' 하고 세계를 향해 나아가게 하는 것이 교육의 과업이라고 한다면, 우리는 학생들이 어려움을 극복하고 스스로 세계와 만날 수 있도록 지원해 주어야 한다. 세계는 학생들이 바라는 모습이 아닐 수도 있고, 어쩌면 그들에게 도전할지도 모른다. 우리는 아동과 청소년이 어려움을 견디고 자신들과 세계의 만남을 이룰 수 있게 지지와 양분을 제공해 주어야 한다. 사회적 과정, 대화, 토론과 논쟁에서 도전의 수준이 상당히 높고, 지지와 양분은 아주 낮을 수 있다. 반면에, 석재, 금속과 목재로 하는 작업이나 정원 가꾸기, 예술적 활동들은 세계와 만나게 하면서도 맞춤형 지원을 제공하기도 한다. 즉, 식물이 자라고 동물이 번성하는 것을 보는 만족감, 만들고 창조하는 것이 가져다주는 즐거움 같은 것이 그것들이다.

비에스타G. Biesta[2019]는 지금까지 민주적 교육의 핵심 '원칙들'을 개괄적으로 살펴보면서, 민주주의가 세계 속에서 세계와 함께 존재하려고 노력하는 성숙한 방식을 요구한다면, 교육은 (학생들을) 가능한 현실과 만나도록 개입하고, 그 만남을 통해 무언가를 해낼 수 있도록 속도가 느린 과정을 제공하고, 세계와의 대화 속에 머물고자 노력하며, 어떤 욕망이 도움이 되거나 방해가 되는지 알아내게 함으로써 이 과업을 수행할 수 있다는 것을 보여 준다고 한다. 또 교육은 때로는 힘들기만 한 '중간지대'에 머물도록 지원과 양분을 제공해야 한다. 이러한 과정들이 자발적으로 발생하는 일은 거의 없다. 특히, 아동과 청소년들이 성장하는 '빠른 세계'에서는 이러한 과정들이 자발적으로 일어나지 않을 것이다. 또 현실적이지 않은 가상의 세계에서도 그런 일이 발생할 것 같지 않다. 우리의 욕망에 대해 어려운 질문을 제기하는 데 관심이 없고, 특히 광고를 통해서 경제가 발전할 수 있도록 보다 많을 것을 원하고 사야 한다고 말하는 것 같은 세계에서는 그럴 가능성이 희박하다. 달리 말하자면, '빠르게 움직이고' 한계에 대해 신경 쓰지 말라고 말하는 것과 같은 세계에서는 더더욱 그렇다.[13]

그러한 세계에서는 우리들, 특히 새로운 세대가 속도를 늦추는 데 도움을 줄 수 있는 장소가 필요하다. 우리 자신 밖의 세계의 현실뿐만 아니라 우리 자신의 현실을 마주하기 위해 주의를 기울이는 게 가능하기 위한 장소이다. 우리는 우리가 원하는 것이 될 수 없고 그러한 점을 인정해야 한다. 달리 말하자면, 우리는 '집home'과 일과 생산의 '세계world' 사이에 위치한 중간지대halfway house로서 '학교school'라고 불리는 장소가 필요하다.Biesta, 2019 학교는 아동과 청소년들이 연습할 수 있게 해 줄 수 있는 장소, 특히 성숙함을 연습할 수 있는 장소이다. 물론 이곳은 배움의 장소로서의 학교가 아니며, 특히 빠른 학습의 장소나 측정 가능한 일련의 학습 결과물을 생산하기 위한 곳이 아니다. 그곳은 오히려 시간으로서 학교이다. 다음 세대가 세계를 만나고 세계와 관련해 자신을 만나는 데 '느린 시간'이 가능하도록 만들어 주는 장소이다. 그러한 학교야말로 사치품이 아니라, 무엇보다도 지속가능하고 민주적인 방식으로 함께 살고 함께 잘 사는 미래를 위해 절대적으로 중요하다. 이것이야말로 우리가 정말로 필요로 하는 민주적인 학교이고, 어쩌면 지금이야말로 그러한 학교가 더더욱 필요한 때이다.

민주주의는 제도의 개혁을 위한 수단이기도 하지만, 민주주의 제도를 지켜 내기 위해 우리는 어떤 민주주의든 그것이 살아남는 데 근간이 되는 시민적 예의로서 '마음의 습관'을 내면화해야 한다. 마음의 습관은 민주주의를 지탱하는 데 결정적 구성 요소다.

첫째, 우리는 이 안에서 모두 함께 있다는 것을 이해해야 한다.
둘째, 우리는 다름의 가치를 인정할 줄 알아야 한다.
셋째, 우리는 생명을 북돋는 방식으로 긴장을 끌어안는 능력을 계발해야 한다.
넷째, 우리는 개인적인 견해와 주체성에 대한 의식을 가져야 한다.
다섯째, 우리는 공동체를 창조하는 능력을 강화해야 한다.

Palmer, 2012: 92: 97

프랑스 정치학자 토크빌은 민주주의가 요구하는 마음의 습관을 시민들이 세대를 넘어 발전시키지 못한다면, 민주주의가 실패할 것이라는 우려를 표명한 바 있다. 마음의 습관이란 경험을 받아들이고 해석하고 반응하는 유형으로서 사람들 안에 깊이 배어 있는 것이다. 여기서 말하는 경험에는 지성, 감정, 자기 이미지, 그리고 의미와 목적의 개념 등이 모두 포함된다. 다시 말해, 그것은 민주주의의 내재적이고 비가시적인 인프라를 구성하는 습관이라고 할 수 있다. 이런 마음의 습관은 제도의 개혁만을 민주주의라고 생각하는 사람들에게 많은 가르침을 준다. 일상생활 속에서 민주적 태도를 갖지 않으면 제도의 타락을 쉽게 가져오고 말 것이다. 억압 시대의 독선을 제거하려면 마음의 수양을 필요로 한다. 그래서 더욱 민주적인 시민성 교육 및 학습을 필요로 한다. 오케쇼트M. Oakeshoot가 역설하듯 시민문화의 본질에 대한 깊은 성찰 없이 민주시민교육의 교육과정을 구성하려고 하는 것은 어리석은 일일 것이다.Fuller, 1989

4. 민주적 시민성을 위한 민주시민교육

그동안 우리의 시민교육은 '민주적'이지 못했다. 말로만 민주시민교육이었지 실제 이전의 공민교육civic education이나 국민교육nationalistic education의 수준을 크게 벗어나지 못했다. 이 교육은 국가의 단결이나 국가에 대한 충성심을 함양하는 체제 내지 정권 유지 교육이었다. 그래서 '민주적' 시민교육이 등장하였다. 단순히 정부에서 제공하는 지식을 기계적으로 전달하거나 순응적 덕목을 주입하는 체제 유지나 정권 홍보를 위한 소극적 시민성을 위한 교육이 아니라, 민주주의에 토대를 둔 '민주적 교육democratic education'을 하는 것에 초점을 두려는 것이다. 민주주의는 동의를 바탕으로 한 정부의 한 형태이고, 시민적·정치적 정책이 교의와 물리력보다는 이성과 논의에 바탕을 둔 열린 토의에 따라 결정되어야 한다는 생각에 기반을 두고 있다. '민주적 시민성을 위한 교육education for democratic citizenship'(이하 '민주적 시민성 교육'으로 약칭)은 시민교육에 대한 민주주의적 성찰에서 나온 말이라고 할 수 있다.[14] 민주주의 이상을 교육하는 데 실패하면 민주주의 자체가 흔들릴 수 있기 때문에 이와 같은 민주적 시민성 교육은 민주정치체제의 유지와 발전에 필요한 가장 기본적인 장치이다.

유럽위원회2010는 '민주적 시민성을 위한 교육'을 민주주의 촉진과 보호 그리고 법의 지배라는 관점을 가지고 학습자에게 사회에서 자신의 민주적 권리와 책임을 행사하고 옹호하기 위한 지식과 기술을 가르치고, 태도와 행동을 이해시키고 계발하는 교육, 훈련, 의식 각성, 정보, 실천, 활동이라고 정의한다. 더 나은 미래를 창출하기 위해 학생들 스스로가 능동적 비판적으로 참여할 수 있는 자세와 능력을 기르는 동시에 이에 대한 책임성을 강조하는 교육이라고 본다. 학생들의 경험을 중시하며 그들을 시민으로 성장시키는 민주시민교육의 핵심은 내용과 교육을 통해 민주주의를 확장시키고자 한다. 인권, 평등, 평화, 환경, 미디어 문해력 등 다양한 주제가 민주시민교육의 내용이 될 수 있다. 그러기에 민주시민교육은 이러한 주제별 교육의 지식을 습득할 뿐만 아니라, 시민적 가치와 태도, 역량을 높이고 참여와 실천으로 확장한다.

민주적 시민성을 위한 교육을 위해서는 시민사회의 조직화를 기반으로 시민사회의 본연의 임무인 감시와 견제 기능이 활성화되고 제도화돼야 한다. 이를 위해 반드시 필요한 것이 '시티즌십citizenship'이다.김석호, 2018: 221-222 민주주의는 성가신 시스템이지만, 비록 많은 사람들이 혜택을 받지 못하더라도 논쟁의 여지가 있지만, 그들이 준수하는 규칙들의 집합이 있기 때문에 생존하고 있다. 시민사회가 권리로서의 '시민권'과 책임으로서의 '시민성'을 동시에 요청하기에 '시티즌십'의 이중적 과제를 해결해야 한다.

민주주의의 근저에는 민주주의의 주체로서 시민이 자리 잡고 있다. 하나의 시민은 개별적 인간이지만, 모든 개인이 시민은 아니다. 기본적으로 한 개인이 국가나 어떤 종류의 정치적 공동체의 성원이 되는 참여, 헌법으로 보장되는 권리나 자격의 체제이며, 그리고 그 성원이 지녀야 할 법적·도덕적 권리와 의무를 지는 것으로 정의할 수 있다. 이 경우 시티즌십citizenship은 개인과 이들이 살고 있는 공동체 또는 국가와의 관계를 가리킨다.

민주주의 위기는 시티즌십의 위기에서 징후적으로 표현될 수 있다. 시민권 또는 시민성으로 번역되는 시티즌십은 권리+의무·책임의 종합, 성원+권리+참여의 종합으로, 또는 지위+소속감+실천의 종합, 그리고 권리+의무+정체성의 종합 등 다양하게 설명된다. 시티즌십은 사람의 형식적, 법적, 정치적 지위나 소속을 묻는 것이며, 또한 사람의 잘살기에 영향을 미치는 이슈에 관련된 권리를 요청할 수 있는 권한은 물론이고, 동시에 책임을 수반하는 것이라고 할 수 있다.Sant, Davies, Pashby & shultz, 2018: 5 '민주적 시민성democratic citizenship'이라고 할 때, 시민성에 민주주의를 더욱 강조한 것이라고 할 수 있다.

최근 한국을 방문한 비에스타2019는 시민성을 사회적 시민성+도덕적 시민성+정치적 시민성으로 구성된다고 역설하였다. '사회적 시민성'은 시민성을 사회통합과 사회결속 그리고 사회의 원활한 작동의 관점에서 보는 것이다. 이 관점에서 시민성 교육은 좋은 사회적 상호작용이나 한 사회의 법, 통치, 관습에 따르도록 하는 기술을 가르치는 역할을 해야 한다. 여기서는 가치를 공유하는 게 매우 중요한데, 그렇지 않으면 사회는 빠르게 붕괴될 것이기 때문이다. 또한 이 관점은 시민들이 사회, 특히 지역사회에 대해 적극적인 책임감을 가질 것을 강조하는데, 이것이 이른바 '적극적 시민성' 개념과 관련되어 있는 것이다.

'도덕적 시민성'은 좀 더 명확하게 개별 시민들이 책임감, 존경심, 관용 같은 덕성과 자질을 가져야 한다고 강조한다. '사회적 시민성' 개념이 사회구조의 힘에 초점을 맞추는 반면, '도덕적 시민성' 개념은 좀 더 분명하게 개인과 자질, 행동에 주목한다. 이 관점에서는 시민교육이 도덕교육moral education 또는 인성교육character education의 한 형태이고, 개인이 동료 시민들에 대해 책임감과 존중감을 가지고 행동할 수 있도록 도덕적 자질과 기질을 향상시키는 것이 중요하다.

'정치적 시민성'은 시민성을 정치적 정체성으로 보며, 시민성과 민주주의 사이의 본질적 연관성을 강조한다. 여기서는 시민의 지위가 실제 민주적 사회에서만 가능한 것이므로 민주주의를 언급하는 것이 생소한 것이 아니다. 시민이 아니라 신민만 존재하는 왕정이나 개인이 중요하지 않은 전제군주정에서 시민의 자유를 갖는다는 것은 불가능하다. 민주주의는 시민들에게 표현의 자유와 같은 시민권, 투표권과 선거권과 같은 정치적 권리, 기본소득, 건강관리, 안전 그리고 교육의 권리와 같은 사회적 권리를 제공하고, 시민의 권리를 보호한다. 여기서 무엇보다 우선되어야 하는 것은 시민들이 자신들의 권리가 무엇인지 인식하는 것인데, 바로 여기에서 시민교육이 첫 번째 중요한 역할을 해야 한다. 그러나 권리는 항상 의무와 함께 가야 하는데, 이는 개인이 자신의 권리를 올바르게 사용하고, 민주적 사회를 구성하는 가치들—자유, 평등, 연대—과 조화를 이루면서 개인의 삶을 영위할 의무를 뜻한다. 이 부분은 시민교육이 해야 할 또 다른 중요한 과업이다.

하나의 시민은 개별적 인간이지만, 모든 개인이 시민은 아니다. 시민 또는 시민성은 기본적으로 한 개인이 국가나 어떤 종류의 정치적 공동체의 성원이 되는 참여, 헌법으로 보장되는 권리나 자격의 체제이며, 그리고 그 성원이 지녀야 할 법적·도덕적 권리와 의무를 지는 것으로 정의할 수 있다. 이 경우 시민성은 개인과 이들이 살고 있는 공동체 또는 국가와의 관계를 가리킨다. 시민성은 사람의 형식적, 법적, 정치적 지위나 소속을 묻는 것이며, 또한 사람의 잘 살기에 영향을 미치는 이슈에 관련된 권리를 요청할 수 있는 권한은 물론이고, 동시에 책임을 수반하는 것이라고 할 수 있다. 이들 요소들은 함께 조합하여 동반하며 나아간다. 시민성이 권리 지향적 시민권에 대한 대안적 개념으로 등장하기는 하였으나, 이 개념이 책임을 지나치게 강조함으로써 정의에 대한 태도를 소홀히 할 가능성도 크다. 시티즌십(시민권+시민성)과 시민성교육은 분리할 수 없다. 경합적 성격을 지닌 시민성 담론은 유용한 정치적 개념이지만, 누더기가 된 현실에서 비판적 시민의 형성을 위한 민주적 시민성의 구상 설정과 현실 분석을 통해 리더십을 발휘해야 한다.

민주적 시민성이란 민주적 절차, 폭력 제거, 불관용, 사회정의 등의 가치를 중시하며, 외국인혐오증, 인종주의, 공격적 민족주의 등에 비판적이다. 그리고 '민주적 시민성을 위한 교육'은 개방성과 다양성에 대한 관용, 공정과 합리적 이해, 진리에 대한 존중과 비판적 판단에 높은 가치를 부여하는 교육이다.Olssen, Codd & O'neill, 2015: 425 시민성의 민주주의적 요소를 중시하고 '미래의 시민'이 아닌, '현재의 시민'으로 대우하는 민주적 시민성을 강화하고자 하는 '민주시민교육'은 아이들의 민주적 능력을 기르는 교육을 주요 목표로 한다. 민주시민교육은 민주적 절차, 사회정의, 지속가능한 생태적 보존 등의 가치를 중시한다. 시민성의 민주주의적 요소를 중시하고 미래의 시민이 아닌 현재의 시민으로 대우하는 '민주적 시민성'을 강화하고자 하는 '민주시민교육'은 아이들의 민주적 능력을 기르는 교육을 주요 목표로 한다.

민주적 시민성을 위한 교육의 우선적 목적은 미래 시민이 될 학생들이 사회의 민주적 삶에 참여하는 데에 최소한 필요한 숙의적 추리deliberative reasoning에 도움이 될 지식, 가치, 기술을 준비시키는 것이다.Carr & Hartnett, 1996: 192 민주주의를 위한 교육은 교육의 민주주의를 필요로 한다. 교육은 민주적 시민성을 재구성하는 데에서 핵심적인 동력으로 보인다. 기든스2000는 교육을 "경제적 효율과 함께 시민의 응집성을 형성할 수 있는 중요한 공적 투자"라고 표현했다. 교육은 개인들이 살아가면서 발전시킬 수 있는 역량에 집중하도록 새롭게 디자인될 필요가 있다. 교육은 신뢰와 책임 규범을 내면화하도록 해 시민사회에 안정성을 부여한다. 이런 규범 없이는 시장은 번영할 수 없고, 민주주의도 생존할 수 없을 것이다.

5. 민주주의 원칙을 구현하는 민주적 학교체제의 구축

민주시민교육은 일반적으로 사적 이익보다는 민주적으로 숙고하고 결정하는 공동의 삶의 양식으로서 공공성publicity/publicness을 향해 함께 활동하면서 대안적 삶의 양식을 추구하는 적극적 시민의 양성을 격려한다. 민주시민교육은 개입하고, 속도를 늦추고, 아동과 청소년들이 세계와 만나 대화해야만 하는 상황에 맞닥뜨리는 어려운 임무를 수행할 때 지지하고 필요한 것들을 마련해 주는 일이다. 이러한 일들에는 특별한 장소와 시간이 필요한데, 바로 이것이 민주주의가 학교를 필요로하는 핵심적 이유이다. 이런 관점에서 학교는 새로운 세대에게 이러한 시간을 만들어 주고, 모든 과정에서 민주적 교육의 원칙을 시행할 수있다.

시민성의 민주주의적 요소를 중시하고 '미래의 시민'이 아닌, '현재의 시민current citizenship'으로 대우하는 민주시민교육은 아이들의 민주적 능력을 기르는 교육을 주요 목표로 한다. 시민은 확실히 단순한 '유권자' 이상의 존재여야 한다는 점은 분명하다. 물론 이 유권자로서의 역할조차 쉽게 저버리는 사람들이 많기도 하고, 또 투표도 '잘'해야 하지만 단지 투표하는 것만으로 시민적 책무를 다했다고 여길 때, 민주주의에 어떤 불행한 일이 생기는지는 우리의 역사적 경험이 잘 보여 준다. 민주주의가 '다수결' 이상의 의미를 갖기 위해서, 사회 구성원들이 각자 개인의 이익에 따라 이리저리 움직이는 파편화된 '군중'이 아니라 정치적 통치의 주인인 '시민'으로 존립하기 위해서, 갈수록 복잡해지는 국제관계와 각국의 정치사회문제를 풀어 갈 실마리를 얻기 위해서, 우리는 우리 자신을 교육시켜야 한다. 민주주의는 자유롭고 개방적인 의사소통을 가능하게 하여 서로의 생각을 공유할 수 있게 한다. 공동 관심의 범위가 확장되는 것, 그리고 개인이 가지고 있는 다양한 능력들이 충분히 발휘되는 것이 민주주의의 특징이다. 민주주의는 제도의 차원을 넘어 민주적 삶의 양식을 내면화한 교양시민인 공중publics이 출현해야 구현되는 것이다.

민주주의는 사회와 학교에서 다양한 방식으로 작동할 수 있다. 민주주의는 학교를 민주적으로 운영하는 데서부터 시작될 것이다. 그리고 학교의 민주시민교육은 먼저 교과를 통해 민주주의를 '왜' 가르쳐야 하며, 민주주의의 '무엇을' 내용으로 삼을 것인가, '어떻게' 가르칠까에 관심을 두어야 한다. 학생들이 단순히 시민에 대한 지식을 학습하는 데 머무는 것이 아니라, 시민으로서 사고하고 행동하도록 돕는 교육과정(지식과 이해, 기술과 역량의 습득, 그리고 가치와 성향의 형성)을 마련하여야 한다. 소프트웨어인 교육과정이 바뀌고, 하드웨어인 학교문화가 바뀐다면, 학교 전체는 민주주의가 살아 숨 쉬는 공간으로 우리 삶 속에 다가올 것이다. 그 속에서 아이들은 건강한 지성을 간직한 민주시민으로 성장할 것이다. 민주시민교육은 민주주의·인권·평화 감수성을 갖춘 학교문화 확산을 통한 학교민주주의 토대 구축, 자율성·공공성·연대성의 민주시민성 함양, 소통과 협력으로 함께 만들어 가는 학교민주주의 정착, 지역과 연대하는 생활 속 실천과 참여를 통해 삶의 힘이 자라는 민주시민교육의 기반 조성, 지역과 연대하는 지역사회 조직화로 민주시민교육 역량 강화 등에 목표를 두어야 한다.

민주주의 원칙을 깊이 이해하도록 교육받은 교사들이 있을 때에만 민주적 교육개혁을 이끌 수 있는 토론 속에서 넓은 공동체와 관련을 맺는 일이 가능해질 것이다. 이것은 교육에서 민주적 변화와 사회의 민주적 변화 사이에 상호적 관계가 있어야 함을 의미한다.Carr & Hartnett, 1996: 436 카Carr와 하트넷Hartnett은 다음과 같이 역설한다.

민주주의 교육 이론의 핵심 과업은 사회의 민주적 발전을 이루지 않고서는 민주적인 체제를 발전시킬 수 없고, 민주적인 교육체제를 수립하지 않는다면 사회의 민주적 발전도 기대할 수 없다는 사실을 인정하는 교육 개념을 정연하게 하는 것이 다.Carr & Hartnett, 1996: 189

듀이는 1937년 미국 학교 행정가들에게 연설을 하면서 민주적 원칙 이야말로 교육기관의 본질과 목적에 핵심적인 것이라고 주장했다. 그는 유럽과 다른 지역에서 정치적 민주주의가 파시즘으로 위협받는 시점에서 자신의 견해를 피력했다. 당시 반동적 힘에 직면해 의회나 선거 그리고 정당과 같은 민주적 제도의 취약성을 목도한 후, 듀이는 민주주의가 사회생활의 모든 영역에 깊이 스며들 때에만 비로소 민주주의가 살아날 수 있다고 확신하게 되었다. 그는 주장했다.

만약 민주적으로 사고하고 행위를 하는 습관이 사람들 성정 의 한 부분이 되지 않는다면, 정치적 민주주의는 불안정하다. 민주주의는 홀로 설 수 없다. 모든 사회적 관계에서 민주적 방식이 현존할 때에만 민주주의는 지탱될 수 있다. 이런 점에서 산업계에 존재하는 사람들에게도 교육기관에서 길러야 하는 민주적 관계가 중요하다. 다른 사람들에게도 마찬가지다.Dewey, 1987: 225

교육의 목적은 인간들이 협력하고 서로를 통합적인 공동체의 구성원으로서 지지하는 것을 가로막는 장벽으로부터 그들을 자유롭게 하는 데 있기 때문에, 학습기관 또한 통합적인 민주적 공동체가 될 필요가 있다. 민주주의는 교육을 통해 공동체를 만들어 낼 수 있을 것이다. 듀이가 강조하는 '민주적 교육democratic education'은 민주주의를 더불어 사는 '삶의 양식'으로 이해하면서 다양한 사람들이 면대면 관계를 하면서 함께 더불어 살아가는 공동체에서의 사회적 행위와 협동적 활동의 관점에서 공론장의 '의사소통'을 강조하였다. 민주적 교육이란 사회적 과정이며 교육기관 안에서 구현된 사회적 관계는 교육적 과정의 목적을 형성하는 관계를 형성하는 기획이다.

민주적 시민성 교육은 교과 중 하나가 아니라 모든 교과를 아우르는 교육의 기본 원칙이 되어야 한다. 학교의 민주적 협치 구조로의 변화, 교육과정(각 교과)의 민주적 시민성 강화, 학생의 자치 활동 강화가 필요하다. 포괄적 시민교육은 민주시민교과를 신설한다고 달성되는 것이 아니다. 모든 교과와 교수학습에 민주시민교육의 원리가 발현될 수 있도록 해야 한다. 학교에서 강력하고도 평등을 강조하는 민주주의자들은 청소년을 포함한 모든 이들(교직원을 포함한)에게 제공되어야 한다고 믿는다. 학교개혁론자들은 민주주의가 번거롭거나 위험한 것이 아니며, 사회는 물론 학교에서 민주주의가 실행될 수 있다고 믿는다.Apple & Beane, 2015: 28 분명히 청소년들이 공적 사회의 일원이 되고, 참여하며, 공적인 공간에서 확실한 역할을 수행할 수 있도록 힘을 실어 주는 것은 민주주의 사회에서 교육이 담당해야 할 임무이다.

시민성을 복잡한 사회에서 더불어 사는 조건을 만들고 유지하는 데 필요한 가치와 노력, 제도적 실천으로 이해한다면, 이때 분명 개인이 책임 있는 적극적 시민으로 행동할 수 있는 중요한 시민적 역량이 필요하다. 물론 이러한 시민적 역량의 유형과 본질은 사회와 맥락에 따라 다양할 것이지만, 대부분의 사회에서는 이들 역량을 개발하는 책임을 형식적/공식적 교육제도, 특히 학교의 역할일 것이다. 특히, 교사의 전문성과 교사교육과 관련해 그렇다. 가정만큼 학교도 정서적, 지적, 도덕적인 태도와 성향을 형성하고 성장시키는 데 직접 영향을 미친다. 따라서 교사들은 실제에서 이런 가치를 추구하는 환경에서 민주적 가치를 더 잘 가르칠 수 있을 것이다. 이런 민주주의가 자양분을 얻을 수 있는 교육적 환경 구성은 학교의 민주적 체제 구축에 있다.

시민성, 학교교육, 국가들 사이에는 다음과 같은 몇 가지 공통된 요소를 보이고 있다. 첫째, 학교는 국가에 의해 정당성과 안정을 확보하기 위해, 특히 위기의 시기가 감지될 때 이용된다. 둘째, 어떤 사회든, 국가가 재정 지원을 하는 교육제도는 항상 다양한 목적에 기여할 것이다. 국가의 공통된 셋째 요소는 국가가 교육적 합의에의 순응을 위해 아무리 엄격하게 교육적 실제를 규정하더라도, 항상 교육자들에게는 경합과 저항 가능성을 창출할 수 있는 '꿈틀거리는 공간'이 있다. 곧, 결코 국가의 의제와 그것이 학급에 구현되는 것 사이의 일대일 대응은 일어나지 않는다.Reid, Gill & Sears, 2010

교육이 사회적 과정이므로 학교는 당연히 사회생활의 한 형태가 되어야 한다. 이러한 의미에서 학교는 아동으로 하여금 인류가 물려받은 자원을 공유하고 자기 자신의 힘을 사회적 목적에 사용하도록 양육하는 데 가장 효과적인 모든 사회기관들이 결집된 곳이다.Dewey, 1993: 542 듀이는 적어도 어떤 가장 맹아적 형태로 이미 나타난 특징들로부터 민주적 사회를 건설할 것을 권고하였다.Noddings, 2016: 68 듀이는 민주주의, 개체성, 공동체와 교육 사이의 밀접한 연관성에 대해 명시적으로 언급했다.

모든 구성원이 동등한 조건으로 참여할 권리를 부여하고, 여러 형태의 연합적 삶의 상호작용을 통해 제도의 유연한 재조정을 보장하는 사회는 지금까지 민주적이다. 그러한 사회는 개

인에게 사회적 관계와 통제에 개인적 관심을 부여하고, 또 무
질서를 유발하지 않고 사회적 변화를 보장하는 마음의 습관을
제공하는 교육을 시행해야 한다.Dewey, 1916: 99

　학교의 민주적 변화는 두 가지 방향으로 이루어져야 한다. 첫째는 사
회적, 문화적, 경제적 이동 그리고 정책 의제에 의해 추동되는 계속적인
흐름의 상태에 있는 학교의 혁신을 시도해야 한다. 둘째는 교육적, 민주
적 그리고 사회적으로 정의로운 목적을 위한 학교의 혁신을 시도해야
한다.Wrigley, Thomson & Lingard, 2012[15] 이들 목적 중 민주적이고 정의로운
목적이 시민성 교육에 해당된다. 학교 시스템은 또한 불평등과 부정의의
어려운 역사적 패턴을 바꾸기 위해 학교와 협력해야 한다. 학생들의 시
민성 교육은 전체 학교제도 및 내부의 학습경험의 혁신, 그리고 학교 외
부의 경험과의 연계를 이끌어 내는 것을 포함한다.

전통적 학교와 민주적 학교

패러다임	학교의 오래된 전통	민주적 학교
교실관계	교사는 기본과 축적된 확고한 진리의 훈련자이며 처분자, 교육과정의 비타협과 아주 제한된 타협, 위로부터의 규칙	교사는 공동 학습자이며 비판적 의식의 촉진자, 의미 있는 교육과정으로의 열림, 규칙의 연합된 개발
학습 형식	수평적이기보다 수직적, 왼쪽 뇌, 강력한 경쟁 지향	수직적이면서 수평적임, 전체적 뇌, 협동적 학습과 소집단 활동의 강조
교수 기술	환원주의적 문해 형태, 미래로의 단순한 적응, 갈등의 통제와 단순 관리	통전적 문해 형태, 도전과 책임에 대처하며 적응, 단순한 갈등 관리보다는 갈등 변혁과 해결
잠재적 교육과정	중요하지 않고 존재하지 않는 것처럼 여김, 사회적 불평등의 함의에 대한 무지와 단견(젠더, 사회계층, 종족)	사회문화적 성/젠더 평등, 사회적 정의, 폭력에 대한 대안적 프로그램
교육행정의 분위기	결과를 측정하고 모니터하는 관리주의, 기술주의적 질의 확보, 유기적 사고보다는 형식주의적, 위기관리	협소하게 정의되는 업적보다는 민주적 참여적 질의 중시, 신뢰와 관계의 질 중시, 비판적 성찰, 적용될 수 있는 예견

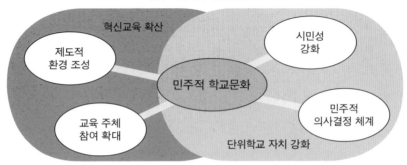

민주시민교육의 실천 영역

시민성 교육은 학교 교과목으로 배우는 공식적인 학습 경험에 의한 '정규 교육과정', 교과교육을 넘어서는 영역으로서 교실과 학교에서 날마다 벌어지는 보이지 않는 비공식적 '잠재적 교육과정', 학교 밖의 학습 경험으로서 '사회실천적 교육과정'을 통해 이루어진다. 학교의 전 교육과정(공식적 교육과정이든, 잠재적 교육과정이든) 속에서 학생들이 시민으로서 체험을 쌓게 해야 한다. 구체적으로 말하면 크게 3C, 곧 교육과정curriculum, 학교문화culture, 지역사회community가 유기적으로 결합된 민주시민교육이어야 한다. 3C가 융합된 민주학교가 건설되어야 아이들의 시민성은 잘 형성될 수 있을 것이다. 시민성 교육은 학교 또는 교실이 민주적이어야 가능하다. 민주시민의 역량은 학교의 민주적 문화와 분위기 속에서 가장 잘 학습되고 구현될 수 있다.

민주주의가 인간적 존엄을 지키고 북돋아 주는 가치체계이자 제도이고, 공동체의 성원들이 평화롭게 공존할 수 있는 사회를 향해 더 넓어지고 더 깊어지며 끝없이 나아가는 것이라면, 학교민주주의도 학교를 더 합리적이고, 더 따뜻하고, 더 품위 있는 사회decent society로 변모시키는 것을 의미한다. 민주주의라는 개념 자체가 그런 것처럼, 민주적 시민성을 기르기 위한 학교체제로서 '민주적 학교/민주학교'는 민주적 삶의 양식을 교육과정과 학교문화에 녹여 내는 기회를 제공해야 한다. 학교 구성원이 상호 존엄을 인정하고, 협력과 참여를 통해 공동 운영하는 참된 배움터로 전환하는 것을 의미한다. 이는 제도뿐 아니라 행위규범, 관행, 가치관, 의식, 태도와 같은 비가시적인 부분에서도 민주적 원리와 가치가 존중되는 학교 생태계를 상정하는 것이다.

'민주학교'[16]는 실험학교Experimental Schools/Laboratory School이다. 민주학교는 첫째, 민주적 공동체로서 기능하고, 둘째 민주주의의 역사, 철학 그리고 실천에 대해 가르치고, 셋째 이웃 마을, 국가 그리고 글로벌 차원에서 민주화를 수호하는 하나의 '폴리스polis'를 형성하는 데 기여하지 않으면 안 된다.Wrigley, Thomson & Lingard, 2012: 20 민주학교는 축소된 정치와 배아 상태의 민주주의가 학습되고 살려지며, 그리고 서로 참여의 구성원으로서 책임[17]을 받아들이고, 학생과 학부모 및 지역사회 구성원과 교사를 위한 시민권을 가진 '폴리스polis'[18]이다. 『민주학교Democratic Schools: Lessons in Powerful Education』Apple & Beane, 2015의 이야기들은 민주주의를 실천에 옮길 수 있는 여러 가지 기제와 기회를 현장에 뿌리내리고자 했던 수많은 교육자들의 노력의 결과물이다. 이것은 크게 두 방향으로 이루어질 수 있다. 하나는 학교에서 민주적인 생활방식이 실현될 수 있도록 하는 민주적인 구조와 과정들(절차)을 만들어 내는 일이다. 다른 하나는 학생들에게 민주적인 경험을 제공할 수 있는 교육과정을 만들어 내는 일이다. 그리고 학교 밖에서 이루어지는 지역공동체교육/마을교육공동체 활동이다.

민주시민으로 살아가도록 준비시키기 위해서는 학교를 더욱 민주적 장소가 되도록 변화시켜야 한다. 학교에서 민주적 시민성 교육을 현실화하려면 학교 전체를 '민주적 학교'로 만드는 것이 우선적이다. 민주학교는 학생들로 하여금 민주적 삶의 기회를 배우게 함으로써 민주시민으로서 성장하도록 하는 데 있다. 민주적 학교/교실은 열린 논의, 토의와 자문 등 민주주의 원리에 기반을 두어야 한다. 권위주의적이고 관료적인 학교 체제와 문화 속에서는 민주시민을 기를 수 없다. 아동들이 여러 집단이나 개인들과 상호작용을 하면서 주고받는 경험은 그들의 시민적 역량을 체득할 수 있는 중요한 환경이 될 것이다. 특히 학교를 참여적 민주 공동체로 운영하여 아동들이 학교생활 속에서 민주주의를 체험하도록 하는 것은 아동들을 민주시민으로 성장시키는 아주 중요한 학습 환경이 될 것이다.

'민주학교'는 학생들이 좀 더 넓은 사회의 중요한 시민이 될 수 있는 민주시민교육을 핵심적 교육 목표로 삼는다. 학교는 민주시민교육을 이해하고 민주주의를 경험하게 할 수 있는 핵심적인 공간으로 반드시 재편되어야 한다. 시민을 형성하는 민주적 공간은 학교를 단지 물리적 공간이 아니라 사회적 공간으로서 '실천하는 공간'으로 변환시키는 것을 말한다. 민주적 학교는 교과 수업이 잘 이루어질 뿐 아니라 상당한 존중을 받을 때 효과적이다. 민주학교의 실용성은 다음과 같이 제시할 수 있다.Harber, 1995: 11, Osler & Starkey, 2005 재인용

- 교직원과 학생들이 민주적 합의를 하였다면 규칙을 잘 지켜야 한다.
- 의사소통이 잘 이루어져야 한다.
- 내적·외적 흥미와 선택할 수 있는 범위에 대한 고려는 의사결정을 증진시킬 것이다.

지금까지 강조한 학교의 민주화는 절차적 민주성을 강조하는 측면을 강조했는데, 이와 동시에 학교문화school culture/school ethos를 변화시켜야 한다. 학교문화의 혁신을 통해 민주시민교육을 가능하게 하려면 학

교의 풍토, 분위기, 문화의 변화가 동반되어야 한다.Burkimsher, 1993: 14 왜냐하면 아무리 좋은 제도나 절차가 도입되어도 그것을 다루는 학교의 '풍토'가 비민주적인 분위기이라면 제도는 금방 타락할 것이기 때문이다. 학교문화(개체성, 차이, 포용, 존중, 방향성 등)를 특징짓는 분위기, 정신, 정조가 인간의 삶에 스며들게 하는 침투력은 매우 지배적이고 거대하다. 흔히 '잠재적 교육과정'이라고 불리는 학교생활에서 나타나는 이런 특성들은 민주적 시민 능력을 형성하게 하는 매우 중요한 요소이다. 학교의 분위기를 변화시키려면 학교문화가 혁신되어야 한다. 교실에서만 만족하는 흐름에서 벗어나 학교 전체의 모습을 변화시켜야 한다. 한두 사람의 힘이 아니라 모두의 힘이 필요하다. 학교구조/제도/절차의 혁신과 함께 학교문화/분위기의 혁신을 동시에 도모해야 한다. 교육의 문제 해결은 구조(제도혁신)와 문화(의식혁신)의 상호침투 속에서 큰 효과를 낼 수 있을 것이다. 학생의 생활/삶의 문제는 구조의 문제인 동시에 문화의 문제이다. 학교의 가치와 질서의 변화를 위해 학교문화를 혁신해야 한다. 또 학교에서의 명시적/암묵적 시민교육을 통해 갈등 해결 방안을 모색하고, 포괄적으로 다원적·민주적 평화를 개발하고 보존하기 위해 다양한 시민교육을 시도해야 한다. 시민성의 결핍은 민주주의의 불안정성을 초래하고, 권위주의로의 회귀를 초래해 사회 건전성을 해치고 민주주의 이념의 근간도 붕괴시키고 말 것이다.

6. 교육체제의 모순과 틈새 그리고 민주시민교육의 과제

민주주의 교육은 교육적 유토피아와 민주적 정치와 연동되어 있다.Torres, 2011 교육체제는 기본적으로 현존하는 사회적, 교육적 불평등

구조를 재생산하는 경향이 있는데, 수동적인 사회적 재생산과 능동적인 사회적 재생산은 상호작용하며 여러 수준에서의 응집성과 효과성을 지닌 체계/체제를 만들어 간다.[19] 국가는 사회적 재생산을 수행하는 수동적 기구이면서도, 동시에 사회적 재생산을 할 때 틈과 모순을 낳는 기구이기도 하다. 교육체제/학교체제의 재생산 과정에서 모순이 발생할 수밖에 없다. 모순contradictions은 단순히 고충이나 문제점을 넘어 활동체계(주체, 매개, 대상, 공동체 등으로 이루어진) 내에 역사적으로 쌓인 '구조적 긴장'이라고 할 수 있다.성열관 외, 2019: 32-35, 39-40[20] 이러한 모순은 변화의 원동력이 된다. 모순은 갈등을 낳기도 하지만, 이런 모순의 상황에서 벌어지는 갈등은 성장과 발달을 위한 과정이 되기도 하는 것이다. 모순을 해결하기 위한 동기는 활동체계가 더욱 창의적인 해결책을 찾도록 유도하고, 주체들에게 무엇을 더 학습해야 하는지에 대해 생각할 기회를 주기 때문이다. 학교가 당면하고 있는 모순에 관한 교사들의 인식과 그에 따른 갈등은 더 나은 가치를 지향하는 과정에서 필연적으로 발생하는 것으로 이해할 필요가 있다.

교사도 모순을 인식해야 이를 해결해 나가는 과정을 거쳐 주체들의 비판적 사고가 확장되는 것이다. 학교와 수업을 변화시키고자 하는 노력은 모순과 갈등을 필연적으로 동반하며, 그렇기에 모순과 갈등을 부정적으로만 볼 필요가 없다. 모순은 변증법적 전개를 통해 학습자를 성장시키고, 활동체계를 변화시키는 동기를 부여한다는 점에서 중요한 의의를 지닌다.성열관 외, 2019: 7-8, 215-216

사회를 재생산하려는 제도의 규칙과 이데올로기, 그리고 물질적 이익의 메커니즘들 사이에는 모순, 한계, 틈이 발생되기 마련이다. 새로운 교육질서를 만들어 내는 틈새적 변혁interstitial transformation은 기존 제도의 한계를 약화시키면서 새로운 사회적 힘을 강화시키는 대안적 제도를 창조해 내는 데 결정적 역할을 할 수 있다. 교육체제 형성의 과정에서 기존 담론은 더 이상 원래의 것이 아닌 것으로 전환될 수 있는 틈새가 생길 수 있다. 교육체제는 그 내부로부터 변혁될 수밖에 없는 뚜렷한 한계가 드러나기 마련이다. 틈새 전략은 강화된 사회적 힘을 구현하는 제도들이 밑으로부터 창조되고 심화될 수 있게 한다. 틈새 전략은 포용적 사회를 위해 기존 사회의 구조 및 제도에 의한 체계적 배제의 장벽을 허물면서 적대적 이익을 추구하는 방해 세력들을 점차 밀어낼 것이다. 물론 틈새적 실천이 전복적이거나 체제의 논리를 반드시 허문다는 것은 아닐 것이다. 다만 이러한 틈새적 실천이 사회조직의 지배적 권력관계와 지배적 원칙들에 의해 직접적으로 지배되거나 통제되지 않는다는 것뿐이다. 또한 제도정치가 활성화되면 일상의 운동으로서 정치, 삶으로서 정치가 비정치화될 역설도 발생한다. 틈새적 변혁이 꼭 공생적 변혁symbiotic transformation으로 나아간다는 보장은 없다는 말이다. 따라서 교육제도들의 한계와 모순에 대한 인식은 사회변혁을 위해 매우 중요하다. 그리고 근본적 교육개혁이 가능하려면 조건이 무르익어야 한다.

진보는 유토피아를 깨닫는 민주적 과정이다. 이제 민주적 상상력을 자극하는 대안적 관점이 필요하다. 이 관점은 복수이므로 서로 충돌하는 유토피아 개념들은 결국 민주주의를 지탱하는 생명선이다.Bregman, 2017: 23 정치학자 달Dahl, 1989은 유토피아를 추구하는 행위로서 민주주의의 중요성을 역설한 바 있다. 그에 따르면 주어진 사회가 민주주의의 조건을 갖추고 있는지 윤리적으로 심의해 보아야 하는 것이 유토피아를 추구하는 일이다. 유토피아는 결코 달성할 수 없는 것이지만, 그것에 가까이 가고자 하는 시민들의 노력만이 그나마 인간의 존엄성을 바탕으로 불안 사회를 헤쳐 나갈 수 있는 윤리적인 힘이 될 수 있다. 언제나 그렇듯 우리의 유토피아는 작은 규모로 시작할 것이다. 유토피아가 없다면 우리는 길을 잃고 어디로 가야 할지 갈피를 잡지 못한다. 우리가 더 나은 미래를 구축하겠다는 희망을 품지 않는다면 현재는 황량하다. 유토피아가 사라질 때 인간의 상태는 볼품없이 된다. 유토피아는 저 멀리 존재하는 것이 아니라 항상 여기에 존재해야 한다. 유토피아적 과정은 아직 실현되지 않은 '무엇'이 포함된 세계에 내재되어 있다.Fielding & Moss, 2011: 138-139 유토피아적 사유는 어떤 고정된 목적지로 가는 로드맵이 아니다. 사람들에게 현 상태에서 탈출하는 여행을 떠나라고 권유하려면, 유토피아적 이상에 대한 생명력 있는 믿음이 필요하다. 그리하여 우리의 여행이 실질적인 목적지가 전혀 없는 여행이 될 수도 있고, 더 나쁘게는 어떤 예상치 못한 나락에 빠지는 여행이 될 수도 있다. 우리는 이상적 목적지를 향해 출발하지만 때로는 멀리 이탈하기도 하는데, 한계를 지닌 채 새로운 형태로 여행을 떠나는 발견의 여정이라고 할 수 있다. 우리가 원하는 이상사회는 완성된 유토피아가 아니라, 상상과 희망이 살아 있고 진취적인 기상과 변화가 필요하다.

그래서 우리에게는 '현실 유토피아real utopia'[21]가 필요하다. 인류의 현실적 잠재력에 기초해 있는 유토피아적 이상이 필요하며, 중간역이 있는 유토피아적 목적지가 필요하며, 우리의 실천적 과제—사회 변화의 조건을 다 갖추지 못한 세계를 향해 나가야 하는 과제—를 뒷받침할 수 있는 유토피아적 제도의 설계가 필요하다.Wright, 2012 따라서 우리는 민주적 교육개혁의 가능성과 한계를 끊임없이 시험하면서 새로운 제도를 창조하는 시도와 도전을 하지 않으면 안 된다. 제도의 구조적 배열을 인간화하고 민주화하는 체제적 도전과 변혁적 가능성을 향한 교육운동을 필요로 한다. 또 교육개혁을 위한 사회 변화의 조건을 온전히 갖춘 유토피아적 제도의 설계가 필요하다.[22] 유토피아적 과정은 아직 실현되지 않은 '무엇'이 포함된 세계에 내재되어 있다.Fielding & Moss, 2011: 138-139 이러한 유토피아 사고는 교육제도/체제를 포함한 사회제도/체제에 대한 지배적 가정에 파열음을 내는 것이고, 또 다른 잠재력과 가능성을 상상하며 현재의 조건에 도전하는 공간을 만들어 가는 역동적 활동이기도 하다. 그러기에 이러한 도전적 교육활동은 끝이 있을 수 없다. 아직 도래하지 않는 미래를 기대하면서 더 나은 삶의 방식을 위해 개인적으로 집단적으로 대안은 가능하다는 희망을 갖고, 상상하고 실천하는 교육개혁운동을 필요로 한다. 교육을 통한 사유의 혁명, 이를 통한 진리의 추구는 유토피아의 현존을 통해 인간의 모든 상태를 아름답게 장식하기 위한 것이다.

이제 혁신학교는 학교 구성원의 의지만으로 확산하기에는 한계에 봉착했다는 얘기가 나오고 있고, 혁신교육지구로 형성된 민·관·학 교육 거버넌스도 제도적 제약에 봉착해 있다는 진단이 나오고 있다. 그러나 이를 역으로 보자면 학교와 지역, 시도교육청, 지자체의 한계를 넘어서는 교육개혁, 새로운 교육체제 수립이라는 돌파구가 열린다면, 혁신교육의 새로운 도약이 전면적으로 이루어질 수 있을 것이다. 혁신교육의 전망을 기존의 혁신교육의 확산에서 찾을 것이 아니라, 포용적 교육체제 수립과 더불어 혁신교육의 도약을 꾀해야 할 시점이다. 혁신학교는 우리나라 교육 패러다임을 바꿀 공교육의 새로운 표준을 만드는 일로 발전해야 할 것이다. 이제 일상생활과 문화에 바탕을 두는 혁신교육으로, 중장기적 전망을 가지고 생활민주주의를 꿈꾸고, 참여와 자치를 일구어 가야 한다. 교육자치와 민주적 교육 거버넌스를 심화시키려면, 민주적 거버넌스의 주체 결집과 동력을 형성하여야 한다. 민주적 교육 거버넌스는 더 지속가능하고, 정의롭고, 평등한, 그리하여 더욱 연대하는 민주적 사회의 건설과 결합하여야 한다. 우리는 민주시민교육을 가로막고 있는 제도적 장애물을 거두어 내면서도, 교육의 원대한 사상과 목적, 그리고 더 넓은 사회문화적, 정치경제적 이상을 실천하는 것으로 이어지도록 해야 한다.

그런데 지금 우리 학교는 민주시민교육을 할 수 있는 학교의 민주적 토대가 매우 취약하다. 학교에는 여전히 다양한 형태의 제도적 폭력이 상존하고 일상생활의 민주화 수준도 결여되어 있다. 우리는 제도투쟁에 몰두한 나머지 문화혁명 또는 정신혁명에 소홀히 한 측면이 있다. 수많은 민주화 투쟁 경력을 가진 사람은 지금 민주주의를 실천하고 있는가? 그러지 못하고 있다면, 내 마음의 파시즘을 걸러 내지 못해 일상민주주의 실천가가 되지 못한 것이 원인일 것이다. 그리고 민주시민교육의 개념과 정체성 논란은 여전하다. 민주시민교육을 교실에서 논의하는 것이 쉬운 일은 아니다. 세월호 참사 이후 민주시민교육에 대해 강조하게 됐지만, 여전히 이념 논란 속에서 민주시민교육이 교과서에 머무르고 있다. 촛불혁명 이후 학교에서 국민의 권리 등을 가르치고 있지만, 행사나 특강 수준에 머물러 있다.

특히 우리의 경우 분단 상황과 국가보안법은 교사의 정치 문제에 대한 논의를 극단적으로 제한시킴으로써 새로운 사회의 태동을 가로막고 있다. 최근 세월호 사태, 역사 교과서 국정화 논란, 탄핵 정국에서 촛불 세력과 태극기 세력의 분화 등을 둘러싸고 벌어지는 갈등도 마찬가지다. 이념적 갈등은 상대를 더욱 적대시하는 소모적 논쟁으로 비화되고 있는데, 이 같은 보수와 진보의 극단적 이념 대립은 1960~70년대의 독일 상황에 못지않다. 독일은 이 갈등을 해결하기 위해 보수학자와 진보학자가 만나 정치교육의 최소합의인 '보이텔스바흐 합의'1979[23]를 이끌어 냈다. 이러한 합의 정신이 오늘의 동서독 통일의 갈등을 해소하는 중요한 정치교육을 이끌어 냈다. 그런데 여전히 2차 대전 이후 독일 나치즘을 처단하고 반성하며 과거사와 민주주의를 교육하였음에도 불구하고, 극단

주의와 인종주의, 네오나치즘이 심화되자, 지식 중심의 민주주의 교육의
한계를 인식하고, 이를 극복하기 위해 지식과 더불어 실제 생활에서의
민주주의 교육이 함께 일어나도록 교육을 변화시키고자 하였다. 그래서
민주주의적 권리와 확산, 그리고 민주적인 학교문화의 발전을 위해 다양
한 분야에서의 교육관련 연구, 학생정치캠프, 학교구조 개혁을 위한 시
범학교운영, 교사교육, 다양한 프로젝트 등이 시행되었다. 이러한 노력은
독일 민주주의센터DeGeDe를 중심으로 '민주주의 배우기와 살아가기'
프로그램에서 채택된 '마그데부르크 선언'2005으로 발전하였다.[24]

그리고 영국의 신노동당은 인성교육과 시민교육을 조화시키고자 하
였다.[25] 1998년 발간된 〈크릭 보고서Crick's Report〉 이전까지 민주시민교
육은 영국에서 별다른 관심을 받지 못했다. 이러한 무관심은 자유주의
와 계급 구분의 전통이 강하게 반영된 영국교육의 특수성에 기인한다.
그러나 영국 학교 민주시민교육에서 획기적인 전환의 계기를 마련한 것
은 1997년 총선이었다. 당시 수상이 된 토니 블레어는 취임 전부터 "누
군가 나에게 정부의 최우선 과제 세 가지가 무엇이냐고 묻는다면 나는
교육, 교육, 교육이라고 말하겠습니다"라고 할 정도로 교육을 통한 사회
변화를 강조했다. 새롭게 들어선 기존 보수당 정부, 특히 마가렛 대처 이
후 심화된 사회의 파편화 내지는 개인화 경향을 비판하며 공동체주의에
바탕을 둔 새로운 사회로의 전환을 강조했다. 민주시민교육을 추진하게
된 것은 비단 사회적으로 공유되고 학습된 강력한 가치를 통해 새로운
사회적 질서와 안정을 다시 세우고자 했던 블레어의 의지만이 아니었다.
1997년 총선을 통해 드러난 청소년들의 정치적 무관심은 민주시민교
육의 제도화를 촉발한 또 다른 주요한 요인이었다. 당시 전체 투표율은
71.4%, 18~24세의 경우에는 54.1%였는데, 이는 전후 가장 낮은 투표율
이었다. 결국 노동당 정부가 들어선 이후 발간된 교육백서에서는 잘 숙

지된well-informed, 그리고 적극적 사회 참여를 행하는 민주시민을 길러내기 위한 교육을 하고자 하였다. 비록 여러 한계를 보이고 있음에도 불구하고, 영국에서 〈크릭 보고서〉가 발간된 지 21년, 그리고 학교에서 민주시민교육이 별도의 교과목으로 지정되어 가르쳐진 지 17년이라는 오랜 시간이 지났다. 그리고 영국의 민주시민교육은 여러 가능성과 함께 장벽들을 마주하고 있지만, 기본적으로 관통하고 있는 핵심적 키워드는 자율과 참여다. 국가교육과정은 민주시민교육에 대한 대강만을 제시할 뿐 구체적인 적용은 개별 학교에 달려 있다. 교사는 교과서를 비롯하여 각종 학습도구를 선정하고 활용하는 데 전적으로 자율성을 가지고 있다.김원석, 2019 충분한 자율성이 보장되어야만 비로소 개별 학생과 학교, 지역사회가 처한 상이한 조건들을 고려한 민주시민교육이 가능하다. 또한 그러한 자유의 책임 있는 사용을 통한 학생들과 교사들은 민주주의를 학습할 수 있게 되는 것이다.

그리고 민주시민교육을 위한 시간, 내용, 방법이 엄격하게 제약되어 있는 상태 속에서는 '지위로서의 시민성citizenship as status'이 아니라, '실천으로서의 시민성citizenship as practice'을 필요로 한다.Biesta, 2011b 민주시민교육에서 중요한 것은 학생들이 자신과 타자의 다양한 삶의 경험들을 마주하는 과정 속에서 자유, 평등, 연대와 같은 민주적 가치들을 체화하는 일이다. 요컨대, '시민성을 가르치는 것teaching democracy'이 아니라, '민주주의를 학습해야 하는 것learning democracy'이어야 한다.Biesta, 2011b 우리의 경우도 민주시민교육은 이미 넘쳐난 교육과정에 또 다른 의제/안건agenda 하나를 밀어 넣는 일이 아니라, 학교의 전반적 교육과정과 학교생활 전반에서 민주주의 원리/원칙principle을 구현하는 일로 보아야 한다.Biesta, 2019 이렇게 민주적 시민성 교육을 이해할 때, 이 교육은 단지 또 하나의 교육과정 이상의 것으로 이해되며, 확실히 학습 성과의 얼개 이상의 것을 필요로 한다. 그러기에 학교 전체를 민주화하는 일이 더 시급하다. 특정 교과가 아니라 범교과적으로, 그리고 교과연계활동을 통해 민주주의 원리를 확산적으로 구현할 필요가 있다. 따라서 시민적 학습civic learning은 교실에 한정되지 않는다. 시민성 교육이 미래의 시민을 위한 교육이라면, 매일 이루어지는 시민적 학습은 현재의 구체적 시민의 학습이다.Biesta, 2011c 시민적 학습은 더 좋은 시민의 양성을 위해 더 많은 민주주의를 요구하는 '주체화를 위한 학습learning for subjectification'을 필요로 한다.Biesta, 2014a: 10 기존 질서에 적응시키는 사회화를 위한 교육이 아니다. 물론 주체화를 위한 학습은 사회화 과정을 거쳐야 한다. 자율의 실천은 타율의 습관화를 통하지 않으면 달성될 수 없다.심성보, 2018: 509 기존 질서를 넘어선 새로운 탄생으로서 민주주의 실험이나 사건으로서 개입하는 학습에 초점을 맞춘다. 시민적 학습은 사람들을 길들이는 교육이 아니라, 민주적 주체가 되게 하는 학습으로 나아간다. 민주적 주체는 인격적 주체, 공동체적 주체, 정치적 주체의 융합체이다. 정치적 주체는 민주적 정치의 행위자로서 민주적 행위 자체에서 발생하고, 이 선택할 줄 아는 역량을 가진 민주적 주체의 출현은 의견 불일치의 타협 산물이기도 하다.Biesta, 2011a 또한 교육에서 학습으로의 전환은 '교육의 학습화learnification of education'를 말하며, 평생학습으로의 이동을 말해 준다.Biesta, 2013 시민의 학습은 어느 곳에서나, 그리고 계속적으로 일어난다.

그러기에 촛불혁명의 시대적 사명은 궁극적으로 민주주의를 완성하는 일에 있다. 민주주의를 완성하는 일은 일차적으로 정부의 역할이다. 촛불혁명 이후 민주시민교육은 민주주의 혁명을 완성시켜야 하는 과제를 안고 있다. 그 과제는 민주적 제도 및 문화를 구현하는 것이다. 만약 그러한 제도와 문화를 구현하지 않으면, 또다시 과거의 권위주의 또는 파시즘 체제로 돌아가고 말 것이다. 따라서 무엇보다도 학교의 민주주의를 가로막는 교장제도를 개혁할 필요가 있다. 민주주의 완성의 중심에 서야 할 교장이 민주주의자가 아니라면, 학교의 민주주의 운영은 불가능할 것이다. "교장은 교무를 통할하고, 소속 교직원을 지도·감독하며, 학생을 교육한다." 초중등교육법 제20조가 교장에게 부여한 임무다. 학교에서 벌어지는 모든 일(교무 통할, 교직원 지도·감독, 학생 교육)에 대한 권한은 교장이 행사한다. 수업과 학생 생활지도는 물론 운동장의 풀한 포기를 옮기는 일도 법령상 교장의 권한이다. 정부 수립 후 50년 동안 우리나라 교육을 지배했던 교육법 제75조는 "교사는 교장의 명에 따라 학생을 교육한다"라고 규정했었다. 교사를 교장의 명을 수행하는 도구적 역할로 제한했던 교육법 제75조는 각계각층의 교육 민주화 요구에 따라 1998년에 폐지되었다. 당시의 교육법을 대체한 현행 초중등교육법은 "교사는 법령이 정하는 바에 따라 학생을 교육한다"라고 했다. 교사의 임무를 교장의 명이 아닌 법령을 따르는 것으로 새롭게 규정하였다. 그러나 교장에게 부여했던 막강한 권한은 그대로다. 군부독재 시대만큼 교장 권력이 절대적인 것은 아니나, 학교는 여전히 교장 개인의 능력과 성향에 따라 좌지우지된다. 아직도 학교는 제왕으로 군림하는 학교장의 갑질 사례가 넘쳐난다. 이런 비민주적인 학교에서 '민주시민 육성'이라는 교육기본법의 교육 이념을 실현하는 일은 요원하다.

결국 교육자치와 학교민주주의가 정착하지 못하는 이유는 교장에게 집중된 권한과 더불어 현재의 교장승진제도 때문이다. 국·공립학교의 교장 임용은 교육공무원법 및 관련 법령에 따르면 근무평정, 연구·연수 평정, 가산점 평정, 경력 등을 통해 부여한 교장자격증에 기반을 둔다. 현장에서는 이미 오래전부터 행정편의주의와 권위적 관료주의의 산물로 여겨져 왔다. 대다수 현장 교사들은 현행 근무평정과 가산점에 바탕을 둔 자격증은 교장의 전문적 역할 수행과 상관이 없고, 오히려 교육활동을 소홀하게 한다고 여긴다. 그리고 권위적인 학교문화의 원인으로 현행 교장승진제도를 지목하였다. 근무평정에서 교장이 주는 점수가 절대적이기 때문이다. 현 교장이 승진 점수를 매개로 다음 교장을 만들어 줄 수 있는 권력을 행사한다. 결국 다수의 교사들은 교장자격증을 교육전문성 보증서가 아니라 권력이양 증명서로 본다. 이러한 제도에서는 협력적 조정자로서의 수평적 리더십을 갖춘 민주적 교장이 나오기 어렵다. 학교가 좀처럼 변하지 않으며 여전히 권위주의적인 이유가 여기에 있다. 따라서 정부는 학교민주주의의 걸림돌이 되는 교장 제도를 개혁해야 한다. 하나의 대안으로 민주적 절차에 따른 교장공모제를 확대하고, 사립학교에도 이를 도입할 필요가 있다.

그런데 교장제도와 입시 위주 교육 및 학벌 체제 등의 제약이 있더라도 학교의 민주주의를 포기할 수 없다. 이런 한계가 있더라도 이 제약을 넘어서는 주체들의 민주적 노력을 게을리 해서는 안 된다. 역사는 제도의 억압을 넘어선 사람들에 의해 만들어졌다. 따라서 교사들은 묵묵히 일상에서 실천할 수 있는 촛불의 과제를 일구어 내야 한다. 일상에서 나타나는 비민주적 의식과 태도, 행위 그리고 관행을 인식하고, 이를 혁신하기 위한 방안으로 '일상의 민주주의'를 더욱 필요로 한다. 학교교육은 사회과나 도덕과뿐 아니라 모든 영역에서 민주주의, 사회정의와 같은 가치를 가르쳐야 하며, 이를 통해 인간의 존엄성을 옹호하는 동시에 더 좋은 세상을 만들어가는 데 기여하는 책임감 있는 시민으로 성장시킬 수 있어야 한다. 이를 위해서는 학교가 학생들로 하여금 민주적 공동체에 직접 기여할 수 있는 참여와 실천의 경험을 제공할 필요가 있을 뿐만 아니라, 학교 자체가 민주적인 조직으로 거듭날 필요가 있다. 학생들은 자신의 주변에 있는 유의미한 타자로부터 모방을 통해 중요한 것을 배운다는 사실을 상기할 때 민주주의를 가르치기 위해 가장 필요한 것은 학교가 민주적인 일상 공간이 되는 일이다. 듀이가 역설한 대로 제도를 넘어 '삶의 양식'으로서 민주주의를 실현해야 한다. 일상적 민주주의란 일상의 차원을 규율하는 시민의 덕성, 즉 시민성citizenship을 구현하는 것을 말한다. 학교와 교실에서 작은 공론장mini public을 일으키고 끌어가는 데 있어 교사들은 책임 있게 나서고, 주권을 표시할 수 있는 기회를 허투루 흘려보내서는 안 된다. 시민으로서 교사는 국가에 대한 맹목적·무비판적 추종이 아니라 합리적·대안적 비판과 참여를 통해 실제 학교민주주의를 완성해야 한다. 학교민주주의의 실현을 통해 꼬마 민주주의자를 길러 내야 한다. 민주시민교육은 학교교육이 기성 질서에 순응적인 신민臣民형 인간을 양산해 온 것에 대한 역사적 성찰을 필요로 한다. 학교민주주의를 뿌리내리게 하는 주체적 시민의 형성이 매우 중요하다. 우리 사회는 지금 우중愚衆을 민주적 주체인 공중公衆, publics으로 전환시켜야 하는 중대한 시대적 과제를 안고 있다.

1. 이를 두고 프랑스어로 경제계급을 뜻하는 '부르주아(Bourgeois)'만 있고 교양계급인 '시티앙(citoyen)'은 없다는 말이 있다.

2. democracy의 'demos'를 '인민'으로 번역하여 학부모로부터 곤혹을 치른 교사가 있다. 그리스어 'demos(군중, 다수, 인민)' → 로마어 'populus(원로원을 제외한 국민 일반)' → 영어 'people(국민, 인민)'은 누가 다스리는지를 뜻하는 것으로서 '국민', '인민' '민중' 등으로 다양하게 번역될 수 있다. '인민'은 북한에서 사용하는 어휘로 고정되어 버렸고, '국민'은 한국에서 신민의 의미를 내포하는 개념으로 한정되어 사용되고 있기에 용어 사용에 신중할 필요가 있다. 'cracy(rule; 통치/지배)'는 어떻게 통치하느냐에 따라 달라지며, 자유민주주의, 사회민주주의, 참여민주주의, 숙의민주주의, 생태민주주의 등 다양한 통치 방식이 가능하다. 민주주의를 비-지배, 비-억압, 비-차별로 설명하기도 한다. 'demos'와 'cracy'의 결합 방식에 따라 정치적으로 우파, 중도, 좌파로 나뉜다.

3. 'police'와 'politics'는 모두 'polis', 'politeia'에 어원을 두고 있다.

4. 너무 외견상의 합의만 강조하다 보면 무관심을 부르게 마련이고, 그것은 결국 문명화된 사회의 토대 자체를 파괴하는 폭발적 적의로 분출될지도 모르기 때문이다. 그러기에 쟁점이 되는 논란 주제들에 직면할 경우 의견과 신념의 상충을 대화의 광장으로 끌어내어 공론화하는 과정은 중요한 의미를 갖는다. 논쟁 수업은 상대를 이기는 데 있는 것이 아니다. 그보다는 자신이 듣거나 읽은 것을 모든 측면에서 이해하고, 서로 협력할 수 있는 출발점을 제공해 주는 서로 동의할 만한 핵심을 발견하는 데 있다. 민주주의 사회에서 시민들은 서로 효과적으로 소통할 수 있어야 하고, 이런 능력은 민주학교에서 반드시 길러져야 한다. 독일의 '보이텔스바흐 합의'처럼 사회적으로 논쟁적인 주제를 학교의 수업에서 논쟁적으로 가르치는 것이다. 시민은 필요하다면 법의 중재를 통해, 아니면 어떤 경우라도 폭력에 호소하지 않고 대화와 타협을 통해 갈등을 해결할 수 있는 준비를 갖추는 것이다.

5. 롤링 스톤스는 1962년 영국 런던에서 결성된 록 밴드이다. 록 음악의 역사 초기부터 지금까지 계속적인 활동을 하는 몇 안 되는 밴드 중 하나로, 가장 위대한 록 밴드 중 하나로 꼽힌다.

6. 영국의 브렉시트나 일본의 아베, 중국의 시진핑, 미국의 트럼프는 모두 세계정신을 상실한 자국중심주의 경향을 보이는 것이 문제이다.

7. 세계를 가장 잘 이해하는 방법으로 위대한 고전(Great Books) 읽기가 제안된다.

8. 학생과 부모에게 학교 선택권을 주는 것이 때로 민주주의의 위험을 초래할 수 있다는 점을 유념할 필요가 있다. 부모에게 학교 선택권을 주는 것이 언뜻 보면 민주주의 같지만, 학부모의 이기적인 선택을 조장하고 부익부 빈익빈 효과를 일으킬 수 있으며, 자칫 욕망을 그대로 투영한 선택권이 민주주의 토대를 허물 수도 있을 것이다.

9. 자기신뢰/자기믿음(우정과 사랑의 무시는 학대/폭행으로 이어짐)을 넘어서는 자기존중은 "자신의 권리가 무엇인지 알아야 타인의 권리를 존중할 수 있다"는 생각이다. 모든 인간에게 동등한 권리를 보장하는 법의 영역에서 자율성을 지닌 인간(정의로운 인간상)은 공동체의 권리와 의무를 타인과의 관계를 통해 확인받았을 때 자존감/자기존중의 형태를 드러낸다(조나영, 2019: 203). 자존감의 무시는 타인의 권리를 부정하는 것이며, 사회적 불가침성을 위협한다.

10. 자기존엄은 권리 주체인 인간이 자신의 독특한 특성과 개성, 그리고 능력을 존중받음으로써 자부심/자긍심을 지니는 일과 관련된다. 이렇게 사회적 가치 부여를 통해 지기실현을 성취한 인간(품위 있는 인간상)은 주체들 간의 상호연대를 통해 사회적 불의에 항거하여 도덕적 사회로의 이행과 함께 새로운 가치와 규범을 단계적으로 확장해 나간다(조나영, 2019: 203). 존엄성의 부정은 개인에게 모욕을 주며 명예를 위협한다.

11. 공부의 일차적 목적은 수기(修己), 즉 자기형성/교양(Bildung)에 있다. 수기 이후에 치인하고, 수기 이후에 제가(齊家)하는 것이 이치에 맞는 일이라면, 명명덕(明明德)에 머무르지 아니 하고 신민(新民)까지 함이 지고지선의 일이다.

12. 정원 가꾸기는 민주적 교육을 위한 또 다른 훌륭한 영역이다. 정원 가꾸기에서 우리는 식물에 대해서 열심히 생각할 수 있지만, 그렇다고 해서 식물을 더 빨리 자라게 할 수는 없다. 식물이 우리에게 실제로 요구하는 것이 잘 자랄 수 있도록 돌봐 달라는 것이기 때문에, 정원 가꾸기가 '물질적 저항'을 만나는 작업보다 적어도 처음에는 훨씬 더 좌절감을 주는 만남일지도 모른다. 달리 말하자면, 정원 가꾸기에는 우리가 식물에게 바랄 수도 있는 여지가 거의 없다. 이런 점에서, 정원 가꾸기는 그런 만남 속에서 자신의 욕망을 직면하고 그 욕망을 판단하는 실제적 행동이다. 비슷한 얘기를 동물과의 관계에서도 말할 수 있다. 민주주의 교육에 관심이 있다면 동물을 교육과정에 포함시키는 것도 좋다. 자신이 만들지 않은 세계와 접하고 그러한 세계와 함께하기 위해 제공되는 이러한 모든 만남과 기회는 성숙된 방식으로 세계 속에 그리고 세계와 함께 존재하는 것을 연습할 훌륭한 기회를 제공한다. 아동과 청소년들에게 그런 기회를 제공하기만 한다면, 동료 학생들과의 만남과 같이 사회적 영역에서도 이것을 연습할 곳이 있다고 말할 수 있다. 토론하고 논쟁하는 만남이 아니라, 무엇보다도 우리가 함께 작업하려고 노력하는 만남에서 우리는 우리의 계획이 다른 사람의 계획을 만날 때 어떤 일이

발생하는지 경험할 수 있다.

13. 민주시민교육을 방해하는 성취도 위주의 평가도 문제가 있다. 한국이 PISA와 같은 국제학업성취도 평가에 지나치게 민감한 현실은 하나의 재앙이나 다름없다. PISA가 측정하는 요소들(비판적 사고, 창의성, 의사소통, 협력)은 너무 협소하고, 인성이나 시민성은 포함되지 않고 있다. 그럼에도 그 결과를 가지고 전체 나라의 결과로 확대하여 포장하는 것은 민주시민교육을 가로막는 세계적 장애물이다.

14. 사실 이렇게 만들어진 '민주시민교육'도 타락하여 원래대로 '시민교육'을 그냥 사용하는 경향도 보이거나 '민주적 시민성을 위한 교육'을 즐겨 사용하는 경향도 있다.

15. 사회정의(재분배와 인정 등)를 위한 학교교육은 다음과 같은 변화 의제를 통해 실시되어야 한다. 첫째, 교육의 변화는 교육제도만의 일이 아니다. 예를 들어 주택, 건강과 교통정책, 고용과 노동시장, 소득지원과 복지 혜택 등은 어린이와 젊은 이의 일상적 삶 및 그들의 삶의 기회 모두에 심대한 영향을 미치기 때문이다. 둘째, 학교의 변화는 학교정책의 문제만이 아니다. 가정이 이용할 수 있는 더 넓은 문화적 자원은 양육에 머무는 것이 아니라, 일반교양교육과 직업기술교육으로 확장되어야 한다. 물론 교사의 초기교육 및 계속교육은 어린이·청소년들의 교육에 매우 중요하다. 셋째, 가장 어려운 상황에 놓여 있는 학교는 더 적은 비용으로 더 많은 일을 해야 한다는 것을 이해하는 것으로부터 작업이 시작되어야 한다. 학교는 적절한 직원을 확보하고 유지하기 위해 지원하는 인력 배치 절차, 어려움에 처해 있거나 문제를 일으키는 어린이와 젊은이들을 지원하기 위한 보건복지 서비스의 통합, 변화를 일으키는 고된 지적 작업을 수행할 수 있는 허가와 자원 등 더 추가되는 물질적 지원을 필요로 한다.

16. '민주학교'의 역사를 정통한 연구자들은 첫째, 학교 밖의 사회에서 민주주의가 여러 가지 의미를 가지는 것처럼 민주학교에 대한 개념과 해석도 어느 정도 모호한 면이 존재하고, 둘째 민주주의라는 개념은 역동적인 개념으로 변화하는 시대에 맞게 재해석되어야 한다는 점을 유의해야 한다고 주장한다(Apple & Beane, 2015: 53). '민주학교'는 학교현장을 강력하게 규정해 왔던 더욱 강화된 중앙통제(수직적 권력), 인종차별, 부정의, 가난, 젠더, 개별성, 경쟁 대신에 협력, 공동선, 공동체, 정의, 인권, 민주주의, 다양성 등의 가치를 중시한다. 그리고 교육 내용의 표준화(효율성), 불공정한 시험, 학생 차별, 퇴행적 시험(일제고사), 권위주의적이고 무미건조한 주입식 교수법 등에 대해 비판적 태도를 취한다.

17. '실험학교'는 책임을 논의하고 학습한다. 책임은 일상생활(식사, 숙소 등)에 대한 책임, 학교에서 함께 작업하는 규칙의 동의, 지역 및 지구 환경에 대한 책임, 기억을 구성하고, 해석하고 재구성하는 역사(과거, 현재, 미래)에 대한 책임, 우리에게 중요한 사태(문화, 종교, 미학, 좋은 삶)에 대한 책임 등 다양하다.

18. '도시국가(city-state)'를 의미하는 '폴리스'는 오늘날의 말로 표현하자면 '민주공화국'으로 번역될 수 있다.

19. 사회적 재생산은 두 종류의 상호 관련된 과정, 즉 '수동적 재생산'과 '능동적 재생산'으로 나타난다(Wright, 2012: 382-383). 수동적 재생산은 일상생활의 관례와 활동에 뿌리 내리고 있는 사회적 재생산의 여러 측면들을 가리킨다. 이것은 일상생활의 단조로운 강제의 사회적 재생산이다. 사회적 재생산의 수동적 측면은 특별한 노력의 결과이거나 사회적 재생산의 목적을 위해 설계된, 의식적으로 구축된 제도의 결과가 아니다. 수동적인 사회적 재생산은 사람들의 일상적 활동이 서로 뒤섞여 일종의 자기 지속적인 균형에 도달하는 사태의 부산물일 뿐이다. 반대로 능동적인 사회적 재생산은 적어도 어느 정도는 사회적 재생산의 목적을 위해 설계된 특정한 제도 및 구조의 결과이다. 여기에는 광범위한 제도가 포함된다. 경찰, 법정, 행정부, 교육, 미디어, 교회 등등이 그것이다.

20. 보다 긴 사회역사적 시간을 가지고 조직이나 제도의 틀 안에서 일어나는 활동 체계의 구성원들은 제각기 사회적 노동 분업에 따른 상이한 위치에 놓여 있으며, 문화역사적 차원에서 볼 때 각기 다른 방식으로 사회화된 사람들이기 때문에 이들 사이에는 모순이 항상 존재한다. '모순'은 ① 개인의 말 속에 또는 사람들 사이의 말 속에서 평가가 엇갈려, 이러지도 저러지도 못하는 딜레마 상황이다. ② 모순은 저항, 동의하지 않음, 논쟁, 비판의 형식을 띤 갈등이다. ③ 모순이란 사람들이 스스로는 해결할 수 없다는 회의적인 생각에 빠진 상황이다. ④ 활동체계에서 주체들이 출구를 찾지 못하고 아무것도 모른 채 남아 있는 상황을 모순으로 볼 수 있다(성열관 외, 2019: 32-33).

21. 에릭 올린 라이트의 '리얼 유토피아'는 진보적인 견지에서 이론적으로 정리하고 가능한 대안을 제시하고 있다는 점에서 '새로운 역사의 시작'을 열고자 하는 작업이다. 1991년부터 시작된 '리얼 유토피아 프로젝트'는 두 가지 점에서 시사점을 제시한다. 하나는 많은 부정적인 결과를 낳고 있는 사회시스템을 넘어서려는 노력은 대안에 대한 상상력과 실천이 필요하다는 점이다. 다른 하나는 이미 시장 논리에 기초하지 않은 비시장적 혹은 반시장적 사회제도가 실험적 수준에서 다양하게 존재한다는 점이다. 이미 현실로 존재한다는 것이다. 라이트의 논의에서 핵심은 민주주의와 평등이다. '리얼 유토피아'에서 '리얼'의 실질적 의미는 현실정치의 내용에 따라 달라질 수 있다.

22. 유토피아(utopia)는 '좋은 장소'와 '없는 장소'를 동시에 가리킨다. 저 멀리 존재하는 것이 아니라 항상 지금 여기에 존재해야 의미가 있다. 인류의 현실적 잠재력에 기초해 있는 유토피아적 이상은 필요하며, 중간역이 있는 유토피아적 목적지가 필요하다.

23. 강압/주입 금지의 원칙, 논쟁 재현의 원칙, 학습자 관심 상관의 원칙이다.

24. '마그데부르크 선언'(2005): 독일연방-주협의회가 주최한 '민주주의 배우기와 살아가기' 프로그램(2002-2007)에서 채택된 '민주주의 교육을 위한 선언': ① 민주주의는 역사적 성취다. 그것은 자연법칙도 우연도 아니며 인간의 행위와 교육의 결과다. 따라서 민주주의는 학교와 청소년 교육의 중심과제다. 민주주의는 개인적으로나 사회적으로 가르쳐질 수 있고, 또 그래야만 한다. 민주주의는 인권의 실현을 위해 결정적인 중요성을 가진다. 따라서 민주적 관계의 발전과 지속적인 혁신은 국가, 사회, 교육이 계속 맡아야 할 과제다. 반인간적인 국가사회주의(나치) 정권의 경험은 국가와 사회주의가 얼마나 빠르게 파괴될 수 있는지 보여 준다. 따라서 이 문명 파괴에 대한 적극적인 상기는 민주적 교육의 필수구성 요소이다. ② 역사를 살펴보면, 그리고 극우주의, 외국인 혐오, 폭력, 반유대주의를 통해 일어나고 있는 지금의 발전과 위협을 볼 때, 민주주의를 지키고 살아 있게 하기 위해서는 국가와 헌법의 민주화만으로는 충분하지 않다는 것이 분명하다. 민주주의를 지키고 살아 있게 하기 위해서는 민주주의를 헌법의 선언이나 정부의 형식으로서만이 아니라, 사회의 형식이자 삶의 양식으로 정착시키는 것이 필요하다. ③ 민주주의가 사회의 형식이라는 것은 민주주의를 시민사회적 공동체나 결사체나 제도를 발전시키고 형성하는 데서 실천적으로 작용하는 준거로 존중하고, 타당하게 하며, 공적으로 드러나게 한다는 것을 의미한다. ④ 민주주의가 삶의 양식이라는 것은 민주주의의 원리들을 일상적 삶에서 이루어지는 인간적 교제와 행위의 토대이자 목적으로 삼고, 또 그것들을 이런 실천 속에서 끊임없이 새롭게 한다는 것을 의미한다. 민주적 관계의 토대는, 출신, 성, 나이, 종족적 귀속성, 종교, 사회적 지위와는 무관하게, 사람들 사이의 상호 인정에 기초하는 존중과 연대다. ⑤ 정치적으로나 교육적으로나 민주적 방법은, 모든 관련자를 포괄하고(포용과 참여), 정의의 원칙을 지향하는 숙고된 결정 과정을 가능하게 하며(숙의), 수단을 합목적적으로 그리고 효과적으로 이용하고(효율), 공론장을 형성하며(투명성), 행위와 제도를 법과 도덕이라는 준거에 따라 비판적으로 검토하는(정당성), 확고하고 모두가 공유하는 의지를 형성하는 데 기초한다. ⑥ 민주주의를 배운다는 것은 곧 민주주의를 살아가는 것이다. 민주적 관계 속에서 성장하고 서로 존중하면서 관계를 맺는 것을 자명한 것으로 경험하는 것은 확고한 민주적 태도와 행위 습관을 형성하기 위한 본질적 토대다. 그에 덧붙여 민주적 행위 역량을 발전시키기 위해서는 원칙과 규칙, 사실과 모델, 제도와 역사적 연관에 대한 지식이 필요하다. ⑦ 민주주의를 배우는 것은 일생에 걸친 과제다. 모든 새로운 사회적이고 정치적인 상황은 새로운 능력과 새로운 민주적 해결책을 요구한다. 민주주의를 배우는 것은 특히 학교와 청소년 교육의 근본적인 목적이다. 이는 우선 모든 미래 세대의 배움과 발전을 촉진해야 한다는 과제로부터 드러난다. 학교에서 포용과 배제, 지원과 선발, 인정과 모욕, 투명성과 책임이 어떻게 드러나

는가 하는 것이 청소년들이 민주주의에 대해 어떤 태도를 발전시키는지, 또 청소년들이 민주주의를 자신의 삶에 얼마나 의미 있고 자명하며 유용하게 다가오게 하는지를 결정한다. ⑧ 민주주의는 소속감, 함께하기, 인정과 책임을 통해 경험한다. 이러한 경험이야말로 폭력에 대한 대안을 인지하며 선택하고, 자신의 행위능력을 신뢰하며(자기효용감), 공동체의 일에 기꺼이 참여하려는 준비된 자세를 기르기 위한 토대다. 이러한 경험들로부터, 다른 사람들과 분리되면서도 함께하는 것을 민주적인 근본 상황으로 이해하고, 그 상황에 대해 맹목적인 복종이나 타인에 대한 폄훼와 혐오를 가지고 접근하지 않게 하는 능력이 형성된다. 청소년들 사이에서 나타나는 폭력, 극우주의, 외국인 혐오는 그들이 소속감을 경험하지 못하고 인정받지 못하며 제대로 계몽되지 못한 탓이다. ⑨ 학교에서 민주주의 배우기와 민주주의 살아가기를 함께 결합시켜야 한다는 요청은 수업, 평가의 목적, 내용, 방법 및 관계 맺기의 형식 모두에 대해 함의를 가진다. 이로부터 프로젝트 학습이 민주주의를 지향하는 기본적인 교육적 형식으로서의 의미를 갖게 된다. 학교에서 민주주의 배우기와 민주주의 살아가기는 학교나 학교 관련 위원들의 다양한 수준들에서 지원, 함께하기, 참여를 시도하고 확대할 것을 요구하며, 학생과 교사들이 학교 바깥에 있는 공동체의 과제와 문제 해결을 위해 참여한 활동과 성과에 대한 인정과 평가를 요구한다. ⑩ 민주주의 교육과 정치교육은 학교, 특히 교사가 맡아야 하는 점증하는 사회적 중요성을 가진 과제다. 국가와 시민사회의 모든 세력은 이 영역에서 이루어지는 교육적 노력을 지원하고, 충분한 자원을 제공하며, 그에 대한 공적인 인식을 강화하기 위해 노력해야 한다.

25. 영국의 민주시민성의 3요소는 도덕적·사회적 책임(인성)+지역사회참여+정치적 문해력(시민성)이다.

| 참고 문헌 |

김원석(2019). '영국 학교 민주시민교육 교과서 분석', 한국교육학회 교원위원회, 〈학교자치 시대, 국가교육과정과 민주시민교육〉, 2019 한국교육학회 연차학술대회, 6월 29일.

성열관 외(2019). 『학교는 어떤 공동체인가?』. 서울: 살림터.

심성보(2011). 『인간과 사회의 진보를 위한 민주시민교육』. 서울: 살림터.

심성보(2014). 『민주시민을 위한 도덕교육』. 서울: 살림터.

심성보(2015). 「인성교육에 대한 시민성 접근」. 『교육비평』, 36: 162-181.

심성보(2018). 『보이텔스바흐 합의와 민주시민교육』. 서울: 북멘토.

심성보(2018). 『한국 교육의 현실과 전망: 세계교육의 담론과 운동, 그리고 민주시민교육』. 서울: 살림터.

장은주(2017). 『시민교육이 희망이다: 한국 민주시민교육의 실천모델』. 서울: 피어나.

조나영(2019). '호네트의 상호인정을 위한 교육', 이윤미 외, 『비판적 실천을 위한 교육학』. 서울: 살림터.

Apple, M. & Beane, J.(2015). 『마이클 애플의 민주학교』. 강희룡 옮김. 서울: 살림터.

Biesta, G.(2011a.) The Ignorant Citizen: Mouffe, Ranciere, and the Subject of Democratic Education. *Studies in Philosophy and Education*, 30: 141-153.

Biesta, G.(2011b). A School for Citizens: Civic Learning and Democratic Action in the Learning Democracy. B. Lingard, J. Nixon, & S. Ranson(Eds.). *Transforming Learning in Schools and Communities: The Remaking of Education for a Cosmopolitan Society*. London: Continuum.

Biesta, G.(2011c). *Learning Democracy in School and Society: Education, Lifelong Learning and the Politics of Citizenship*. Rotterdam: Sense Publishers.

Biesta, G.(2013). Teacher Education for Educational Wisdom. W. Hare, & J. Portelli(Eds.). *Philosophy of Education: Introductory Reading*. Canada: Brush.

Biesta, G.(2014가.) Learning in Public Places: Civic Learning for the Twenty-First Century. Biesta, G. Bie, M. & D. Wildemeersch(Eds). *Civic Learning, Democratic Citizenship and the Public Sphere*. Leuven: Springer.

Biesta, G.(2014나). Responsible Citizenship: Citizenship Education between Social Inclusion and Democratic Politics. M. Pristley & G. Biesta.

Reinventing the Curriculum. London: Bloomsbury.

Biesta, G.(2017). *The Rediscovery of Teaching*. London/New York: Routledge.

Biesta, G.(2019). '민주주의, 시민성 그리고 교육: 의제에서 원칙으로', 〈배움을 넘어서: 미래를 위한 민주시민교육〉, 학교민주시민교육 국제포럼, 6월 22일, 한겨레신문사/4개 교육청.

Bregman, R.(2017). 『리얼리스트를 위한 유토피아 플랜』. 안기순 옮김. 서울: 김영사.

Burkimsher, M.(1993). Creating a Climate for Citizenship Education in Schools. J. Edwards & K. Fogelman(Eds). *Developing Citizenship in the Curriculum*. London: David Fulton.

Carr, W. & Hartnett, A.(1996). *Education and the Struggle for Democracy: The Politics of Educational Ideas*. Buckingham: Open University Press.

Carter, S.(1998). *Civility: Manners, Morals, Etiquette of Democracy*. New York: Basic Books.

Crick, B.(2018). 『민주주의를 위한 아주 짧은 안내서』. 이혜인 옮김. 서울: 스윙벤드.

Dahl, R.(1999). 『민주주의』. 김왕식 외 옮김. 서울: 동명사.

Dewey, J.(1993). 『민주주의와 교육』. 이홍우 옮김. 서울: 교육과학사.

Dewey, J.(2010). 『현대 민주주의와 정치 주체의 문제: 존 듀이의 민주주의론』. 홍남기 옮김. 서울: 씨아이라.

Fielding, M. & Moss, P.(2011). *Radical Education and the Common School: Democratic Alternative*. London & New York: Routledge.

Fuller, M.(1989). *The Voice of Liberal Learning*. Yale University.

Giddens, A.(2000). Citizenship Education in the Global Era. N. Pearce & J. Hallgarten(Ed.). *Tomorrow's Citizens: Critical Debates in Citizenship and Education*. London: IPPR.

Hargreaves, A. & Fullan, M.(2012). 『교직과 교사의 전문적 자본: 학교를 바꾸는 힘』. 진동섭 옮김. 파주: 교육과학사.

Held, D.(2015). 『민주주의의 모델들』. 박찬표 옮김. 서울: 후마니타스.

Marquand, D.(2004). *Decline of the public: The hollowing-out of citizenship*. Cambridge: Policy Press.

Noddings, N.(2016). 『21세기 교육과 민주주의: 개인적 삶, 직업적 삶, 그리고 시민적 삶을 위한 교육』. 심성보 옮김. 서울: 살림터.

Noddings, N.(2018). 『논쟁수업으로 시작하는 민주시민교육』. 정창우 외 옮김. 풀빛.

Olssen, M., Codd, J., & O'neill, A-M.(2015). 『신자유주의 교육정책, 계보와 그 너머: 세계화·시민성·민주주의』. 김용 옮김. 서울: 학이시습.

Osler, A. & Starkey, H.(2005). *Changing Citizenship: Democracy and*

Inclusion in Education. Berkshire: Open University Press.

Palmer, P.(2012). 『비통한 자들을 위한 정치학: 왜 민주주의에서 마음이 중요한가』. 김찬호 옮김. 파주: 글항아리.

Parker, W.(1996). Introduction. Schools as laboratories of democracy. W. Parker(Ed.). *Educating the Democratic Mind*. Albany: SUNY Press.

Peterson, A. & Warwick, P.(2015). *Global Learning and Education*. London & New York: Routledge.

Ruitenberg, C.(2011). Education, Conflict and the Political. *Studies in Philosophy and Education*, 30: 97-100.

Torres, C. A.(2011). Education, Power, and the State: Dilemmas of Citizenship in Multicultural Societies. H. A. Alexander, H. Pinson & Y. Yonah(Eds.). *Citizenship, Education, and Social Conflict*. New York & London: Routledge.

Wright, O. R.(2012). 『리얼 유토피아』. 권화연 옮김. 서울: 들녘.

Wrigly, T. Thomson, P. & Lingard, B.(2012). *Changing Schools: Alternative Ways to World of Difference*. London & New York: Routledge.

제2장

인민과 시민 사이에서:
프랑스 민중교육 전통과 학교 시민교육[1]

이기라(경희대 후마니타스칼리지 교수)

1. 프랑스의 시민교육 개념

프랑스는 18세기 계몽주의자들에 의해 근대 교육 이념이 가장 활발하게 제시되었고, 1789년 대혁명 이후 한 세기 이상 지속된 투쟁을 통해 그 정신을 구체적인 제도로 실현시킨 나라이다. 계몽주의자들과 공화주의자들이 제시한 근대 교육의 이념과 목표는 교육은 모두에게 평등하게 제공되어야 하며, 공화국 시민을 양성하는 것을 목표로 국가가 교육을 담당해야 한다는 것이었다. 그 결과 프랑스 교육의 다양한 영역에서 시민교육의 성격을 띤 교육이 활발하게 이루어지고 있다.

프랑스어에서 시민교육을 의미하는 표현은 일반적으로 다음의 세 가지가 있다. 첫째 'instruction civique', 둘째 'éducation civique', 셋째 'éducation à la citoyenneté'. 우선 프랑스어에서 'instruction'은 지식을 습득하고 동화되는 것을 의미한다. 'instruction civique'은 계몽철학에 따라 스스로의 태도를 변화시키고 공화주의적 가치를 신봉하도록 만드는 것이다. 그런데 'instruction'은 '학습'이라는 중립적인 의미 외에 '지도', '교화' 등 다소 권위주의적인 교육의 의미도 포함되어 있기 때문에 요즘에는 초등교육 단계 외에는 거의 사용하지 않는다. 1977년에 중학교 교과목이었던 'instruction civique'이 비권위주의적이고 좀 더 포

괄적인 의미를 갖는 'éducation civique'으로 바뀌었다. 시민정신civisme
은 지식뿐 아니라 정서 및 감성, 이론뿐 아니라 실천과 관련되기 때문
이다. 따라서 시민교육은 단지 지식만이 아니라 지식-실천savoir-faire, 지
식-품성savoir-être을 교육하는 것으로 확장된다. 여기서 더 나아가 1980
년대부터는 'éducation à la citoyenneté'라는 새로운 표현이 자주 사
용되는데, 'éducation civique'이 주로 '시민교과'라는 좁은 의미라면,
'éducation à la citoyenneté'는 직역하면 '시민성을 향한(위한) 교육'이
라는 뜻으로 광범위한 분야를 포괄하는 넓은 의미의 '시민성 함양 교육'
을 의미한다. 유로 단일통화를 도입한 2000년대부터는 유럽연합 차원에
서 'éducation à la citoyenneté européenne(유럽 시민성 함양 교육)'에
관한 연구와 교육활동이 활발히 진행되고 있다.

　프랑스에서 국가가 담당하는 공교육에서부터 시민사회가 주도하는 것
까지 포괄하는 광의의 시민성 함양 교육을 큰 틀에서 파악하려면 '민중
교육éducation populaire'이라는 고유한 전통을 이해해야 한다. 민중교육은
19세기에 구축되기 시작한 공교육뿐만 아니라, 공교육 외부에서 이루어
지는 노동자교육과 시민교육, 평생교육에 이르기까지 프랑스 근대교육
전반에 강하게 흐르고 있는 정신이자 운동이다. 이 글에서 필자는 민중
교육의 개념과 제도화 과정, 그리고 그러한 전통이 오늘날 프랑스 시민
교육으로 어떻게 이어지는지 살펴보고자 한다.

2. 프랑스의 민중교육 전통

1) 민중교육의 기원과 이념

프랑스에서 민중교육이라는 거대한 흐름을 한마디로 정의하기는 불가

능하다. 최소한 한 세기 이상 지속되고 있는 교육에 관한 '정신'이면서 다양한 사회 세력들이 가담한 '운동'이기 때문이다. 민중교육이라는 정신의 기원은 18세기 계몽시대로 거슬러 올라간다. 디드로Denis Didrot를 비롯한 백과전서파나 장 자크 루소Jean-Jacques Rousseau에게 교육은 인간의 사회적, 정치적 해방을 위한 도구였다. 나아가 몽매주의와 가톨릭 교회를 상대로 투쟁하는 과정에서 모두를 위한 교육, 나아가 '인민의, 인민에 의한, 인민을 위한 교육'이 필요하다는 생각이 확산되었다. 이는 또한 '직접 행동하는 교육'이라는 생각의 출발이기도 했다. 특히 콩도르세 Nicolas de Condorcet는 교육이 특정 계층만이 아니라 모든 사람들에게 평등하게 제공되어야 한다는 일반교육/보통교육général éducation의 원칙과, 그것을 위해 교육을 국가가 담당해야 한다는 공교육의 이상을 명확히 제시했다. 콩도르세에 따르면 부의 불평등, 조건의 불평등과 함께 교육의 불평등을 해소해야만 인권선언과 법으로 인정된 실질적인 정치경제적 평등이 가능하다. 그는 아동교육과 평생교육 차원의 성인교육이라는 두 가지 시기를 구분하면서, 각각 일반교육이 필요하다고 역설했다. 그리고 그가 강조한 일반교육의 목표와 내용에는 명백하게 시민교육적 성격이 담겨 있다. 말년에 쓴 『인간 정신 진보의 역사적 개요Esquisse d'un tableau historique des progrès de l'esprit humain』(1793~1794)에서 콩도르세는 모든 인민이 권한을 위임받은 정치인들을 감시하고 군림하지 못하게 하는 비판적 시민, 풍요나 구원을 평계로 표현과 양심의 자유를 위협하는 그들의 유혹을 이성의 힘으로 이겨 낼 수 있는 깨어 있는 시민으로 교육받아야 한다고 강조했다.

이처럼 계몽사상가 콩노르세의 교육 이념에 기원을 둔 민중교육은 오늘날 다양한 방식으로 정의되고 있다. 민중교육의 형용사 'populaire'는 서로 중첩되는 두 가지 의미를 함축하고 있다. 한편으로 그것은 노동자, 농민을 포함한 노동계급 또는 하위계층을 가리키지만, 다른 한편으로는 모든 계층의 인간, 즉 대중 일반을 가리킨다. 이로부터 교육의 대상과 연관된 서로 중첩되는 두 가지 민중교육의 범주가 도출된다. 첫 번째 의미로부터 민중교육은 노동자, 농민, 빈민 등 한 사회에서 상대적으로 빈곤하고 소외된 계층을 주요 대상으로 하게 된다. 이때 민중교육은 노동자교육, 농민교육, 빈민교육 등을 포함하는 한국어 '민중교육'과 가장 가까운 위상을 갖는다. 두 번째 의미로부터 민중교육의 대상은 더 나은 삶을 바라는 모든 계층이 되며, 이 경우 민중교육은 특정 계층을 위한 교육이 아닌 일반교육 또는 대중교육이라는 위상을 갖게 된다. 그런 점에서 민중교육은 엘리트주의에 반하여 아동과 성인 모두 신분과 상관없이 교육의 기회를 제공해야 한다고 강조한다. 나아가 교육의 목표와 관련해서는 공화국 시민을 양성하기 위한 시민교육의 성격을 띠게 된다. 이런 맥락에서, 대표적인 민중교육운동 단체 중 하나인 '인민과 문화 Peuple et culture' 설립에 참여하고 1970년대에 회장을 지낸 베니뇨 카세레Benigno Cacérès, 1964는 크게 두 가지 시각이 민중교육 출현의 배경이 되었다고 말한다. 하나는 '인도주의적 관점'으로 지식인들이 자신의 지식을 다른 사람들과 공유하는 것에 가치를 둔다. 다른 하나는 '시민교육적 관점'으로 국가의 정치적 삶에 참여할 수 있는 주체가 되기 위해 필요한 교육을 모두에게 제공하는 것을 목표로 한다.

그런데 위 두 가지 관점만으로는 민중교육의 성격이 충분히 설명된다고 볼 수 없다. 우선 민중교육의 첫 번째 범주는 하위계층을 단순히 교육의 대상으로 제한하는 인도주의적 관점에 머무르지 않는다. 민중교육은 단순히 누가 누구에게 지식을 전달해 주는 것이 아니라 서로 가르치고 배우는 자기교육의 정신을 품고 있기 때문이다. 철학 교사로서 모젤 Moselle에 청년과 문화의 집MJC을 세운 장 로랭Jean Laurain, 1977은 민중교육은 '인민에 의한 인민의 자기교육'일 때 의미와 효과를 갖게 된다고 강조한다. 그런데 그것은 영리 목적이 아닌 자발적인 단체 활동이므로 참여하고자 하는 사람들의 실질적인 자유시간의 유무에 종속된다. 그러므로 민중교육은 노동시간 축소를 비롯한 노동조건의 개선, 더 나아가 사회변혁운동과 결합될 수밖에 없다. 따라서 민중교육은 강단에서 이루어지는 교육에 국한되지 않고, 사회를 변화시키기 위한 실천이자 운동 성격을 내포한다. 이런 관점에서, 최근에 민중교육을 연구하고 있는 사회학자 크리스티앙 모렐Christian Maurel, 2010은 민중교육을 개인과 인민의 해방과 그들의 민주적 행동력을 향상시킴으로써 사회적, 정치적인 변화를 꾀하는 교육적이고 문화적인 실천의 총체라고 정의한다. 그에 따르면 민중교육은 '문화적 차원의 사회운동'이다.

민중교육의 'populaire'는 영어로는 'people', 그리스어로는 'demos'를 가리키며, 데모스는 곧 민주주의의 주권자이다. 그리고 오늘날 민주주의의 주권자는 민중이나 인민보다 자주 시민이라고 불린다. 한국에서 민중 개념은 주로 1980년대를 전후로 민주화와 노동해방을 위한 역사 변혁의 주체를 의미했다면, 시민은 1990년대 민주화 이후에 민주주의의 담지자이자 그것을 실천할 주체를 일컫는다.최장집, 2009: 204[2] 이런 맥락에서 교육이 일반화되고 형식적 민주주주가 정착된 이후에 민중교육은 '모든 시민을 대상으로 하는 민주주의 교육', 즉 민주주의를 수호하고 발전시키기 위한 시민교육의 위상을 갖게 된다. 그래서 교육학자 프랑신느 베스트Francine Best, 2008는 민중교육을 더 정의롭고 더 민주적인 미래 사회를 만들기 위해 자기표현과 토론의 공간, 그리고 행동하는 집단들을 창출하고자 하는 교육운동이라고 정의한다. 결국 민중교육은 한편으로 가장 소외된 계층을 포함한 모두를 대상으로 하는 대중교육이면서, 다른 한편으로는 민주주의 시민성 함양과 이를 통한 사회적 발전을 목표로 한다는 점에서 시민교육 차원의 정치적 실천이자 운동인 것이다.

2) 프랑스 민중교육의 세 가지 흐름

1789년에 시작된 프랑스 대혁명은 착취당하는 사람들의 해방을 달성하지 못하고 귀족들의 권력을 부르주아의 권력으로 대체하는 데 그쳤지만, 그럼에도 불구하고 콩도르세가 주장한 것과 같은 수많은 해방적 관념들이 계속해서 출현하는 길을 열어 주었다. 1830년, 1848년 혁명과 1871년 파리코뮌이 일어난 19세기 동안 프랑스에서는 민중교육과 관련해서 세 가지 흐름이 나타난다. 그것은 세속적 공화주의, 사회적 기독교주의, 혁명적 노동자주의라는 흐름이다.[3]

(1) 세속적 공화주의

세속적 공화주의는 가장 직접적으로 콩도르세의 교육사상으로부터 나온 것이다. 그것은 바로 교육은 모두에게 열려 있어야 하고, 공화국 시민을 양성하기 위한 것이며, 그러므로 국가가 담당해야 한다는 생각이다. 세속적 공화주의 전통에서는 공화국을 견고하게 세우기 위해서 교회가 주도하는 몽매주의에서 탈피해야 한다고 생각했다. 그러한 생각을 바탕으로 사회적 진보의 조건을 만들기 위해 성인을 대상으로 한 다학제적 교육과정의 개발을 목표로 하는 세속주의적인 대형 단체들이 생겨났다. 이 과정은 공화주의 지식인들이 주도했다. 1830년 혁명 직후에 오귀스트 콩트August Comte의 주도로 에콜 폴리테크닉 학생들에 의해 폴리테크닉협회Association polytechnique가 세워졌다. 폴리테크닉협회는 처음부터 노동자들을 '더 능력 있고, 더 여유 있고, 더 현명하게' 만드는 것을 목표로 했다. 에콜 폴리테크닉 학생들은 1830년 혁명 동안 민중의 편에 있었으며, 1848년 혁명이 시작되자 다시 한 번 거리로 나가 봉기를 일으킨 사람들과 권력 사이에서 중재자 역할을 했다. 1848년에는 수학자 외젠 리오네Eugène Lionnet가 성인들의 필요에 적합한 학습을 제공하기 위해 필로테크닉협회Association philotechnique를 만들었다. 필로테크닉협회를 이끈 역대 회장 중에는 빅토르 위고Victor Hugo 같은 대문호도 있었다. 1866년에는 공화주의 언론인 장 마세Jean Macé가 교육연맹Ligue de l'enseignement을 조직했다. 그와 함께 민중교육이 각 학교들의 교육위원회와 도서관 등을 통해 프랑스 전역으로 확대되었다. 교육연맹은 현재까지도 세속적 공화주의 민중교육을 대표하는 가장 오래되고 영향력 있는 단체이다.

(2) 사회적 기독교주의

사회적 기독교주의는 가난과 비참함에 맞서는 투쟁으로 조직되면서 부유한 명사들에서부터 청년 노동자와 농부들에 이르기까지 계급을 초월한 운동이었다. 또한 사회적 기독교주의 운동은 종종, 특히 개신교의 경우 교육에 관한 전망에서는 자주 세속주의 흐름과 함께하기도 했다.

가톨릭에서는 1894년에 마크 상그니에Marc Sangnier가 창간한 신문 『르 시용Le Sillon』이 1900년대에 여성에 대한 착취 등 교회의 교조주의에 맞서 저항적인 흐름을 형성한 광범위한 운동의 중심이 되었다. 상그니에는 1901년 민중학원Institut populaire들을 설립해서 강좌와 공개 학술토론회를 제공했다. 1905년 전국대회가 열렸을 때 프랑스 전역에서 천개 가까운 모임이 참여했다. 이 운동은 젊은 신부들과 몇몇 주교들을 중심으로 시작되어 빠르게 성공을 거두었다. 그러나 종교와 정치를 결합시킨 이 흐름은 1910년 교황 비오 10세Saint Pius X에 의해 와해되었다.

기독교를 배경으로 한 민중교육 운동은 1차 세계대전 이후에 다시 나타난다. 1929년 상그니에는 프랑스의 첫 번째 유스호스텔을 열었다. 이는 1909년에 시작된 독일 모델에서 영감을 얻은 것이다. 유스호스텔이 민중교육의 흐름과 연결되는 이유는 그것이 단지 지금처럼 젊은 여행객을 위해 저렴한 숙박을 제공하는 것만이 아니라, 다양한 지역에서 모여든 청년들의 회합과 교류 및 야외 학습의 장소였기 때문이다. 1930년에는 상그니에의 주도로 프랑스유스호스텔연맹LFAJ이 설립되었다.

다른 한편으로, 1920년대에 기독교청년노동자JOC와 함께 기독교청년농부JAC가 설립되어 특히 농촌지역에서 청년들의 사회적 의식화라는 중요한 역할을 담당했다. 이 운동은 1960년대에 황금기를 맞은 후 농촌인구 감소와 함께 쇠퇴하게 된다. 다만 기독교청년노동자JOC는 노동운동 진영과 결합하여 오늘날에도 여전히 활동하고 있다.

(3) 혁명적 노동자주의

프랑스의 노동운동은 1791년 노동조합을 금지한 샤플리에 법Loi Chapelier을 피해 1810년대와 1820년대에 만들어진 친목회, 상호공제조합, 협동조합에서 기원한다. 이와 함께 노동운동 내에서 교육운동의 흐름도 출현하였다. 파리코뮌에 대한 진압으로 잠시 위축됐던 노동운동은 1880년대에 다시 비약적인 발전을 하여 주요한 세력이 되었다. 이 흐름의 활동가들은 쥘 페리 교육부 장관에 의해 1881년과 1882년에 법으로 만들어진 공화주의 학교를 '부르주아 학교'라고 여기면서 신뢰하지 않았다. 그들은 노동계급 고유의 문화와 가치를 보존하고자 했기 때문이다. 특히 19세기 말의 아나르코생디칼리슴Anarcho-syndicalisme은 프롤레타리아의 자녀들을 쥘 페리의 부르주아 학교로 보내야 하는가, 교육을 통해 노동계급 고유의 정체성을 보존해야 하는 것은 아닌가 하는 문제를 제기한다. 이와 함께 교육 문제가 노동운동 진영에서 중요하게 대두된다. 어떤 내용을 어떤 방법으로, 누가 누구를 대상으로 가르치고, 누가 학교를 운영할 것인가? 이러한 문제의식에 기초하여 노동계급 스스로 자신들의 자녀들을 교육하는 '근대 학교école moderne'와 '라 뤼슈 학교La Ruche' 같은 자유학교가 등장한다.

1890년대에는 시 차원에서 고용시장을 제어하기 위해 만들었던 노동거래소Bourse du travail를 혁명적 생디칼리스트들이 와해시키고, 그것을 프롤레타리아적인 반자본주의운동 차원으로 변형시켰다. 그들은 노동거래소를 회합의 장소, 도서관, 그리고 경제, 철학, 역사를 공부하기 위해 저녁 강좌를 여는 곳으로 탈바꿈시켰다. 1892년 생테티엔Saint-Etienne에서 노동거래소연맹이 설립되었고, 이를 주도한 페르낭 펠루티에Fernand Pelloutier가 첫 번째 사무총장이 되었다. 혁명적 생디칼리스트들은 노동거래소를 중심으로 노동자들의 의식을 고양시키고 노동계급의 정치적, 문화적 자율성을 증대시킬 수 있다고 보았다. 그들에게 교육은 '혁명의 전주곡'으로 여겨졌다. 펠루티에1898[1971]: 497는 "노동자들에게 필요한 것은 그들의 불행에 관한 학문이다. 혁명을 위해서 교육해야 한다"고 선언했다. 노동거래소는 1892년 22개에서 1902년까지 86개로 전국 곳곳으로 빠르게 확대되었다. 이처럼 19세기 말부터 20세기 초까지 노동운동의 성장과 함께 그들 스스로 주도하는 교육 또한 활발하게 이루어졌다.

3) 민중교육의 제도화

프랑스 민중교육 전통은 19세기 말부터 제도화가 시작된다. 세속적 공화주의는 공교육의 확립에 주도적인 역할을 하고, 노동운동 진영이 주도한 민중교육은 대부분 공교육 외부에 자리 잡는다. 이 과정에서 공교육 안팎에서 활동하는 다양한 정부기구와 시민단체들이 생겨나고 전국적인 연결망이 구축된다. 그리고 민중교육의 세 가지 흐름이 서로 결합하거나 중첩되는 현상이 나타난다. 특히 세속적 공화주의와 노동자주의는 드레퓌스 사건과 그 직후에 민중대학이 설립되는 과정에서 서로 밀접하게 결합한다.

(1) 세속적 공화주의와 공교육의 확립

대혁명 과정에서 표출된 세속적 공화주의자들의 교육적 이상은 쥘 페리 교육부 장관의 개혁(1882년 3월 28일 법)을 통해 제도적으로 실현되기 시작한다. 이때부터 6세부터 13세까지 초등학교 무상의무교육이 전국적으로 실시되었으며, 기독교의 영향을 완전히 벗어나 '공화국 시민 양성'이 공교육의 실질적인 목표가 되었다.이기라, 2016: 8 쥘 페리의 교육개혁은 교육 영역에서 기독교 사상이 차지했던 위상을 공화주의 이념으로 대체하는 과정에서 이루어 낸 결과였다. 특히 '시민·도덕교육' 과목의 설립을 통해 이전 '종교·도덕교육'에 담겨 있던 '신의 가르침' 대신에 인권과 동등한 인간의 존엄성을 가르치고, 신앙이나 신념의 다양성에 기초한 민주적 토론의 원칙을 발전시키는 계기를 마련했다. 이 시민·도덕교육은 2차 세계대전 이후 중학교 과정으로 확대 개편되면서 도덕이라는 단어마저 삭제하게 된다. 이와 함께 덕성과 습관을 강조하는 도덕교육의 성격을 약화시키고 교과 내용에 경제 민주화, 사회 민주화 같은 시민교육 성격의 개념들을 추가했다.[4]

여기서 주목할 점은 쥘 페리 장관의 교육개혁이 직접적으로 세속적 공화주의 민중교육운동이 이루어 낸 성과였다는 점이다. 공교육이 제도화되는 과정에서 가장 주된 역할을 한 민중교육운동 단체는 교육연맹이다. 예컨대 1871년부터 교육연맹이 주도한 세속, 무상, 의무 공교육을 위한 서명운동은 15개월 동안 126만여 명의 서명을 받는 커다란 성공을 거두었다.Chevallier, 1981: 485 또한 교육연맹의 대표적인 활동가이자 교육학자였던 페르디낭 뷔송Ferdinand Buisson은 1879년 쥘 페리 장관에 의해 교육부 산하 초등교육국장으로 임명되어 17년 동안 공화주의 교육개혁의 실무 작업을 이끌었다.

(2) 공교육의 경계에서

쥘 페리의 교육개혁 이후 공교육 외부의 민중교육은 1930년대를 거치면서 점차 하나의 온전한 활동 영역이 된다. 1936년의 총파업과 인민전선Front populaire의 등장은 노동자들의 유급휴가와 주당 40시간 노동을 가능하게 했다. 노동운동의 성공과 노동자들의 여가가 보장되면서 민중교육운동은 레오 라그랑주Léo Lagrange 같은 좌파 정치인들의 노력으로 활성화되었다. 그는 레옹 블룸Léon Blum 정부하에서 처음으로 만들어진 공공건강부 산하 스포츠 및 여가조직처의 차관으로 임명되었다. 공교육 제도화를 주도했던 세속적 공화주의 흐름은 공교육 외부에서도 활동이 지속되었으며, 새로운 단체들이 만들어지기도 했다. 대표적으로 1937년에는 능동적 교육 방법 연수원CEMÉA이 설립되어 방학 중 아이들의 교육적 활동을 담당했으며, 1938년에는 종교적 성격을 배제한 세속주의 유스호스텔CLAJ이 설립되어 라그랑주가 초대 회장을 맡았다.

하지만 정규 교육 외부에서 민중교육이 본격적으로 제도화되기 시작한 것은 1940년에서 44년까지 비시정부에서였다. 비시정부는 젊은이들을 '일, 가족, 조국'이라는 표어로 표현되는 국가적 혁명 이데올로기의 틀에 맞추고 싶어 했다. 그것을 위해 청년작업장chantiers de jeunesse, 간부학교écoles de cadres 및 지도자학교écoles de chefs, 청년의 집maisons des jeunes 등 세 가지 기구를 만들었다. 1943년 10월 2일 칙령으로 '청년과 민중교육' 승인제가 만들어졌다. 이로 인해 승인받은 단체들은 국가의 감독하에 위치하게 되었고, 보조금을 받을 수 있게 되었다. 이것이 바로 민중교육 제도화의 시작이었고, 해방 이후에 다시 진행된다.

다른 한편으로, 비시정부하에서 비합법적인 민중교육 지하단체들이 설립되었는데, 프랑카스Les Francas와 인민과 문화Peuple et culture가 대표적이다. 특히 인민과 문화는 '문화를 인민에게, 인민을 문화로'라는 슬로건을 내세우면서 민중교육적 목표를 명확히 제시했다. 인민과 문화는 노동총연맹CGT 조합원들이 주도했지만 일부 가톨릭 활동가들도 합류했다. 이 흐름을 주도했던 저항적인 젊은 지식인들은 해방정국에서 전체주의의 유혹을 예방하기 위해 민주주의를 학습하는 것으로 대중에 대한 정치교육을 발전시킬 것을 주장했다. 그러나 그러한 열망은 오랫동안 지속되지 못했다. 1944년 정부 내에 성인교육 및 민중교육국이라는 부서가 만들어지지만, 1948년에 청년체육국으로 흡수되면서 민중교육의 정치적 열망이 약화될 수밖에 없었다.

(3) 공교육 외부에서: 민중대학을 중심으로

19세기 중반부터 지속된 성인들을 대상으로 한 지식인들의 교육운동은 드레퓌스 사건을 계기로 민중대학université populaire을 탄생시켰다. 반유대주의적 관념들로 표출되는 비이성과 폭발적인 열정에 맞서 일군의 지식인들이 민중대학을 통해 인도주의적인 응답을 제시하고자 했던 것이다. 지식인들은 노동자와 대중에게 무료로 강의를 제공했다. 민중대학 탄생의 또 다른 역사적 배경은 쥘 페리의 교육개혁이다. 그의 개혁 법안은 무상교육을 실현시켰지만, 당연하게도 성인은 해당되지 않았다. 따라서 민중대학은 처음부터 공교육의 혜택을 누릴 수 없었던 노동자들을 대상으로 그러한 공백을 메우고자 했던 것이다.

1898년에 인쇄공 조르주 드에름Georges Deherme과 다른 노동자들의 주도로 파리에 최초의 민중대학이 설립되었다. 그 이후 드에름은 민중대학협회 결성을 주도했고, 1901년에 124개의 협회가 만들어졌다. 민중대학협회는 민중대학을 "모든 조건에 있는 시민들의 상호교육을 추구하며, 노동자들이 업무 후에 와서 쉬고, 배우고, 노는 회합의 장소를 조직하는, 고등교육 차원의 민중교육을 발전시키고자 하는 비종교적 결사체"라고 규정했다.Poujol, 1981: 96 민중대학에 참여한 지식인들 중에는 계급 간의 화해를 바라는 인도주의적이고 박애주의적인 흐름과 노동자 교육에 집중하고자 한 사회주의 흐름이 있었다.Premat, 2006: 78 민중대학은 주로 세속적 공화주의와 혁명적 노동자주의가 결합되어 탄생한 것이다. 민중대학협회에는 세속적 공화주의 민중교육 단체인 교육연맹의 주요 활동가였던 페르디낭 뷔송과 에드몽 프티Edmond Petit가 주요 멤버로 포함되어 있었다.Cacérès 1964: 54 그들은 드레퓌스 사건을 계기로 세속화와 정교분리의 원칙을 공교육뿐만 아니라 민중대학을 통해서 대중적으로 확산시키고자 했던 것이다.

민중대학의 첫 번째 사례로 1897년에 프랑스 중부에 위치한 부르주Bourges 노동거래소를 기반으로 세워진 부르주 민중대학이 꼽히기도 한다. 부르주 민중대학은 지방의회로부터 보조금을 받았으며 세계대전의 와중에도 살아남았다. 이 점은 중요한데, 왜냐하면 민중대학들은 다음과 같은 어려움을 극복해야 했기 때문이다. 드레퓌스 사건이 끝나자, 지식인들과 노동자들 간의 상이한 관심으로 인해 공존하기가 어려워졌다. 대부분 교사들에 의해 강의가 이루어졌고 노동자들이 강연자로 나서는 일은 매우 적었다.Premat, 2006: 79 학습을 위한 수단은 여전히 취약한 반면, 각 지역의 정치적 상황들은 민중대학의 발전을 가로막았다. 결국 많은 민중대학들이 사라졌고 1914년에는 20개밖에 남지 않게 된다. 양차 대전 사이에 인민전선이 부상하는 상황에서 100여 개의 협회들이 부활했지만, 2차 세계대전으로 인해 민중대학의 흐름은 다시 중단되고 만다.

3. 인민에서 시민으로: 오늘날의 프랑스 학교 시민교육

프랑스의 민중교육 전통은 오늘날 다양한 형태의 활동으로 진화하고 제도화되었지만, 크게 세 가지 범주로 묶을 수 있다. 첫째, 공교육으로 운영되는 학교교육을 통한 일반교육이다. 초등교육과 중등교육 정규과정 차원에서 학교에서 이루어지는 교육을 의미한다. 둘째, 아동과 청소년을 대상으로 하는 공교육의 틀 안에 있지만 정규 교육과정 외에 방과후 또는 주말이나 방학 동안 학교교육을 보완하는 활동이다. 주로 지역 공동체와 함께 민중교육 단체들과 청년 단체들에 의해 이루어지지만, 전국 지자체의 청년 담당 부서에서도 일부 수행하고 있다. 셋째, 학교교육과 전혀 관련을 맺지 않고 성인을 대상으로 시민성 함양 교육과 함께 사회적 참여를 추구하는 민중교육 활동이다. 민중교육 단체들 다수는 문화예술과 스포츠, 레저 활동 등을 위주로 학교교육을 보완하고 있으며, 공교육 외부에서도 성인을 대상으로 문화예술 활동과 사회적 참여 활동을 병행한다. 여기서는 공교육 내부의 정규 교육과 아동 및 청소년을 대상으로 학교교육을 보완하는 활동을 중심으로 살펴보자.

1) 공교육을 통한 시민교육

(1) 시민교육으로서 중학교 교육

프랑스 대혁명 과정에서 콩도르세가 천명한 평등교육의 이상에도 불구하고, 20세기 초까지 프랑스의 교육제도는 사회계급에 따라 구분되어 있었다. 초등학교가 노동계급과 소시민들을 위한 교육기관이었다면 중등학교는 귀족과 부르주아 계급을 위한 교육기관의 성격을 지녔다. 초등학교에는 중등과정에 해당하는 상급 보충과정이 있었고, 중등학교에는 초등교육과정이 있었다. 이는 중학교college뿐만 아니라 19세기 초부터 세워지기 시작한 고등학교lycée도 마찬가지였다. 즉, 전통적으로 초등학교와 중등학교라는 구분에는 민중교육과 엘리트교육이라는 다른 역할이 부여되어 있었던 것이다. 민중교육과 엘리트교육이라는 구분이 현재와 같이 연령을 기준으로 하는 단계적 개념으로 전환된 것은 20세기 이후의 일이다.[5] 대혁명 과정에서 천명된 민중교육과 평등교육의 정신이 교육현장으로 현실화되는 과정은 20세기까지도 이어진다.

　1879년부터 1896년까지 쥘 페리의 교육개혁을 도왔던 페르디낭 뷔송은 1차 세계대전 직후에 모든 아동에게 평등한 교육적 기회를 제공해야 한다고 주장하면서 '단일학교école unique'에 관한 안을 제시하였다. 뷔송의 제안은 결국 1931년에 단일학교를 위한 연구위원회Comité d'études pour l'école unique에서 만든 법안으로 의회에서 통과되었고, 1937년 교육부 장관 장 제이Jean Zay의 개혁안으로 이어졌다. 그러나 이러한 중등학교 개혁 노력은 2차 세계대전으로 인하여 중단되고 만다. 결국 단일한 교육과정으로서의 중학교는 1975년 교육부 장관 르네 아비René Haby의 개혁으로 현실화되었다. 이 개혁으로 초등학교의 상급과정과 중등학교의 하급과정의 구분이 폐기되고, 초등학교를 마치면 모두가 진학하는 단일한 중학교 과정으로 통합되었다. 또한 그 이전까지 프랑스에는 일반교육 중학교와 기술교육 중학교가 있었지만, 기술교육 중학교는 이후 전문교육 고등학교를 거쳐 전문고등학교가 되었다. 프랑스 중등교육과정에서 엘리트 위주의 인문주의적 교양교육에서 벗어나 민중교육과 평등교육이라는 이상이 완전히 정착된 것은 비교적 최근의 일인 것이다. 그 결과 현재 프랑스는 중학교까지 완전 무상·의무교육을 시행하고 있으며, 프랑스 법의 정신 속에서 중학교는 모든 시민에게 동등한 기회를 제공하여 불평등을 해소하는 역할을 부여받고 있다.

[표 1] 프랑스 중등교육 교과과정[6]

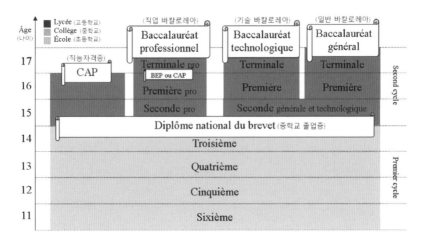

프랑스의 공교육 시스템을 살펴보기 위해서 먼저 알아두어야 할 것
은 현재 프랑스의 초등교육 및 중등교육 과정은 우리와 달리 초등학교
école primaire 5년, 중학교collège 4년, 고등학교lycée 3년으로 구성되어
있다는 점이다([표 1]). 프랑스의 중학교 과정 4년은 1년간의 '적응과정
cycle d'adaptation', 2년간의 '중심과정cycle central', 1년간의 '진로탐색과정
cycle d'orientation'으로 구성된다. 현재 프랑스 중학교의 교과목은 프랑스
어, 수학, 역사-지리-시민교육, 생명 및 지구과학, 기술, 미술, 음악, 체육
및 스포츠, 물리-화학, 예술사, 컴퓨터와 인터넷 등이다. 최근에는 유럽
연합 차원에서 '지식과 능력의 공통 기반socle commun des connaissances
et des compétences'이 정해짐에 따라 2011년부터 중학교 졸업을 위한 필
수요건이 되었다. '지식과 능력의 공통 기반'이란 "성공적인 학업, 개인적
삶과 미래 시민으로서의 삶을 위해 필요한 지식, 능력, 가치, 태도의 총
체"로 정의된다. 그래서 "의무교육을 마칠 때 필수적으로 숙달해야 할
모든 것"이다. 유럽연합에서 합의한 '공통 기반'을 법제화한 2005년 「미

래 학교를 위한 지향과 프로그램 법Loi d'orientation et de programme pour l'avenir de l'école」 2조에서는 "국가nation는 학생들이 공화국의 가치들을 공유하도록 하는 것을 학교의 첫 번째 임무로 정한다"[7]고 되어 있다. 따라서 '공통 기반'은 '국가/국민적 유대를 위한 접착제ciment de la Nation'이며, "초등학교와 중학교의 모든 교육 영역에서 그것을 습득하도록 역할을 해야 한다"고 강조되고 있다. '공통 기반'으로 제시한 일곱 가지 핵심 능력은 다음과 같다([표 2]).[8]

[표 2] 지식과 능력의 공통 기반

프랑스어
외국어
수학 기초 및 과학기술 교양(지구와 우주의 구조와 기능, 물질과 그 물리화학적 속성, 생물의 특징, 기술적 대상의 개념, 실행, 기능)
정보와 커뮤니케이션의 일상 기술
인문교양(역사, 지리, 문학, 예술)
사회적, 시민적 능력(시민의 권리와 의무, 책임과 자유 개념, 법치국가의 원칙, 국가, EU, 제도들의 기능)
자율과 솔선(자율적인 활동, 발표, 인턴십 찾기, 동아리활동, 공동작업, 진로계획 만들기)

이와 같이 공통 기반으로 제시된 핵심 능력들을 보면 언어 능력, 인문교양과 함께 수학 및 과학 교양, 그리고 시민교육 성격의 시민적, 사회적 능력과 자율성 및 주체성을 골고루 강조하고 있음을 알 수 있다. 즉, 표현과 소통을 위한 언어교육, 비판적 사유를 위한 인문교양교육과 함께 논리적·과학적 사고를 위한 자연과학과 공동체적인 삶을 위한 시민교육이 통합된 형태이다. 중학교 4학년 졸업반이 되면 중학교 졸업증이자 고등학교 입학자격증인 '브르베 국가학위diplôme national de brevet'를 위한 시험을 통해 학생들이 중학교 과정을 성공적으로 마쳤는지 확인한다. 이 시험은 총 여섯 과목으로 구성되는데, 그중에서 프랑스어, 수학,

역사-지리-시민교육, 외국어 등 과목은 필수이다. 나머지는 계열(일반, 기술, 실업)에 따라 물리-화학 또는 물리학, 생명 및 지구과학 또는 환경 건강예방, 예술교육(미술 또는 음악교육) 중에서 두 과목을 선택하여 시험을 본다. 여기서 각 고등학교에서 보는 구두 예술사 시험과 마지막 학년 전체 내신 성적, 담임교사의 공통 기반socle commun 평가와 학교생활 평가 등을 종합하여 20점 만점에 10점 이상이 되면 브르베 학위를 준다. 합격률은 지난 수십 년간 거의 매년 조금씩 높아져서 2010년에는 83.5%를 기록하고 있다.[9]

(2) 고등학교 공통 교육과정과 바칼로레아

프랑스에서 고등학교를 가리키는 '리세lycée'는 원래 대혁명 직후인 19세기 초에 주로 지역공동체로부터 재정 지원을 받는 콜레주와 별도로 국가가 운영하는 새로운 중등교육기관으로 세워진 것이다. 초기 리세는 초등교육 단계보다 상위에 위치하는 교육기관이라는 의미보다도 엘리트 양성을 목표로 하는 특권층을 위한 교육기관이라는 성격이 강했다. 예컨대 리세에도 'petites classes' 또는 'petit lycée'라고 불리는 초등교육 단계에 해당하는 특권층 아동을 위한 학급이 있었다. 1959년부터 1963년까지는 콜레주와 리세 전체에서 비평준화된 학교 모두를 리세라고 부르기도 했다. 리세가 오늘날 의미하는 것처럼 중등교육과정에서 중학교 다음 단계의 교육기관으로 재편된 것은 비교적 최근인 1963년 이후부터다. 이 과정에서 콜레주와 마찬가지로 리세 역시 평등교육의 이상에 따라 일반교육기관으로 탈바꿈한 것이다. 다만 콜레주가 거의 전적으로 일반교육 및 교양교육을 담당하게 되었다면, 리세는 기초교양교육의 심화과정에서부터 전문교육 및 직업교육까지 포괄하는 교육기관으로 자리매김한다.

오늘날 프랑스의 고등학교는 대부분을 차지하는 국공립의 경우 거의 무상이며, 크게 일반 및 기술고등학교와 실업고등학교로 나뉜다. 일반 및 기술고등학교에서 1학년은 모두 같은 과목을 학습하고, 2학년부터 계열별로 나뉘어 2년간 중등교육과정의 최종 학위이자 일반 국립대학 입학자격증이기도 한 바칼로레아를 준비하게 된다. 계열은 크게 일반과 정과 기술과정으로 나뉘며, 일반과정은 다시 문과(L), 경제·사회(ES), 이 과(S)로 분리된다. 2010년 개편된 교육과정에서 각 학년별 공통과목과 주당 학습시간은 [표 3]과 같다.

[표 3] 프랑스 고등학교 공통과목

1학년 공통과목(28h30, 100%)
- 프랑스어 4h, 역사-지리 3h, 외국어 1, 2 5h30, 수학 4h, 물리-화학 3h, 생명 및 지구과학 1h30, 체육 및 스포츠 2h, 시민·법률·사회교육 0h30
(개인지도 2h, 진로탐색 1h30 × 2, 학급활동 연간 10h)

2학년 전 계열 공통과목(15h, 60%)
- 프랑스어 4h, 역사-지리 4h, 외국어 1, 2 4h30, 체육 및 스포츠 2h, 시민·법률·사회교육 0h30
(개인지도 2h, 개인학습 1h, 학급활동 연간 10h)

2~3학년 계열별 공통필수과목
- 문과(L): 프랑스어와 문학, 철학, 문학, 역사·지리, 제1외국어, 제2외국어 또는 라틴어, 수학·정보자동처리기술, 과학(물리, 화학, 생물학), 체육·스포츠, 시민·법률·사회교육, 개인학습
- 경제·사회(ES): 경제·사회학, 역사·지리, 프랑스어, 철학, 수학, 제1외국어, 제2외국어, 과학, 체육·스포츠, 시민·법률·사회교육, 개인학습
- 이과(S): 수학, 물리·화학, 생명 및 지구과학(또는 엔지니어과학, 또는 생물학·생태학), 역사-지리, 프랑스어, 철학, 제1외국어, 제2외국어, 농학·국토·국민, 체육·스포츠, 시민·법률·사회교육, 개인학습

3학년 전 계열 공통(6h30, 30%)
- 외국어 1, 2 4h, 체육 및 스포츠 2h, 시민·법률·사회교육 0h30
(개인지도 2h, 학급활동 연간 10h)

고등학교 교육과정에 들어 있는 공통 교과들을 살펴보면 중학교 과 정에서 강조되었던 '공통 기반'이 고등학교에서 한 단계 심화되는 것으 로 볼 수 있다. 고등학교 1학년까지는 계열을 나누지 않고 모든 학생이

100% 공통과목을 수강하며, 2학년까지는 언어교육, 시민교육, 체육과 함께 역사-지리 과목이 60%까지 공통으로 유지되며, 3학년까지도 모든 계열에서 30%의 비중으로 언어교육, 시민교육, 체육교육이 공통적으로 지속됨을 알 수 있다. 하지만 이렇게 교과목 리스트와 주당 수업시간만 보는 것만으로는 교육과정의 성격을 명확히 발견하기 어렵다. 큰 틀에서 보면 한국의 고등학교 교육과정과 별로 다르지 않다고 생각할 수도 있기 때문이다. 그렇다면 한국에서 대학 입학을 위한 수학능력시험(수능)이 고등학교 교육에 미치는 영향이 결정적이듯, 졸업과 입시와 관련된 시험이 어떻게 운영되는지 살펴보는 것이 현재 프랑스 중등교육과정의 실질적인 성격을 파악하는 데 좋은 방법이 될 수 있을 것이다. 프랑스 고등학교 졸업자격시험인 바칼로레아baccalauréat가 어떤 식으로 운영되고 있는지 구체적으로 살펴보자.

프랑스어에서 시험을 의미하는 단어가 두 개가 있다. 하나는 '에그자망examen'이고 다른 하나는 '콩쿠르concours'이다. 에그자망은 운전면허시험처럼 'Pass or Fail'로 일정한 자격요건을 가늠하는 자격시험이고, 한국에서 보통 음악 경연회를 일컫는 콩쿠르는 그 결과에 따라 등수가 매겨지고, 몇 등이냐에 따라 합격 여부가 가려지는 경쟁시험이다. 앞서 살펴본 중학교 졸업자격시험 브르베와 함께, 고등학교 졸업자격시험인 바칼로레아는 대표적인 에그자망이며, 20점 만점에 10점 이상을 얻으면 자격을 취득할 수 있다. 이 학위를 취득한 사람을 바슐리에bachelier라고 부르는데, 이들에게 68혁명 이후 완전히 평준화된 전국의 모든 일반 국립대학에 입학할 수 있는 자격이 주어진다. 다만 특정 대학에 몰리는 경우는 출신 지역의 학생을 우선적으로 선발하도록 되어 있다. 요컨대, 바칼로레아는 한국의 수학능력시험처럼 대학입학의 허가 여부를 결정하기 위해 얼마나 우수한 학생인지 우열을 가리는 시험이 아니라, 고등학교 검정고시처럼 고등학교 졸업자격을 평가하는 시험이면서, 동시에 프랑스 고등교육과정의 첫 번째 학위로 여겨진다. 이 시험의 목적은 수험자가 중등교육과정을 성공적으로 이수했는지를 검사하여 고등학교를 졸업시키고, 다음 과정으로 진학하게 해도 되는지를 결정하는 것일 뿐이다.

이 학위를 위한 과정은 일반 바칼로레아, 기술 바칼로레아, 실업 바칼로레아 세 부문으로 분리되어 있으며, 일반은 다시 문과(L), 경제사회(ES), 이과(S) 세 계열로 나뉘고, 기술은 여덟 계열로 나뉜다. 시험은 논술식 필기시험(계열별로 6~9과목)과 구술시험, 체육 내신으로 구성되어 있다. 바칼로레아는 대학입학 자격시험이기 이전에 고등학교 졸업자격시험이기 때문에, 시험의 출제와 관리, 채점, 사정 등을 모두 고등학교 최종학년 담당 교사들이 맡고 있다. 시험과목은 필수과목과 선택과목으로 구성되는데, 일반 및 기술 바칼로레아 전 계열에서 프랑스어, 철학, 수학, 제1외국어, 역사-지리가 필수과목으로 부과된다. 시험은 두 해에 걸쳐 이루어지는데, 2학년 말에 프랑스어 시험을 보고, 3학년 말에 철학시험을 본 후 일주일 뒤에 나머지 과목에 대해 시험을 치른다. 전체 평균 10점 이상이어야 합격이며, 10점 미만에서 8점 이상의 경우는 두 과목에 대해 구두 재시험 기회가 한 번 주어진다. 바칼로레아의 합격률은 1970년대 이래 꾸준히 상승하여 2014년과 2015년에는 전체 수험자의 87%를 넘어섰다. 해당 연령대 전체 인구 대비 비율로 보면, 이 역시 꾸준히 증가하여 2011년 71%, 2012년에는 76.7%가 바칼로레아 학위를 취득했다.[10] 이는 프랑스 고등학교 과정도 이미 소수의 엘리트교육이 아니라 일반교육의 범주에 들어와 있음을 보여 준다.

바칼로레아의 전 계열 공통필수과목을 우리 식으로 말하면 국어, 철학, 수학, 영어, 역사-지리인데, 국·영·수 외에 철학과 역사-지리가 포함된다는 점이 주목할 만하다. 특히 프랑스어 다음으로 가장 중시하는 과목이 바로 철학이다. 프랑스 고등학교의 철학교육은 수준이 높은 것으로 정평이 나 있으며, 한국어로 번역된 철학교과서는 우리에게는 대학교재로도 손색이 없을 정도로 평가된다. 바칼로레아의 철학 문제는 철학자나 철학적 개념을 암기해서 답할 수 있는 것이 아니라 논리적이고 비판적인 자기 사유를 할 수 있어야만 쓸 수 있는 것이다. 각 계열별로 3개의 문제(논술 주제 2, 지문 설명 1)가 주어지고, 그중에서 하나를 골라서 4시간 안에 답해야 한다. 가장 최근에 치러진 2018년 일반 및 기술 바칼로레아 철학시험 문제는 다음과 같다([표 4]).

[표 4] 2018년 바칼로레아 철학시험 문제

일반	• 문과 계열(Bac L) 1. 문화는 우리를 더 인간적이게 하는가? 2. 진리를 포기할 수 있는가(진리 없이 살 수 있는가)? 3. 제시된 지문 쇼펜하우어의 『의지와 표상으로서의 세계』(1818)에 대해 설명하기
	• 경제·사회 계열(Bac ES) 1. 모든 진리는 결정적인가? 2. 예술에 무감각할 수 있는가? 3. 제시된 지문 뒤르켐의 『종교적 삶의 기초적 형태들』(1912)에 대해 설명하기
	• 이과 계열(Bac S) 1. 욕망은 우리의 불완전성의 징표인가? 2. 정의로운지를 알기 위해 부정의를 증명하는 것이 필요한가? 3. 제시된 존 스튜어트 밀의 『논리의 체계』(1843) 지문에 대해 설명하기
기술	• 기술 바칼로레아(Bac Techno) 1. 경험은 거짓일 수 있는가? 2. 기술 발전을 제어할 수 있는가? 3. 제시된 몽테스키외의 『법의 정신』(1748) 지문에 대해 설명하기

위의 예시에서도 잘 드러나듯이 바칼로레아의 철학 문제들은 특정한 철학자의 사상이나 이론을 암기하고 숙지하라고 요구하는 것이 아니라 우리의 삶과 관련된 철학적인 주제와 지문을 가지고 수험자의 생각을 묻고 있다. 따라서 관련된 철학자의 사상이나 이론을 참조할 수는 있

으나, 학생 스스로 자신의 생각을 논리적으로 전개할 수 있을 때 적절한 답안 작성이 가능하다.

프랑스의 바칼로레아에서 우리가 주목할 만한 것은 언어와 철학을 중시한다는 점 외에도 문제의 형식이 논리적 사고력과 정확한 표현력을 측정하기 위한 논술형이 일반적이라는 점이다. 그리고 평가방식은 일반교육 또는 시민교육의 원칙에 부합하는 절대평가 방식(20점 만점에 10점 이상 Pass)이다.[11] 그리고 시험 문항 또한 교육과정상의 목표를 반영하여 논리적이고 비판적이며 창의적인 사고를 요하는 문제들이다. 따라서 단편적인 지식의 단순한 암기로는 절대로 좋은 점수를 얻을 수 없으므로, 교육과정 자체가 학생들의 주체적이고 논리적인 사유를 키우는 데 집중될 수밖에 없다. 즉, 비판적 사고 능력을 키우고자 하는 교양교육의 목표가 시험 방식을 통해서도 일관되게 관철되고 있음을 확인할 수 있다. 더구나 평준화된 국립대학 중심의 고등교육체제와 함께 바칼로레아의 Pass/Fail의 절대평가 평가방식은 소수 엘리트를 양성하기 위한 경쟁이 아니라 시민적 연대와 협동의 능력과 소양을 강조하는 중등교육과정 본연의 교육 목표를 분명하게 유지하게 해 준다.

2) 학교교육을 보완하는 활동

오늘날 민중교육의 한 축으로 자리 잡은 것은 정규 교육과정 외부에서 학교교육을 보완하는 활동이다. 주로 세속적 공화주의 전통의 민중교육운동 단체들이 그것을 담당한다. 여기서 학교교육을 보완하는 활동이란 주로 학생들의 방과 후 및 방학 기간 동안에 하는 예술문화 활동이나 레저 활동을 통한 교육을 말한다.[12] 국가가 담당하도록 되어 있는 공교육 체계 내부의 교육활동이기 때문에 그것에 참여하는 단체는 교육부의 승인을 받아야 한다. 그리고 이들의 재정과 규칙은 공공기관과 행정에 의존한다. 교육 프로그램은 예술·문화 교육과 취미·레저 활동 위주로 구성되지만 그것의 궁극적인 목표는 학생들의 창의성, 사회성, 시민성을 함양하는 것이다. 전국적으로 130여 개의 단체들이 교육부의 승인을 받아 정규 교육 이외의 활동에 참여하고 있다.Ministère de l'éducation nationale, 2013 그중에서도 교육부와 다년간의 협약을 통해 재정 지원을 받는 전국적인 네트워크를 가진 대규모 민중교육 단체들은 다음과 같다([표 5]).

[표 5] 교육부 재정 지원 민중교육 단체

교육연맹(La ligue de l'enseignement)
공교육 유자녀 지역협회 총연합(les PEP)
능동적 교육 방법 연수원(les CEMEA)
프랑카스 전국연합(les Francas)
학교협력중앙사무소(OCCE)
교육사업과 방학 연맹(FOEVEN)
야외청년단(JPA)
프랑스 걸스카우트 보이스카우트(EEDF)
교육활동상담원(IFAC)
도시를 위한 대학생 재단 협회(AFEV)

민중교육 단체들은 정규 교육을 보완하면서 시민성 함양 교육, 더불어 살아가기, 문화적 활동, 부모 지원, 탐험학습 동반, 바캉스 학교, 여가 센터, 그리고 교사 및 활동가 교육 등에서 전문성을 확대해 왔다. 또한 학교 밖 청소년을 위한 릴레이 교실atelier relais, 학업 중단 및 문맹퇴치 운동 등을 통해서 기회의 균등을 위한 적극적인 활동에 참여한다. 이 일련의 활동들은 오랜 경험을 바탕으로 검증된 교육적 실천의 상호 부조를 바탕으로 한다. 이들 단체들은 지역 공동체와의 협의 체제 아래에서 교육 참여가 이루어지도록 하기 위해 지역 단위의 구조를 갖추도록 권장된다. 각각의 단체들은 고유한 활동 주체와 분야, 교육 대상과 목표

를 갖고 있지만, 대체로 더불어 살아가기와 시민성 함양과 같은 시민교육 성격의 목표를 공유하고 있다. 특히 FOEVEN과 EEDF는 시민성 학습, 책임과 참여를, JPA는 시민행동과 연대를 가장 우선적인 목표로 내세우고 있다.Ministère de l'Éducation nationale, 2012

다른 한편으로, 문화소통부 산하 예술문화교육처에서도 민중교육 단체들과 협약을 맺고 파트너십을 강화하고 있다. 1999년 예술문화교육처는 8개 민중교육 연합단체들과 함께 파트너십을 맺고 공동으로 목표헌장을 만들었다.Ministère de la Culture et de la Communication, 1999 이 헌장은 학교 방과 후 및 방학, 전 생애에 걸친 예술문화교육, 예술문화적 매개체로서 동호인들의 활동지원, 네트워크의 활성화 및 강화 등 영역에서 보다 민주적인 문화정책을 기초하기 위한 파트너십을 강화할 것을 목적으로 하고 있다. 이들 민중교육 단체들은 다년간 협약을 맺고 교육활동을 진행한다. 지금은 3개 단체가 더 추가되어 11개의 민중교육 연합단체들이 포함되어 있다. 이 협약에는 민중교육 연합단체들이 10가지 공통 목표를 가진다고 규정하고 있다([표 6]). 이 중에서 '유무형 유산의 계승

[표 6] 민중교육 연합단체들의 공통 목표

(1) 문화예술교육 개발
(2) 모든 분야에서 호기심, 발견, 창의 지원
(3) 유무형 유산의 계승 및 발전
(4) 창의적 기획 지원
(5) 언어교육, 문맹 퇴치
(6) 사회적, 직업적, 문화적 연결과 세대 간 소통 강화
(7) 사회문제 및 의사결정에 시민참여 권장
(8) 전문적인 문화와 직업세계의 연결
(9) 유럽과 국제적 차원의 행동 개발
(10) 지식의 융합에 의한 실험 지원

및 발전', '사회적, 직업적, 문화적 연결과 세대 간 소통 강화', '사회문제 및 의사결정에 시민참여 권장', '유럽과 국제적 차원의 행동 개발' 등은 그 자체로 넓은 의미의 시민성 함양을 위한 교육활동이라고 할 수 있다. 예컨대 인종주의나 성소수자 차별 반대, 유럽 시민성 제고 등이 최근에 활발해진 활동 주제들이다.

오늘날 민중교육 단체들은 대부분 문화적 활동과 사회적 참여 활동이라는 두 가지 지향을 공유하고 있다. 이 단체들은 문화적 활동 차원에서 문화예술작품에 대한 접근과 문화적 생산수단의 민주화를 지향한다. 사회적 참여 활동 차원에서는 이민의 위상과 역할, 불안정한 사람들의 사회 편입, 정교분리 등과 같은 주제로 사회를 향해 질문을 던진다. 이러한 주제들에 대해서 민중교육 단체들은 시민적 행보를 이끌고, 활동가들을 교육하며, 네트워크를 연결하고, 그룹으로 결합하여 행동한다. 요컨대, 오늘날 프랑스 민중교육은 공교육을 보완하는 것으로 제한되거나 교육 내용이 예술문화 활동 중심인 경우에도 단순히 취미나 여가를 위한 활동에 머무르는 것이 아니라 여전히 정치적이고 민중교육적인 목표를 강하게 유지하고 있는 것이다.

4. 종합 및 시사점

프랑스 근대 교육 전반에는 18세기 계몽사상과 콩도르세의 교육사상에서 기원하는 민중교육이라는 정신과 운동의 흐름이 지배하고 있다. 민중교육운동의 흐름은 한편으로 모두에게 제공되는 일반교육과 공화국 시민을 양성하는 시민교육 차원에서 아동과 청소년을 대상으로 하는 공교육으로 제도화되었고, 다른 한편으로는 노동운동 및 시민사회 영역에서 노동자, 농민 등 성인을 대상으로 하는 민중교육으로 지속되었다. 민중교육의 정신에는 모두에게 교육의 권리를 보장해야 한다는 생각이 깔려 있을 뿐만 아니라, 교육을 통해서 민주주의와 사회적 권리의 확대와 같은 사회 발전을 꾀한 것이라는 점에서 민중교육 자체가 기본적으로 오늘날 시민교육의 위상을 포함한다. 그래서 민중교육 정신에 기초한 프랑스 근대교육 전체가 시민교육의 성격을 가진다고도 볼 수 있다.

19세기에 대체로 저항적이거나 혁명적이었던 민중교육운동은 공교육이 제도화된 이후에는 주로 학교교육을 보완하는 역할과 성인을 대상으로 하는 교육을 담당하게 되었다. 특히 교육연맹, 프랑카스연맹, 인민과 문화 등 세속적 공화주의 전통의 민중교육 단체들은 공화국 시민을 길러 내는 것을 목표로 하는 공교육의 제도화 과정에 결정적인 영향을 미쳤으며, 이후에는 학교교육을 보완하는 활동을 주로 담당하게 되었다. 사회적 기독교주의 전통은 20세기 초중반에 주로 농촌지역에서 주요한 민중교육의 역할을 담당했지만, 탈종교화와 농촌인구 감소 등으로 점차 쇠퇴할 수밖에 없었다. 반면에 노동자주의 전통의 민중교육은 19세기 말부터 20세기 초의 노동운동 과정에서 노동자들의 의식화에서 지속적으로 중요한 역할을 담당했으며, 노동조합과 노동운동의 발전뿐만 아니라 그에 기초한 노동자 정당이 부상하는 데에도 밑거름을 제공했다고 볼 수 있다. 요컨대, 프랑스의 성숙한 시민의식과 그에 기초한 탄탄한 시민사회, 노동운동과 민주주의의 발전은 단지 정치적 노력, 예컨대 민주적인 법과 제도의 도입만으로 이루어진 것이 아니라, 19세기부터 이어져 온 광범위한 시민사회와 노동운동 진영에서의 민중교육운동이 지속적으로 그것을 추동해 왔던 것이다.

이러한 민중교육 전통이 반영된 오늘날 프랑스 중등교육과정은 인문주의적 교양교육보다는 주체적이고 비판적인 사유를 할 수 있는 공동체의 일원, 즉 시민을 길러 내는 것을 목표로 한다. 이러한 목표에 따라 모든 학생들에게 공통적으로 프랑스어, 철학, 수학, 역사·지리, 외국어, 과학, 시민·법률·사회교육을 강조하고 있다. 그런데 이렇게 보면 한국의 중등교육과정과 적어도 형식상으로는 크게 다르지 않다고 여겨질 것이다. 프랑스, 독일 등 유럽에서 시작된 근대적 교육체계를 일본 또는 미국을 거쳐 한국도 받아들였기 때문이다. 이러한 유사성은 중등과정의 교육 목표에서 더욱 분명하게 나타난다. 대한민국 교육부가 고시한 초중등학교교육과정 총론(제2015-74호, 2015. 9. 23. 일부 개정)에 따르면, 중학교 교육은 "학생의 학습과 일상생활에 필요한 기본 능력과 민주시민의 자질 함양에 중점을 둔다"고 되어 있다. 그리고 고등학교 교육은 "학생의 적성과 소질에 맞는 진로 개척 능력과 세계 시민으로서의 자질을 함양하는 데 중점을 둔다"고 되어 있다. 이에 따라 중등교육과정의 교육 목표에는 '비판적, 창의적 사고력과 태도', '소통능력', '민주시민 또는 세계 시민으로서의 자질과 태도' 등이 주요 항목에 포함되어 있다. 적어도 공식적으로는 한국의 중등교육과정의 목표는 공화국 시민의 양성을 강조하는 프랑스의 그것과 큰 틀에서 다르지 않은 것이다.

이처럼 한국의 중등교육체계가 형식상으로는 프랑스의 그것과 별반 다르지 않지만, 우리는 실질적인 교육 목표와 운영에서 크게 차이가 있다는 사실을 알고 있다. 그리고 그것의 근본적이고 핵심적인 이유가 대학입시 위주의 교육에 있다는 점에 별다른 이견이 없을 것이다. 한국의 중등교육은 교양교육 또는 시민교육으로서의 고유한 목표를 포함하고 있음에도 불구하고, 현실에서는 단지 더 높은 서열에 위치하는 대학에 입학시키기 위한 교육으로 변질된 측면이 큰 것이다. 이런 대학입시 위주의 교육은 한국 사회에 견고하게 뿌리내린 학벌서열구조가 지속되는 한 벗어나기 힘들어 보인다.

이러한 현실에서 한국 대학들은 최근 몇 년간 각 대학의 특성에 따라 시민성 함양 교육을 포함하는 교양교육 프로그램을 개편하고 강화해 왔다. 그런데 대학 입시를 위한 기초교육 외에 중등교육과정에서 시민교육을 사실상 '포기'하고 있는 한국의 교육 현실에서 대학에서의 교양교육과 시민교육이 얼마나 효과적일 수 있을까? 우선, 이미 스무 살이 된 대학생은 주체적인 사고를 하기 이전에 외부의 영향으로 이미 여러 가지 편견에 사로잡혀 있을 가능성이 높으며, 그래서 뒤늦은 교양교육 또는 시민교육으로 생각과 태도를 변화시키는 데 한계가 있을 수밖에 없다.[13] 현재 대부분의 나라들에서 만 18세 전후부터 성인으로 인정하고 자기결정권과 투표권 등을 부여하는 것은 청소년기에 중등교육과정의 시민교육을 통해 이성적이고 합리적인 '시민적 주체'로서의 소양을 갖추었다고 보기 때문이다. 다음으로, 적정 연령 인구 대비 80% 전후로 대학에 입학하는 상황에서도, 그리고 모든 대학이 교양교육을 충실히 한다고 하더라도, 교양교육의 대상이 되지 못하는 사람들의 비율은 여전히 무시할 수 없는 수준이다. 더구나 한국의 고등교육기관에서 사립대학이 대부분을 차지하므로, 전반적으로 일관된 방향성을 갖는 교양교육이란 애초부터 불가능하다. 우리가 추구하는 교양교육이 전공학습을 위한 기초교육으로서가 아니라 주체적이고 비판적 사유가 가능한 공동체의 일원 또는 시민을 길러 내는 것이라면, 우리는 그것이 중등교육과정의 원래 목표였던 만큼 어떻게 다시 중등교육과정에서 이루어 낼 것인지 고민하지 않으면 안 된다.

입시 위주의 중등교육을 바꾸기 위해서 학벌서열체제를 타파하거나 대학을 평준화하자는 대안과 방법을 제시하는 것은 이 글의 취지와 범위를 크게 벗어난다. 하지만 중등교육과정이 시민성 함양이라는 본래의 목표에 충실하게 만드는 방법을 모색해야 한다는 주장은 가능할 것이다. 뭔가 새로운 제도나 프로그램을 만들려고 하기보다는 왜 기존의 교육과정이 원래 취지대로 이루어지고 있지 않은지 그 장애물을 제거하려는 노력이 필요하다는 것이다. 그리고 그것은 교육부의 제도 개혁뿐만 아니라 현장의 학교 교사와 대학 교수, 시민사회 교육운동 활동가들의 주체적인 모색과 실천, 그리고 연대를 통해서 시도될 필요가 있다. 이것이야말로 프랑스 사례에 대한 검토를 통해 우리가 얻을 수 있는 가장 큰 시사점일 것이다.

1. 이 글은 필자의 연구논문 「프랑스 교양교육의 역사와 이념: 인문교양에서 시민교육으로」(2015)와 「프랑스 민중교육 전통과 '학교 밖' 시민교육: 정치적 이념과 제도화 과정을 중심으로」(2017)를 종합하여 책의 주제에 맞게 수정·보완한 것이다.

2. 황성원(2011)은 이런 관점에서 'université populaire'를 '민중대학'이 아니라 '시민대학'으로 옮긴 것으로 보인다.

3. 프랑스 민중교육의 흐름과 제도화와 관련된 내용은 필자가 참여한 한국민주주의연구소 연구보고서(권진욱 외, 2016)의 일부를 장 마리 미뇽의 저서(Mignon, 2007)와 프랑스 위키피디아(Éducation_populaire) 등을 참조하여 수정·보완한 것이다.

4. 세속적 공화주의가 이끈 공교육과 시민교육의 제도화에 관해서는 김태수(2007) 참조.

5. 프랑스 중등교육 개혁의 역사는 이윤미(2002: 63-67)를 보라.

6. 프랑스 위키피디아 "Système éducatif français" (https://fr.wikipedia.org).

7. Dossiers législatifs, Loi n° 2005-380 du 23 avril 2005.

8. Décret du 11 juillet 2006.

9. Ministère de l'enseignement supérieur et de la recherche, *Repères et références statistiques*, 2011.

10. 2011년 기준으로 전체 합격자 중에서 50%가 일반 바칼로레아이고, 기술 바칼로레아는 23%, 실업 바칼로레아는 27%를 차지한다. 일반 바칼로레아 취득자의 99%와 기술 바칼로레아 취득자의 80% 가까이는 일반 국립대학, 그랑제콜 준비반, 2년제 전문대학 등 고등교육과정으로 진학하며, 실업 바칼로레아 취득자의 경우 26% 정도만 고등교육과정으로 진학한다(Ministère de l'enseignement supérieur et de la recherche, 2011).

11. 모든 과목을 패스하면 평준화된 프랑스 전국 80여 개의 국립종합대학 (université)에 어디든 지원할 수 있다.

12. 이는 형식면에서 한국의 방과 후 학교와 유사하다고 볼 수 있다. 그러나 그것의 운영방식과 성격은 크게 다르다. 2005년부터 시작된 한국의 방과 후 학교는 일차적으로 사교육 수요를 학교 내로 흡수하려는 목표와 함께 수준별 보충학습과 특기·적성교육을 내용으로 한다. 그 운영은 학교장과 현직 교사 등 학교 중심으로 이루어지며, 수익자 부담 원칙을 적용하고 있다.

13. 현재 대학에서 이루어지는 교양교육의 난제에 대해서는 경희대 사례를 분석한
    필자의 졸고(이기라, 2015)를 참고하라.

권진욱·송주영·이광훈·이기라·조철민(2016). 시민사회의 시민교육 체계 구축 과
　정 연구: 독일, 프랑스, 스웨덴, 미국, 영국을 중심으로. 한국민주주의연구소 연구
　보고서. 민주화운동기념사업회.

김세희(2005). 「프랑스의 대안대학」. 『민들레』, 38: 90-97.

김태수(2007). 「프랑스의 중등교육과정과 시민교육」. 박재창 외. 『민주시민교육의 전
　략과 과제』. 서울: 오름.

송용구(2010). 「프랑스의 학교 시민교육에 관한 연구: 한국의 학교 시민교육에 시사
　하는 바를 중심으로」. 『시민교육연구』, 42(2): 83-118.

심성보(2011). 『인간과 사회의 진보를 위한 민주시민교육』. 서울: 살림터.

이동수 편(2013). 『시민교육과 대학』. 인간사랑.

이기라(2015). 「인문학적 분열증: 후마니타스 교양교육의 새로운 도전」. 『후마니타
　스포럼』, 1(2): 147-176.

이기라(2015). 「프랑스 교양교육의 역사와 이념: 인문교양에서 시민교육으로」. 「한국
　교육」. 42(4): 5-28.

이기라(2017). 「프랑스 민중교육 전통과 '학교 밖' 시민교육: 정치적 이념과 제도화
　과정을 중심으로」. 『교육사상연구』, 31(2): 29-47.

이영란(2011). 「프랑스 컬리지 3학년(Collège 3ème) 시민교과목 연구: 주요 지향점
　과 핵심쟁점을 중심으로」. 『교육사회학연구』, 21(2): 149-173.

이윤미(2002). 「프랑스 중등교육 개혁의 시사점: 교육의 수월성과 평등성 문제를 중
　심으로」. 『한국교육』, 29(2): 57-79.

이황직(2008). 「교양에서 시민으로: 뒤르케임 교육론의 함의」. 『사회이론』, 34(0):
　231-260.

최장집(2009). 『민중에서 시민으로-한국 민주주의를 이해하는 하나의 방법』. 파주:
　돌베개.

황성원(2011). 「프랑스 시민대학, "대학 밖 대학" 특성과 운영」. 『비교문화연구』,
　25(0): 597-626.

황정희(2012). 「프랑스의 고령화와 노인교육현황 고찰」. 『21세기사회복지연구』,
　9(2): 153-177.

홍태영(2012). 「프랑스 시민교육과 정치교육: 학교의 시민교육과 정당의 정치교육
　사례」. 『정치와 평론』, 10(0): 81-104.

Best, Francine(2008). Qu'est-ce que l'éducation populaire? Restoin,

Albert(Ed.). *Education populaire, enjeu démocratique: Défis et perspectives*. Paris: L'Harmattan.

Cacérès, Benigno(1964). *Histoire de l'éducation populaire*. Paris: Seuil.

Chevallier, Pierre(1981). *La séparation de l'église et de l'école, Jules Ferry et Léon XIII*. Paris: Fayard.

Condorcet, Nicolas de(1793-1794). *Esquisse d'un tableau historique des progres de l'esprit humain*. Texte revu et presentépar Prior, O. H.(1970). Paris: Librairie philosophique J. Vrin.

Laurain, Jean(1977). *L'Éducation populaire ou la vraie révolution*. Paris: Éditions de correspondance Municipale-ADELS.

Maurel, Christian(2010). *Education populaire et puissance d'agir: Les processus culturels de l'émancipation*. L'Harmattan.

Mignon, Jean-Marie(2007). *Une histoire de l'éducation populaire*. La Decouverte.

Ministère de la Culture et de la Communication(1999). "Charte d'objectifs culture/éducation populaire." 30 juin.

Minisère de l'éducation nationale(2013). Bulletin officiel n° 12 du 21 mars.

Pelloutier, Fernand(1898). L'enseignement social: le musée du Travail. extrait de *L'Ouvrier des deux mondes*. n 14. citépar Julliard, Jacques (1971). *Fernand Pelloutier et les origines du syndicalisme d'action directe*. Paris: Seuil.

Premat, Christophe(2006). L'engagement des intellectuels au sein des UniversitéPopulaire. Tracés. *Revue de Sciences humaine*, 11.

Poujol, Geneviève(1981). L'éducation populaire. Paris: Editions ouvrières.

Ministère de l'Éducation nationale, de l'Enseignement supérieur et de la Recherche-Direction générale de l'enseignement scolaire(2012). http://eduscol.education.fr/cid59677/partenariat-avec-les-grandes-associations-complementaires-de-l-ecole.html (검색일: 2017년 4월 1일)

Wikipédia(version française). "Éducation_populaire." https://fr.wikipedia.org/wiki/Éducation_populaire(검색일: 2016년 11월 7일).

제3장

'안네 프랑크 교육기관' 사례로 본 독일 학교 밖 정치교육의 특징과 과제[1]

홍은영[2](전남대학교 교수)

1. 서론

독일은 국가사회주의 독재와 2차 세계대전의 파탄의 역사적 배경으로 인해, 특히 정치교육[3]이 민주적인 정치 문화 형성에 중요한 기여를 해야 한다는 사회적 합의가 존재한다. 독일 정치교육은 국가사회주의 역사에 대한 반성과 비판의식을 고취하는 것을 목표로 삼고 있다. 이런 점에서 극우주의, 폭력, 인종주의, 반유대주의 등과 같은 문제가 발생하면, 매번 정치교육의 중요성이 부각되고 있다.[4] 독일에서 정치교육은 특별한 위상을 지니고 있으며 다른 국가와 비교해서 다양한 정치교육기관들이 유기적으로 협력하는 다원주의적 조직 구조가 잘 구축되어 있는 것으로 평가되고 있다.

독일 학교의 교과과정에 규정된 정치교육은 역사적으로 독일 전후 사회에서 논쟁의 여지가 되었던 독일 국민의 재교육의 정치와 밀접하게 연관된다.Dettendorfer, 2014: 22 미국이 재교육 정책을 실시하도록 자극함으로써 정치교육을 위한 독일의 독자적인 구상이 전개되었다. 1950년대 광범위한 사회 집단과 특히 청소년 및 성인 대상 학교 밖 정치교육기관의 제도적 발판이 마련되었다. 독일은 법치주의에 입각하여 국가주도적 정치교육을 시행하면서 정치교육을 위한 재정을 적극적으로 지원하였다.[5]

서독은 1950년대 "지역봉사를 위한 연방본부"를 설립하였고, 이 기관의 명칭은 1963년 학교 밖 정치교육의 담당단체와 협력하면서 운영되는 연방정치교육원과 주정치교육원으로 바뀌었다.신두철·허영식, 2015: 97 국가기관과 민간기관이 병존하면서이규영, 2005: 181 정치교육이 시행되는 국가는 독일이 유럽에서 유일하고, 이것은 독일이 오늘날까지 국가와 시민사회가 함께 민주주의를 구축하고 민주적 정치문화의 공고화를 중요한 의무와 과제로 여기고 있다는 것을 보여 주고 있다.Widmaier, 2011: 471

이처럼 시민들의 성숙한 민주주의 의식 형성에 크게 기여한 독일 정치교육은 국내에서 모범 사례로 평가되고 있고, 독일 정치교육에 대한 많은 연구가 활발히 진행되고 있다. 독일 정치교육에 관한 국내의 선행연구는 다음과 같이 세 가지로 정리할 수 있다. 첫째, 한국의 경제는 1970~1980년대 독재정치와 권위주의적 정권하에서 고도로 성장하였고, 1987년 이후 시작된 정치적 민주화와 시민운동이 전개되었지만, 정치교육의 제도화와 사회적 합의의 필요성은 꾸준히 제기되고 있다. 이 때 선행연구들은 독일의 정치교육을 고찰하면서 한국 정치교육의 활성화를 위해 특히 법적·제도적 기반이 마련되어야 함을 강조하고 있다.허영식, 1997; 엄판호, 2001; 송창석 2005; 전득주 페터 마싱·허영식 외, 2006; 장원순, 2007; 신형식 2008; 김한규 2009; 김미경, 2009; 신두철 2005, 2009, 2011, 이범웅 2015 또한 김기현2010, 정세윤2008과 이한규2011는 독일 정치교육의 특징으로 학습자가 주체가 되는 '참여자 중심 교육' 혹은 '참여자의 자발성'에 주목하고 있다. 이것은 독일 정치교육이 참여자의 생활세계 가운데 직면하게 되는 사회·정치적 이슈에 초점을 두고 있음을 강조하는 것으로 해석할 수 있다. 한편, 연구자가 보기에 독일 정치교육에 관한 국내의 논의 내에서 특별히 많은 주목을 받고 있는 것으로 '보이텔스바흐 합의Beutelsbacher Konsens'를 꼽을 수 있다.신두철·허영식, 2010: 94-95; 심성보 외, 2018; 허영식, 2018; 안성경, 2017

'보이텔스바흐 합의'란 1976년 정치적으로 다양한 입장을 취했던 학자들에 의해 만들어진 것으로, 오늘날 독일 정치교육의 기본 원리로 기능하고 있다.[6]

둘째, 분단이라는 한반도적 특수성 때문에 정치교육의 본래적 의미와 내용이 온전하게 이해되지 못하고 있다.이규영, 2005 이와 관련하여 정치교육 또는 민주시민교육에 관한 기존의 연구들은 한국과 똑같은 분단국가에서 통일을 이룩한 독일의 역사적 경험을 공유하면서 독일 정치교육의 사례를 모범으로 삼아, 통일교육 및 평화교육의 관점에서 독일 정치교육을 접근하고, 교육의 목표, 내용, 방법과 제도를 분석하고 있다.김해순, 2016: 박광기, 2010: 오일환, 1995: 전득주, 2000, 조상식, 2006: 최승호, 2010: 황병덕, 1997

셋째, 일반 교육학의 하위 분야로서 정치교육은 글로벌·다문화 사회, 여성 정치 참여, 전 지구적 신자유주의 흐름, 정보 사회, 극우주의, 정치적 무관심 또는 정치혐오 현상 등과 같은 사회 변화와 관련지어 다양한 관점에서 논의되고 있다.양민석, 2014: 전복희, 2004: 최치원, 2013: 신두철, 2011: 홍은영, 2016 그러나 연구자는 독일 정치교육에 관한 국내의 선행연구들이 주로 독일 정치교육의 역사적 전개과정과 목표 그리고 시스템을 설명하는 데 그치고 독일의 학교 정치교육에 치중하고 있다고 생각한다. 반면, 독일의 민주적 사회문화를 형성하는 데 커다란 영향을 미쳤고 현재도 활발히 시행되고 있는 학교 밖 정치교육에 대한 연구Schröder & Balzter, 2011: 486는 소홀히 하고 있으며, 급격히 변화하는 사회적 상황에 직면하여 독일 정치교육이 당면한 과제와 비판적 자기성찰을 논의하는 연구는 아직 미흡한 실정이다. 정치교육 또는 민주시민교육은 그때그때 급변하는 사회·문화·경제·정치적 상황(예컨대 유럽으로의 난민 유입, 포퓰리즘의 부상, 인종차별주의, 신자유주의 등)으로부터 영향을 받고 있고 그러한 사회적 제반 조건 안에서 이루어지기 때문에,[7] 정치교육 그 자체, 즉 규범적 자기이해 및 실천의 지속적인 반성과 검토가 요구되고 있다.

정치교육이 각 개인들에게 변화하는 사회적 상황에서 자신의 삶을 자율적으로 영위하도록 도와주는 교육으로 이해된다면, 정치교육의 내용은 정당, 국회와 선거제도 등과 같은 정치 제도에 대한 정보를 전달하는 기능을 넘어, 각 개인이 살아가는 삶의 세계와 거리 곳곳에서 찾을 수 있을 것이다. 이렇게 볼 때, 오늘날 변화하고 있는 사회적 상황에서 독일 정치교육이 자신의 목표를 구현하는 데 있어 어떤 문제에 직면하고 있고, 그것에 대해 어떻게 대응하고 있으며, 어떤 교육 구상을 정립하고 실천하고 있는지를 살펴볼 필요가 있다.

본 연구는 이러한 문제의식에서 출발하여 우선 독일 정치교육을 미시적인 차원에서 살펴보고, 그 다음에 정치교육이 현재 어떠한 도전과 한계에 직면하고 있는지를 살펴보고자 한다. 구체적으로 다음과 같은 내용을 다룬다.

첫째, 연방정치교육원 인정의 교육기관으로서 '안네 프랑크 교육기관 Bildungsstätte Anne Frank'을 소개하고, 교육 목표, 교육 프로그램과 교육 방법을 살펴보고자 한다. 이 기관을 고찰하는 이유는 학교 밖 정치교육기관으로서 국가가 아닌 지역 주민들의 자발적인 노력으로 만들어졌고, 활발한 정치교육의 수행과 실천으로 연방정치교육원으로부터 인정을 받고 헤센주의 정치교육의 센터로 자리매김하였기 때문이다. 이 정치교육기관의 성공적인 운영과 실천은 다양한 교육기관과의 유기적인 협력과 정부와 지자체의 적극적인 지원과 도움에 기인한다. 둘째, 정치교육의 자기 이해와 실천의 차원에서 독일 학교 밖 정치교육의 특징을 고찰하고 그것과 학교 정치교육 간의 연관성을 살펴보고자 한다. 셋째, 이런 점에서 본 연구는 안네 프랑크 교육기관의 사례에 비추어 독일의 학교 밖 정치교육의 목표, 교육 내용, 교육 방법과 학교 밖 정치교육의 특징을 살펴보고, 정치교육이 직면한 도전과 과제 그리고 이것이 우리에게 줄 수 있는 시사점을 고찰할 것이다.[8]

2. 안네 프랑크 교육기관의 정치교육 사례

자유민간 단체로서 안네 프랑크 교육기관의 설립 배경은 1950년으로 거슬러 올라간다. 1950년에 가족 중 유일하게 생존한 아버지인 오토 프랑크가 안네 프랑크의 이름으로 만남의 장소가 생겼으면 하는 입장을 표명했었다. 이것은 여러 차례 교회, 노동조합, 다른 프랑크푸르트 청소년 단체의 관심 대상이 되기도 하였다. 1991년 프랑크푸르트에 위치한 역사박물관에서 '프랑크푸르트에서 온 안네, 안네 프랑크의 삶과 생활세계'라는 전시회[9]가 열리고, 1993년부터 1994년까지 '안네 프랑크의 발자취 찾기' 프로젝트가 실시되면서 비로소 오토 프랑크의 희망은 구체화되었다. 다수의 프랑크푸르트 지역 주민들은 안네 프랑크의 출생 도시인 프랑크푸르트가 국가사회주의와 홀로코스트 역사의 기억, 토론과 만남의 장소가 되기를 소망하였고, 그것을 실행에 옮기기 위해 1994년 적극적인 지역 주민은 '안네 프랑크 청소년 만남의 장소'라는 단체를 설립하였다.Bildungsstätte Anne Frank, 2018

이 교육기관은 안네 프랑크의 이름으로 국가사회주의 시대 유대인 추방과 학살의 회상을 생생하게 유지하고, 편견을 타파하고 다문화 사회에서 공동의 삶을 촉진하는 것을 목표로 삼고 있다. 구체적으로 반유대주의와 인종주의에 반대하는 다양한 교육활동을 실시하는 가운데 교육 주체들이 인권과 다양성을 학습할 수 있도록 돕고 있다. 이를 위해 무보수의 명예직으로 일하는 수많은 사람들은 사회봉사활동을 통해 이 단체의 활동과 일을 적극적으로 지지하고 있다. 설립 당시 '안네 프랑크 가족의 발자취 찾기'라는 프로젝트는 프랑크푸르트 청소년 단체 연합Frankfurter Jugendring, 프랑크푸르트 역사박물관, 프랑크푸르트 대학의 프리츠 바우어 연구소, 학교, 지방자치단체, 다양한 집단과의 협력으로 시행되었고, 암스테르담과 바젤의 안네 프랑크 재단과 문화 및 사회의 발전을 장려하려는 기업이 재정 지원을 하였다. 200명 이상의 청소년, 학부모와 교사는 이 프로젝트에 자발적으로 참여하였다. 이 프로젝트의 성공은 안네 프랑크 이름으로 청소년 만남의 장소라는 교육 시설의 창립을 가져왔다.

안네 프랑크 교육기관은 상설 전시회뿐만 아니라, 다양한 활동과 사업을 수행하고 있다. 가령, 반유대주의, 극우주의, 인종주의와 차별을 타파하기 위한 다양한 프로젝트를 시행하고, 홀로코스트 시대 증인들과의 대화의 시간을 마련하고, 대학 연구소와 협력하여 학술대회와 워크숍 그리고 단상 토론을 개최하여 교육이론과 실천의 교류를 촉진하고, 다양한 집단과 단체가 네트워크를 조직할 수 있도록 돕고 있다. 또한 전문 간행물을 발행하고, 국가사회주의와 홀로코스트의 주제에 관심 있는 청소년과 성인을 위해 소설가, 시민단체의 활동가와 음악가 등을 초청하여 저녁 행사를 개최하고, 사회복지사를 위한 계속교육을 진행하고 있다. 이러한 다양한 사업과 활동이 가능한 것은 프랑크푸르트 도시의 지원금, 헤르티 재단, 안네 프랑크 재단과 관심 있는 개인의 후원에 기인한다.Bildungsstätte Anne Frank, 2018

2013년에 '안네 프랑크 청소년 만남의 장소'는 '안네 프랑크 교육기관'으로 이름이 바뀌었다. 이를 계기로 이 교육기관은 청소년 대상 정치교육뿐만 아니라, 성인교육을 실시하고 있다. 즉, 정치교육의 참여자를 청소년뿐만 아니라 성인으로 확대하여, 청소년과 성인을 민주적 사회 형성에 적극적으로 참여하도록 강화시키고 있다. 앞서 언급하였듯이, 안네 프랑크 교육기관의 정치교육은 역사의식과 인권교육에 초점을 두고 있다. 이때 정치교육은 국가사회주의와 홀로코스트에 대한 역사적 정보를 일방적으로 전달하기보다, 멀티미디어 기반의 콘텐츠를 통해 방문자 각자가 역사적 기본 정보를 탐색하고, 동년배 안내자에게 스스로 질문을 하고 다른 방문자와 대화를 하는 형태로 이루어지고 있다. 요컨대 안네 프랑크 교육기관은 박물관이 아니라, 논쟁의 장소라고 볼 수 있다.Bildungsstätte Anne Frank, 2018

이 교육기관의 교육활동의 기본 원리이자 특징으로 동년배 안내자를 들 수 있다. 동년배 안내자가 방문자에게 상설 전시회를 안내하면서 정치교육을 담당하고 있기 때문에, 서로 간의 대화와 질문과 서로 다른 생각의 교환이 쉽게 이루어지고 있다. 이러한 과정에서 학교 밖 정치교육의 참여자는 교육이 교육활동가와 동등한 관계에서 진행되는 민주주의를 학습하게 된다. 동년배 안내자는 3개월 동안 안내자 양성 교육과정에 참여하여 이 교육기관이 표방하는 교육의 기본 원리와 교육 철학을 파악하고 전시회 안내 실습을 수행한다. 다시 말해 안네 프랑크 교육기관의 역사교육 및 인권교육은 역사적 과거 지식을 습득하는 것에 그치는 것이 아니라, 과거를 현재와 연결 지어 현재 자신이 속해 있는 사회에 대한 질문을 던지고, 오늘날 발생하는 인종주의, 반유대주의와 차별을 파악하고 그것을 타파하기 위한 행위 능력을 키우는 것에 중점을 두고 있다고 볼 수 있다.

'프랑크푸르트에서 온 안네 프랑크'라는 이름으로 실시되었던 상설 전시회는, 2018년 6월 '안네 프랑크. 내일 한층 더'라는 이름의 '학습실험실'로 바뀌었다.[10] 전시회 이름은 바뀌었지만, 안네 프랑크의 생애사, 일기, 가족들과 숨어 살던 안네의 삶은 과거는 물론 현재까지도 작용하는 인종주의와 반유대주의에 맞서는 교육활동의 출발점이 되고 있다. 또한 앞서 서술한 안네 프랑크 교육기관의 혁신적인 교육 방법(동년배 안내자, 멀티미디어에 기반을 둔 상호적이고 능동적인 역사교육 및 정치교육)과 교육의 기본 원리는 그대로 유지되고 있다. 학습실험실은 특별히 학급의 학생들과 청소년 집단을 위해 개발되었다. 이런 점에서 학습실험실은 차별의 주제에 관한 청소년들의 관점을 진지하게 받아들이고, 역사를 전유하는 다양한 형태(예를 들어 갈등, 저항과 유토피아)를 체득하게 해 준다고 볼 수 있다. 학습실험실의 방문자들은 자신이 마주하는 세계를 어떻게 해석하고 있는지를 이야기하는 가운데 그동안 간과하였던 역사를 인식하고, 이주와 망명 그리고 연대와 저항에 관해 어떻게 생각하는지 자신의 의견을 제시함으로써 시민적 용기의 중요성을 인지하고 세계의 이해를 증진시킬 수 있다. 상설 전시회와 같이 학습실험실에서도 방문자 간의 활발한 대화와 토론을 이끌고 인종주의와 차별에 관한 분석을 촉진시키는 교육활동가는 동년배 안내자이다. 이처럼 안네 프랑크 교육기관의 교육 프로그램은 참여자에게 역사적 배경지식을 일방적으로 전달하거나 민주주의와 인권의 보편적 가치를 도덕적으로 교화하거나 참여자가 배운 것을 점검하는 차원이 아니라, 공동의 삶을 형성하기 위해 참여자와 교육자가 동등한 관계에서 차별과 사회적 배제의 문제에 민감성을 키우고 인종주의와 차별과 관련한 자신의 행위를 성찰하는 것을 강조하고 있다. 즉, 안네 프랑크 교육기관의 교육 프로그램은 참여자의 사고 과정을 촉진시켜 지금까지 자신이 당연하게 믿었던 생각과 행동을 자극하는 것irritieren에 초점을 두고 있다.

이런 맥락에서 학습실험실은 안네 프랑크의 생애사와 역사적 배경지식(독일의 국가사회주의, 차별과 추방의 역사)을 매개할 뿐만 아니라, 안네의 일기에 대한 다양한 이해와 해석을 다루는 교육의 장으로 기능하고 있다. 이때 학습실험실의 교육은 역사적 기본 지식과 정치적인 것을 참여자의 삶과 연결시키고, 상이한 배경을 지닌 참여자들이 토론과 대화를 통해 다양성을 학습하고 자신의 삶을 이야기할 수 있는 기회를 제공하고 있다. 학습실험실의 교육활동가들은 인종주의, 반유대주의, 배제와 차별과 같은 주제를 총체적 사회 문제로 간주하고 있으며, 따라서 청소년들이 자신의 일상에 작용하는 인종주의와 차별을 인식하고, 자신이 지금까지 당연하게 여겨 온 '정상성'과 '민주주의'에 대한 관념을 비판적으로 성찰하도록 조력하고 있다. 이를 통해 청소년들은 자신의 차별의 경험을 파악하고 다양한 상황에서 발생하는 차별에 적극적으로 맞서는 행위 능력을 키울 수 있다.Bildungsstätte Anne Frank, 2018

학습실험실에서 진행하고 있는 정치교육 구상의 예로 '인종차별주의자 안경'을 들 수 있다. 가령, 학습실험실의 참여자가 이 선글라스 또는 안경을 끼고 평범한 한 사람의 모습을 묘사한 그림을 보면, 인종차별적이고 평가절하하는 시선을 연상하게 된다. 예컨대 인종차별주의자 안경을 끼면 평범한 한 학생의 모습이 갑자기 위험한 강도로 바뀌게 된다. 학습실험실에 참여한 청소년들은 그러한 이미지가 어디에서 형성되었는지를 토론하게 되며, 일상생활에서 사용하거나 쉽게 접할 수 있는 용어와 그림 속에서 차별의 측면을 파악할 수 있을 것이다.

앞서 서술한 학습실험실 외에, 안네 프랑크 교육기관은 최근 "야, 너는 권리를 가지고 있어(또는 네 말이 맞아)!Mensch, Du hast Recht(e)!"라는 이름으로 이동 순환 전시회 프로젝트를 시행하고 있다.[11] 이 순환 전시회의 밑바탕에 깔려 있는 교육 구상은 청소년들의 생활 세계에 초점을 두고 일상적인 상황에 대한 토론을 촉진하고 열린 민주적 사회에 적극적인 참여를 강화시키는 것에 있다.

또한 안네 프랑크 교육기관은 청소년 및 성인 정치교육[12]과 토론, 학술대회와 전문 간행물의 발행뿐만 아니라 헤센주에서 극우 세력의 폭력과 학교, 직장, 스포츠 단체 내 발생하는 차별의 피해자를 전문적으로 상담하면서 활동 영역을 확대하고 있다.[13] 안네 프랑크 교육기관에 이미 두 개의 상담소가 설치되었다. 하나는 '응답response'이라는 상담소이다. 이곳은 극우 세력과 인종차별적 폭력의 피해자들이 상처와 트라우마를 극복하고 법적 대응을 할 수 있도록 도와주며 일상에서 임파워먼트를 배양시키는 한편, 피해자의 보호와 지원 그리고 지속적인 상담에 초점을 두고 있다. 출신, 종교, 피부색, 성적 취향, 정치적 성향으로 인해 적대시되고 위협당한 사람들을 지원하고 있다. 다른 하나의 상담소는 '반차별 상담소AntiDiskriminierungsBeratung, ADiBe'라는 곳이다. 이곳은 다양한 조직의 네트워크로서 일자리와 집을 구할 때, 관청과 학교에서 차별을 겪는 사람을 상담하는 일을 하고 있다.

이처럼 안네 프랑크 교육기관이 활동 영역을 확대하고 교육 프로젝트를 지속적으로 수행할 수 있는 것은 정부, 다양한 재단과 노조 단체나 교회의 재정적 지원과 참여자의 참가비에 기인하고 있다. 안네 프랑크 교육기관을 비롯한 독일 학교 밖 정치교육기관은 재정적 지원을 받기 위해 프로젝트 계획서를 작성하고, 많은 시민들의 참여를 이끌어 내기 위해 최근 유행하는 용어(예컨대 '역량', '다양성', '포용Inklusion')를 사용한 수요에 맞춘 프로그램을 구상하고 있다. 그러나 학교 밖 정치교육이 시민들의 자발적 참여와 동기에 의존하고 있다는 것은 학교 밖 정치교육의 도전이 되고 있다. 그것은 학교 밖 정치교육기관의 경제적 압력이 크게 증가하였음을 보여 준다.

안네 프랑크 교육기관의 사례로 본 독일 정치교육의 특징은 다음과 같이 네 가지로 정리할 수 있다.

첫째, 민주주의의 가치와 이념을 정치 제도와 생활원리로서 이해하는 것을 넘어 차별과 억압의 상황을 각 개인의 일상적 삶과 연결시키면서 이뤄지고 있다는 것을 알 수 있다. 즉, 독일 정치교육은 민주주의 가치가 사회 현실 곳곳에 스며들 수 있도록 역사적 과거를 현재와 관련시키면서 '살아 있는' 정치교육을 수행하는 한편, 참여자들이 성숙한 정치·역사적 주체로 성장하도록 하는 데 초점을 두고 있다고 볼 수 있다.

둘째, 교육과정을 자유롭게 구성하고 혁신적인 교육 방법을 시도하면서 다양한 학교 밖 정치교육기관과 학교 안의 정치교육과 연계성을 가지고 운영되고 있다.

셋째, 시민들의 자발적인 참여를 중요하게 간주하고, 단순한 지식 전달 차원이 아닌 참여자들의 능동적인 인권 및 역사학습에 초점을 두고 있다.

넷째, 정치교육의 재정적 지원은 국가기관인 독일연방정치교육원, 주정치교육원, 재단과 기업의 후원금 등으로 이뤄지고 있다. 그러나 신자유주의 시대의 흐름 속에서 정치교육은 줄어드는 국가의 예산 지원의 문제에 봉착하고 있으며, 또한 유럽에서 최근 확산되고 있는 반난민·반이민 정서와 극우주의 경향과 시민들의 정치에 대한 무관심이 문제시되고 있다.

그렇다면 지금까지 안네 프랑크 교육기관의 사례로 살펴본 독일의 학교 밖 정치교육은 학교 정치교육과 어떤 관련을 맺고 있으며, 학교 정치교육과 차이점은 무엇인지에 관한 물음을 제기할 수 있다. 앞서 언급하였듯이, 안네 프랑크 교육기관의 사례로 독일 정치교육을 일반화하기는 어려울 것이다. 그러나 구체적인 사례를 가지고 독일의 학교 밖 정치교육의 특징을 분석한 선행연구를 찾기 힘든 상황과, 안네 프랑크 교육기관 역시 독일 정치교육의 체계화된 시스템 안에서 교육활동을 수행하고 있으며 급변하는 사회적 조건과의 긴장관계에 놓여 있다는 것은 한국의 민주시민교육에 관한 논의에 시사점을 제공할 수 있다고 생각한다.

3. 독일 학교 정치교육과 학교 밖 정치교육의 연관성

안네 프랑크 교육기관의 사례에서 살펴보았듯이, 독일의 정치교육은 학교 밖과 안이 유기적으로 연계하여 체계적으로 이뤄지고 있다. 즉, 독일에서 정치교육은 학교 교과목,[14] 여러 교과를 포괄하는 수업의 원리, 민주적인 학교 발전을 담당하는 분야와 청소년 및 성인 대상 다양한 정치교육 프로그램으로 구현되고 있다. 정치교육의 담당 단체들은 정당재단,[15] 연방정치교육원, 주정치교육원, 노동조합, 청소년 단체 연합, 교육기관, 교육 아카데미, 종교적 주체들, 시민대학, 비정부기구 등이다. 이러한 교육기관 이외에도 자생적으로 조직화된(예컨대 시민운동, 사회운동) 학교 밖 정치교육기관을 들 수 있다. 그러한 학교 밖 정치교육은 대개 비형식적 교육의 형태로 진행되고 있다. 여기서 비형식적 교육이라는 말은 2000년 처음으로 유럽연합의 공식적 문서에서 사용되었는데, 이는 교육적으로 준비되고 수행된 교육이지만, 형식적 교육과 달리 졸업장과 자격증을 겨냥하지 않는 교육을 가리킨다.Widmaier, 2011: 471

독일 학교 안과 밖의 정치교육을 비교하자면 다음과 같다. 우선 공통점으로, 학교 안 정치교육과 학교 밖 정치교육 모두 정치적 지식의 매개, 정치적 판단력 함양과 정치행위 능력 배양을 공동의 목표와 기본 이해로 삼고 있다. 또한 앞서 언급한 보이텔스바흐 합의를 정치교육의 기본 토대로 삼고 있다. 차이점으로는 학교 밖 정치교육기관 또는 단체들이 주체의 자발적인 참여를 통해 민주주의 구조 학습에 중점을 두고 있음을 들 수 있다. 더불어 학교 안과 밖의 정치교육은 각 개인으로 하여금 복잡한 정치적 상황의 연관성을 이해할 수 있도록 지식을 심화시키고 정치적 행위 능력을 강화시키는 것을 목표로 하고,[16] 학교 정치교육의 수업은 자유로운 토론 중심 교육과 참여자 중심 교육의 원칙을 옹호한다. 하지만 (문화부장관협의회KMK에서 합의된 법적 공통 규정과 각 연방주의 문교부Kultusministerium에 의해 규정된) 일정한 국가교육과정의 틀에 영향을 받고 있고, 학생들은 필기시험과 교사의 성적 평가 제도로부터 자유로울 수 없으며, 의무교육이라는 제도적 조건하에서 시행된다는 점에서 구조적인 한계를 지닌다고 볼 수 있다. 이에 반해 학교 밖 정치교육은 교육 프로그램과 교육 목표의 집단(참여자)을 전적으로 자체적으로 구성하고 선택할 수 있다.홍윤기, 2008: 240 또한 참여자의 자발적인 참여와 학교교육으로부터 자유롭고 관심을 불러일으키는 배움의 장으로 특징지을 수 있다.Bünger, 2013: 65 이것은 특히 성인 대상 정치교육에서 뚜렷이 나타난다. 성인 대상 정치교육은 주로 교육기관 외부의 배움의 장소,[17] 여러 날 동안의 연수, 강좌와 여행의 형태로 진행된다. 청소년 대상 학교 밖 정치교육과 유사하게, 성인 대상 정치교육의 교수법도 주체 지향적이다. 즉 참여자의 주제에 대한 관심과 이해를 고려하고 공동의 학습을 구현하는 새로운 학습 문화의 형성을 추구하고 있다.Hafeneger, 2004: 150

그런데 참여자의 자발성은 다른 한편으로 학교 밖 정치교육의 생존과 직결되어 있다. 왜냐하면 학교 밖 정치교육의 프로그램과 프로젝트 운영이 학습자의 자발성에 달려 있다면, 교육 프로그램의 제공은 학습자의 수요를 항상 고려하는 구조적 강제에 종속되어 있고, 수많은 학교 밖 정치교육기관들이 국가로부터 자신의 프로젝트가 선정되어 재정적 수단을 지원받기 위해 정치교육의 시장에서 상호 경쟁하는 구조적 상황에 놓여 있기 때문이다.Hufer, 2006: 236 물론 독일에서 정치교육의 재정 지원에 대한 사회적 공감대는 폭넓게 형성되어 있고, 다양한 재정적 지원자들이 있지만, 시장 조건하에서 재정 지원을 받는 일은 정치교육을 시행하는 단체들에게 쉽지 않다고 볼 수 있다.서미화, 2008: 127-128 이런 맥락에서 학교 밖 정치교육은 사회의 변혁과 불확실성의 시대적 요구에 부응하면서 체제 긍정적으로 기능하고 있다.Messerschmidt, 2009: 73 이것은 정치교육이 해방적·계몽적 차원보다 실용주의적인 교육 내용에 큰 관심을 기울이고 체제 지향적 추세로 나가는 경향을 보여 주고 있다.

오늘날 주로 비판적·해방적으로 이해되고 있는 독일 청소년 및 성인교육은 학교 밖 정치교육에서 형성되어 나왔고, 정치 개념에 대한 완결된 이해 또는 합의를 전제로 하고 있지 않은 특징을 지닌다. 오히려 학교 밖 정치교육은 정치적인 것에 관해 투쟁하고 있고 거의 형식화되지 않은 장에서 이루어지고 있다고 볼 수 있다. 따라서 예컨대 소수자 권리의 강화와 대안적인 삶의 형태의 확대와 같은 사회운동의 주요 관심사는 정치교육의 연결점으로 작용할 수 있다. 그렇다고 정치교육은 사회운동의 자기 이해를 맹목적으로 수용해서는 안 된다.Schröder & Balzter, 2011: 494 왜냐하면 사회정치적 지식의 획득과 판단력 함양이 반드시 실천으로 연결되지 않고, 거꾸로 실천을 통해서만 앎을 배울 수 있는 것도 아니기 때문이다. 정치교육의 결과는 항상 열려 있으며, 경우에 따라서 각 개인들이 정치적인 것에 거리를 두고 회피하는 결과를 낳을 수도 있다.Pohl, 2018: 117

앞서 언급하였듯이, 독일에는 수많은 다양한 학교 밖 정치교육기관들이 존재한다. 청소년 및 성인 대상 학교 밖 정치교육은 국가기관이 아닌, 여성교육, 독서를 위한 시민들의 사교 모임과 노동자 교육을 위한 단체와 같은 자생적으로 조직화된 교육 맥락에서 형성되어 나왔다. 이러한 단체 및 모임 중 일부는 그때그때 변화하는 지배 체제와 국가 체제에 비판적으로 대응하였다. 이처럼 독일에서는 학교 밖 정치교육을 담당하는 수많은 자유로운 교육기관들이(예컨대 비정부기구, 노동조합, 교회, 정당) 설립되어 있다. 이 기관들은 교육활동의 목표를 민주주의의 구축과 발전으로 파악하고 있으며, 다양한 개인과 집단들이 정치적 지식에 쉽게 접근할 수 있게 도와주고 있다. 이러한 기관들은 조직의 형태와 교육 내용의 차원에서 매우 이질적이다.

1996년 다양한 학교 밖 정치교육기관들의 상호 협력을 촉진하고 지원하는 교육협력 체계로서 연방정치교육위원회Bundesausschuss Politische Bildung, BAP가 만들어졌다. 오늘날 학교 밖 정치교육기관들은 거의 연방정치교육위원회라는 상부 조직하에 결합되어 있다.Widmaier, 2011: 472 연방정치교육위원회는 "다양한 세계관을 지닌 조직과 유파의 생산적인 협력"을 분명히 하는 것을 이상으로 삼고 있다.같은 책, 472 정치 정당, 종교적 상부 조직 단체로서 가톨릭·사회적 교육기관, 기독교연합 산하의 청소년 교육 담당 기관Bildungswerke, 독일 교육기관의 연구회, 독일 연방방위군 협회, 노동조합 기숙사 형태의 지방 시민학교의 단체, 시민대학과 노동조합의 협력 등은 현재 25개의 연방정치교육위원회 회원 단체를 구성하고 있다. 또한 연방정치교육위원회에는 중요한 연방부처(독일 연방교육연구부Bundesministerium für Bildung und Forschung), 독일 연방 가족, 노인, 여성과 청소년부Bundesministerium für Familie, Senioren, Frauen und Jugend와 독일 연방 경제 협력부Bundesministerium für wirtschaftliche Zusammenarbeit 그리고 연방정치교육원과 같은 연방정부가 참여하고 있다.Bundesausschuss Politische Bildung, 2018 이런 맥락에서 우리는 독일 사회의 민주정치문화와 민주주의 발전을 위해 연방정치교육원과 같은 국가 기관과 다양한 단체와 재단이 시민참여를 장려하고, 극우세력을 반대하는 학교 밖 정치교육기관의 교육 프로젝트 수행에 적극적으로 재정 지원을 하고 있다는 것을 인식할 수 있다. 또한 독일 학교 밖 정치교육기관들이 유기적인 연계성을 가지고 적극적으로 협력하면서 자발적인 독특한 조직체를 만들고 있다는 것을 알 수 있다.

독일의 학교 밖 정치교육기관들은 협력 조직을 구성할 뿐만 아니라, 다양한 프로젝트를 수행하고 학술지를 발간하고 학술대회를 개최하고, 온라인 홈페이지를 통해 뉴스레터를 유포하며 새로운 미디어 매체를 활용함으로써 국제적으로도 활동하고 있다. 다양한 정치교육기관들의 협력과 조직 구성은 교육 담당자들이 서로 다른 경험을 공유하고, 사회정치적 이슈에 관해 공동의 이해를 관철시키는 데 긍정적으로 작용하고 있다.

그러나 독일에서 청소년 및 성인 대상 정치교육을 위한 연구는 미흡한 반면, 학교의 정치교수법은 독일 정치교육의 지배 담론으로 작용하고, 사회교육학(사회복지학), 이주교육학, 청소년과 성인교육, 교육사회학 등의 학문 분야로부터 얻을 수 있는 이론적 단초를 거의 수용하지 않고 있는 실정이다.Lösch & Eis, 2018: 505 정치학은 오랜 시간 정치교육의 학문 분야로서 간주되고 있지만, 정치교육의 중요한 학문적 자극은 다른 학문 분야로부터 얻고 있다.

4. 독일 정치교육의 도전과 과제

독일은 2차 세계대전과 국가사회주의, 홀로코스트의 역사적 배경으로 민주사회 형성을 위한 정치교육의 필요성과 중요성이 독일 사회 전반에 정착되어 있다. 독일의 학교 안과 밖의 정치교육은 정치적 지식 획득, 판단력과 행위 능력의 배양을 목표로 삼고 있으며 보이텔스바흐 합의를 수업 방법으로 적용하고자 하는 것이 일반적이다.

본 연구에서 특히 집중적으로 살펴본 학교 밖 정치교육은, 참여자의 자발성과 자유로운 교육 방법을 활용함으로써 민주주의와 다양성을 생생하게 배우는 데 기여하고 있다. 이를 위한 독일 학교 밖 정치교육의 인프라는 잘 구축되어 있고, 국가의 정치교육기관과 다양한 단체와 조직이 유기적으로 협력하는 가운데 시행되고 있다. 안네 프랑크 교육기관의 사례를 통해 참가자 중심, 생활세계 중심, 행위 능력을 강화하는 정치교육을 활성화하고 있음을 인식할 수 있다. 안네 프랑크 교육기관은 청소년 및 성인(교사, 직업교육 교사, 사회복지사, 다른 사람을 위해 명예직 무보수로 일하는 사람들, 정치교육 전문가)을 대상으로 학교 밖 정치교육을 실행하고 있는 독일의 대표적 기관들 중의 하나로 한국의 정치교육에 많은 시사점을 줄 수 있을 것이다.[18]

학교 밖 정치교육기관은 시민들의 정치적 성숙과 민주사회의 형성을 강화시키기 위한 다양한 프로젝트와 혁신적인 교육 내용과 방법을 고민하고 있다. 그러나 국가보조금과 참여자의 수요에 의존하는 정치교육은 신자유주의하에서 자신의 의도와는 반대로 현실과 타협하고 실용주의적으로 전환해야 하는 사회적 요구와의 긴장관계에 있다. 이러한 정치교육이 현대화하는 추세에, 정치교육이 체제 지향적으로 기능하고 있다는 비판적 목소리가 제기되고 있다. 이와 관련하여 정치교육은 교육 프로그램을 구상할 때 경제적 유용성에 중점을 두는 동시에 사회 불평등 구조와 정치교육 자체의 균열에 대한 비판적 성찰을 소홀히 하고 있다.Messerschmidt, 2016: 419

안네 프랑크 교육기관의 사례에서 알 수 있듯이, 오늘날 신자유주의적 국가 중심의 흐름에서 정부나 지자체가 정치교육기관의 활동에 필요한 자금을 조달하기보다, 한정된 기한 내에 시행되는 프로젝트와 예방 프로그램과 관련한 활동에 재정적 지원과 예산 편성에 초점을 두고 있다.Hafeneger, 2004: 143 이는 시장 지향적이고 경제적 유용성을 고려한 정치교육 프로그램에 대한 요구가 강해지고 있다는 것을 보여 준다. 이와 관련하여 정치교육 수강생들의 강의시간 단축 선호와 정치적 사회문제와의 대결에서 시간과 심리적 에너지의 부족 현상이 나타나고 있다. 시민들로 하여금 정치적 판단력과 행위 능력을 키우고 자율적인 삶을 살아가도록 도와주려는 학교 밖 정치교육의 사회적 과제는 자유로운 교육시장에 넘겨지고 있다고 볼 수 있다. 게다가 다른 국가들과 마찬가지로 독일 사회에도 정치에 대한 관심이 낮아지고 있는 추세이다. 특히 젊은 청년층 사이에 "민주주의는 좋지만ja 정치는 별로nein Danke"라는 정치 혐오 현상이 1990년대 말 이후로 현저히 나타나고 있다.Vehrkamp, 2013: 2; Karin, 2000: 40

신자유주의하에서 비용을 따지고 이익을 계산하는 논리와 결과 지향적 사고방식, 즉 경제적 효율성의 극대화와 시장 경쟁의 원리는 인간 삶의 모든 영역에 침투하고 있고, 교육제도와 (특히 학교 밖) 정치교육의 영역에도 큰 영향을 미치고 있다.Hufer, 1999: 105 "신자유주의 헤게모니"Butterwegge, 2011: 266는 사회구조에 주의를 환기시키기보다 개인의 역량 부족과 책임을 강조하고, 개인의 성과물을 수치화하고 계량화하고 '교육 표준'을 설정하는 특징을 지닌다. 신자유주의 질서 속에서 각 개인들은 예컨대 프로젝트와 사업의 성과물을 자발적으로 늘 평가하고 수치화하는 '기업가적' 주체가 되고 있다.Bünger, 2013: 66

신자유주의하에서 나타나는 "탈민주화"의 상태에 직면하여 비판적 학자들은 정치교육은 기존의 것을 유지하고 잘 작동하는 데 중점을 두고 있다는 지적을 내놓고 있다. 정치교육은 사회비판적 단초에 몰두하기보다 사회적 현대화의 역동적 상황에 적응하고 있다는 것이다. 이처럼 정치교육이 사회의 역동적 변화 속에서도 지속적으로 유지되는 사회구조를 문제시하기보다, 개인(참여자)의 역량 강화에 초점을 두면서 기존 사회 질서를 공고화하는 데 기능하고 있다는 것이다.Zeuner, 2004: 324 오늘날 정치교육은 세계적 맥락에서 사회적 분열과 세계구조와 같은 주제보다 기존의 질서와 구조 내에서 어떻게 효과적으로 배울지에 더 큰 관심을 기울이고 있다고 볼 수 있다.

민주주의와 민주적 문화는 영구적으로 확보되는 것이 아니기 때문에 Beer, 2004: 47 정치교육은 민주주의를 포기하지 않되, 민주사회가 자신의 요청에 부합하지 않는 차원과 민주주의 상황을 항상 고찰할 필요가 있다.Scherr, 2004: 243 민주주의를 생생한 현실로 만들어 내는 것은 결코 쉬운 일이 아니다. 그렇다고 정치교육은 "민주주의 위기" 상황Messerschmidt, 2009: 73을 극복하기 위해 자율성, 민주주의, 다양성, 관용, '학생피드백 문화' 등과 같은 긍정적 용어로 채색한 자기 확신적 이론과 교육 프로그램을 성급하게 제시함으로써 학습 과정을 이상화해서는 안 된다. 정치교육은 신자유주의 사회구조와 "신자유주의 이데올로기"에서 벗어날 수 없다. 정치교육은 그 자체가 정치적인 것의 한 부분이다. 어떤 사람도 신자유주의 지배 구조 밖에 위치할 수 없다. 정치교육이 교육의 과정에서 달성하고자 하는 추상적 목표를 지나치게 믿고 학습의 과정을 이상화 한다면, 참여자들이 교육제도 속에서 경험하는 부정적인 측면(교육자와 학습자가 제도화된 교육 속에서 실패하거나 한계를 경험하는 구체적인 과정)을 간과할 수 있을 것이다.Messerschmidt, 2009: 73 이런 맥락에서 정치교육은 오히려 자신의 교육 목표와 이념이 실패하고 균열되는 차원을 고려하는 비판적 자기 성찰과 "시대 진단적으로 성찰적인 정치교육"Lösch, 2009: 174이 요구되고 있다. 이와 관련하여 "정치교육의 실천은 끊임없는 이론적 근거와 고찰을 통해 전문성을 확보할 필요가 있다는 점이 제기

되고 있다".Dettendorfer, 2014: 35-36에서 재인용

신자유주의와 세계화는 사회구조의 변혁을 가져왔다. 탈경계화와 세계화에 따른 사회 변화에 독일 정치교육은 상대적으로 늦게 대응하였고, 국민 국가적 사고의 틀에 매여 있다.Dettendorfer, 2014: 34-35 이 문제는 특히 독일 이주 사회에서 독일 시민권과 속인주의에 기반을 둔 국적 취득과 관계하고 있다.Behrens & Motte, 2006: 19 국민 국가적 질서는 이주민들의 체류 지위를 위태롭게 하고 이주민들이 사회적 소속을 거부하는 데 작용하고 있기 때문이다.같은 책: 31 문화와 속인주의에 기반을 둔 사회 질서 속에서 국민 소속이 문제시되지 않는 다수 사회의 구성원들은 권력을 가지고 있지만, 일상생활 속에서 출신과 국적에 대한 질문을 받는 인종적·문화적 소수자들은 기존 사회 질서로의 적응을 항상 입증해야 하는 위치에 서 있다. 한편, 사회적 소속과 국민 국가적 질서를 둘러싼 비판적 계몽과 지속적인 자기비판은 정치교육 내에서 아직 충분히 이루어지지 못하고 있다. 독일 사회에서 이주 노동에 대한 자신의 대응을 비판적으로 성찰하려는 시도는 여러 차례 거부되고, 그 대신 이주민들의 사회통합이 강조되고 있다. 이주민들에게 시민의 법적 지위로의 접근과 함께 사회 참여를 가능케 하는 소속은 어려워지고 있고, 그와 동시에 독일의 다수 사회는 이주민들에게 사회통합의 성과를 요구하고 있다.

또한 최근 이주와 망명 그리고 난민에 대한 독일 사회의 논의에서 통합 용어가 다시금 지배 담론이 되고 있다. 이런 맥락에서 1990년대부터 독일 이주 사회의 지배 담론이 사회적 소수자들이 독일의 '주도문화 Leitkultur'를 구성하는 독일어, 독일 역사, 관습과 기본법 등을 의무적으로 익히도록 하는 데 초점을 두고 있지만, 통합 담론은 다양성을 고려하지 않고 주도문화를 둘러싼 사회정치적 권력과 사회적 불평등의 차원을 간과하고 있다는 비판적 목소리가 제기되고 있다. 독일의 이민법은 그동

안 개혁되었지만 독일 사회의 일상 속에는 여전히 혈통을 국적의 기준으로 보고 독일을 민족적으로 동질적인 집단으로 간주하는 사고방식이 존재하고 있다. 세계화와 이주 시대에 적합한 변화된 사회적 소속의 관념을 형성하기 위해, 메체릴Mecheril은 "다중 소속의 교육학"의 관점을 제시하면서 개인들을 '우리'와 '그들'로 구분하는 사회적 실천과 국적의 기준에 대한 비판적 성찰을 강조하고 있다. 이것은 인권교육을[19] 부각하고 정치교육 자체를 구조화하는 계기로서 인종주의를 주요한 주제로 다룰 필요가 있음을 강조하는 것으로 해석할 수 있다.Mecheril, 2011: 241

이주 사회에서 정치교육은 사회적 배제와 통합이라는 사회적 모순의 문제에 직면해 있다. 민주적인 사회문화를 구축하려는 정치교육은 이주 사회를 정치교육의 사회적 조건으로 파악하고, 국적과 정치적 소속을 새롭게 정의하려는 노력에 기여할 필요가 있다. 이주 사회의 맥락을 고려한 정치교육은 스스로를 단순히 이주민과 난민을 기존 사회로 통합시키는 교육 조치로서 파악하기보다, 교육제도와 기존의 사회 질서를 이론적·실천적으로 변화시키는 공동의 정치적 프로젝트를 시행하는 데 초점을 둘 필요가 있다.Messerschmidt, 2016: 427 신자유주의와 이주 사회의 맥락에서 정치교육이 민주주의의 발전에 기여하기 위해, 다양성과 새로운 형태의 권력 그리고 이민·난민 혐오 현상에 대한 자신의 대응 방식을 성찰하고, 일상생활에 여전히 큰 영향을 미치는 국민 국가적 사고방식과 사회적 소속 그리고 정체성을 새롭게 이해하도록 촉진하는 교육이 더욱 절실하다고 볼 수 있다.

민주적 사회는 각 개인의 정치적 의사형성 없이는 생각할 수 없지만, 정치교육이 모든 정치적·사회적 사안에 대해 항상 모순 없이 올바르고 선한 입장만을 취한다고 할 수 없을 것이다. 왜냐하면 정치교육 프로그램과 활동 자체는 특정 집단을 겨냥하고 있으며, 그것은 정치와 교육 프로그램에 대한 관심이 성별, 교육, 사회적 출신과 같은 사회적 불평등의 범주와 밀접하게 관련되어 있기 때문이다. 아도르노가 "교육에서 가장 중요한 점은 아우슈비츠를 다시 반복해서는 안 된다는 요청이다"Adorno, 1971: 88라고 말한 것처럼, 정치교육은 비판적 자기계몽과 모순을 위한 교육을 소홀히 해서는 안 되며, "시대적 핵심 문제Klafki"와 현 사회의 분석에 주의를 환기시킬 필요가 있다. 이런 점에서 정치교육에 대한 이해는 그 목표와 내용 그리고 제도적 차원에만 국한되어서는 안 되며, 변화하는 사회적 조건과 밀접하게 연관되어 고찰할 필요가 있다. 비판적 시대 진단과 구조적 모순에 대한 반성 없는 정치교육은 자신의 의도와는 반대로 공허한 구호로 그칠 수 있을 뿐만 아니라, 체제 지향적으로 작용할 수 있다. 따라서 정치교육은 사회적 맥락과 유리된 채 이념과 목표를 이상화해서도 안 되고, 사회적 상황을 불변한 것으로 간주해서도 안 된다. 정치교육은 자신이 표방하는 목표와 현실 간의 긴장관계, 즉 정치교육의 목표가 실패하고 균열되는 측면을 항상 고려할 필요가 있다.

5. 결론

본 연구에서는 '독일의 정치교육이 우리에게 어떤 함의를 가질 수 있는가'에 대해 고찰하였다. 연구자는 독일 정치교육이 한국적 맥락에 줄 수 있는 시사점을 다음과 같이 다섯 가지로 제시하며 논의를 마무리하고자 한다.

첫째, 안네 프랑크 교육기관의 사례에서 독일 정치교육이 참여자들에게 자신의 일상생활 속에서 발견할 수 있는 질문에 관해 함께 토론하고, 사회정치적 이슈를 사회적·역사적 맥락에서 파악하여 자신의 사회적 차별을 반성하게끔 하는 '살아 있는' 정치교육을 실시하고 있음을 엿볼 수 있다. 이처럼 독일 정치교육의 목표로서 성숙한 민주시민 형성과 정치 행위 능력의 배양은 학교의 정치수업뿐만 아니라 비형식적 교육을 통해 지속적인 효과를 나타낼 수 있다. 왜냐하면 정치교육은 공적인 사안에 대한 시민들의 열띤 토론, 논쟁과 실천에 바탕을 두고 있으며, 참여자들의 살아 있는 경험과 밀접하게 연관되어 있기 때문이다.Scherr, 2004: 241 예를 들어 억압받는 사람들이 연대해서 펼치는 캠페인과 망명자를 위한 시민운동과 같은 정치적 행위를 통해 정치교육의 주체들은 자신이 속한 복잡한 사회정치적 상황을 간파하고 정치적 성숙[20]을 함양할 수 있을 것이다.Lösch & Eis, 2018: 503-504 이것은 정치를 구체적으로 경험하게 하고 사회정치적 문제를 파악하게 하려는 교육적 시도에서 정치교육 또는 정치학습이 이루어진다는 것을 의미한다.

둘째, 성숙한 민주사회의 공고화를 위해 민주시민교육의 필요성과 중요성에 관한 포괄적인 공감대와 사회적 합의가 요구된다. 독일의 정치교육이 성공적으로 운영되고, 민주적 정치문화의 공고화에 기여한 것은 성숙한 시민의 형성을 위한 정치교육 및 역사의식의 필요성에 대한 사회 구성원들의 인식에 바탕을 두고 있기 때문이다. 안네 프랑크 교육기관의 정치교육 프로그램과 활동 역시 정치교육의 중요성에 대한 전반적인 사회적 합의와 독일 연방정부의 지원 없이는 시행될 수 없었을 것이다. 우리나라는 권위주의 군사독재 정권하에서 압축 경제성장을 달성하였지만, 권위주의 정권의 논리를 시민들에게 주입하는 제도 교육은 시민들의 반발을 불러일으켰고, 그것은 1987년 민주화와 시민운동, 활발한 시민교육으로 이어졌다. 그러나 지금까지 학교와 시민사회단체는 시민교육을 상당히 진척시켰지만, 학교의 민주시민교육의 수업 내용은 국가 주도의 국민윤리 수준을 벗어나지 못하고 있다.김기현, 2010: 55 또한 권위주의 제도와 관행은 지금도 여전히 사회 곳곳(예컨대 학교문화와 교육문화)에 작용하고 있다. 게다가 정치에 대한 무관심과 정치 혐오 현상이 민주시민교육의 의미와 필요성에 대한 회의와 의구심을 낳고 있다. 이렇게 볼 때, 이기주의가 팽배하고 폭력이 만연한 사회구조적 환경에서 민주시민교육에 대한 진지한 문제의식을 가질 필요가 있다. 이를 위해 무엇보다도 민주시민교육의 용어에 대한 막연한 이해를 극복하고, 각 개인이 민주주의 기본 원리와 가치를 체계적으로 학습하고 사회변혁을 도모할 수 있도록 교육의 장을 마련해야 한다. 이런 점에서 민주주의 가치가 균열되고 있는 위기 상황을 지속적으로 고찰하고 있는 독일 정치교육을 긍정적으로 수용할 수 있을 것이다.

셋째, 안네 프랑크 교육기관을 사례로 본 독일 정치교육은 과거(안네 프랑크 가족의 역사, 2차 세계대전, 국가사회주의, 홀로코스트, 사회적 소수자의 추방과 차별의 역사, 식민주의 등)를 기억하면서, 동시에 역사적 지식을 지나간 것으로 치부하지 않고 그 현재성을 파악하는 역사의식을 강조하는 것으로 특징지을 수 있다. 독일의 정치교육은 이러한 역사의식에 기반을 둔 시대정신과 인권교육을 포함하고 있다. 이처럼 학습자들이 역사의식을 지닌 민주시민으로 성장할 수 있도록, 예컨대 차별의 역사적 조건을 파악하고 다원적 관점에서 역사를 이해할 수 있도록 도와주는 독일의 정치교육은 한국의 민주시민교육, 인권과 역사담론에 중요한 영감을 제공할 수 있다. 이때 독일 정치교육은 역사적 지식을 학습자들에게 일방적으로 매개하는 것이 아니라, 예컨대 홀로코스트 시대 증인과의 대화와 멀티미디어를 활용한 역사 및 인권교육을 통해 학습자의 흥미와 관심을 유발하고 민주주의 기본 원리를 견지하고 있음을 인식할 수 있다. 따라서 한국의 민주시민교육은 역사의식을 통해 학습자들이 다양한 인권 영역의 사례와 일상에서 경험하는 사회적 모순에 대해 토론하고 행위 가능성을 모색할 수 있도록 다양한 교육활동을 지원하는 노력을 기울여야 한다.

넷째, 민주시민교육의 이론과 실천의 교류와 소통을 강화해야 한다. 현장에서 민주시민교육은 사회이론과 학술적 연구의 토대 위에서 수행되어야 하고, 역으로 민주시민교육의 연구와 이론 구상은 이론 중심으로 치우치지 말고 자신의 이론적 전제와 개념을 교육 현실에 비추어 끊임없이 검토할 필요가 있다. 학습자, 교사와 교육활동가의 일상적 삶을 바탕으로 이루어지는 민주시민교육의 경험은 이론 구상에 생산적으로 기여할 수 있을 것이다. 가령, 안네 프랑크 교육기관은 독일 사회에 여전히 작용하고 있는 반유대주의, 인종차별주의, 로마인 집시에 대한 인종차별, 난민 혐오, 극우주의와 포퓰리즘과 같은 오늘날 발생하는 민주주의 위기에 주목하고, 관련 주제를 역사학자, 정치학자, 교육학자, 사회학자, 추모지와 교육기관 담당자 등 다양한 분야의 전문가들이 논의하는 학술적 장(포럼, 워크숍과 학술대회)을 마련하고 있다. 또한 학술대회와 세미나의 결과를 바탕으로 단행본과 자료집을 출간함으로써 연구 성과를 지역사회와 학계에 확산하고 있다. 민주시민교육의 실천은 학술적 논의 및 새로운 이론으로부터 자극을 받음과 동시에 자신의 교육활동의 성과와 한계를 성찰할 수 있을 것이다. 한편, 이를 위해 무엇보다 국가기관과 다양한 민주시민교육 단체들의 유기적인 협력 체제와 제도화가 뒷받침되어야 할 것이다.

다섯째, 민주시민교육은 세계적인 신자유주의의 지배로부터 자유로울 수 없다. 독일의 정치교육은 2차 세계대전 후 독일 사회의 민주적 정치문화를 형성하고 시민들의 사회 참여를 강화시키는 데 기여하였지만, 신자유주의와 이주의 흐름 속에서 독일의 정치교육 역시 정치교육의 현대화에 주력하고 있다는 문제가 지적되고 있다. 앞서 논의하였듯이, 독일 연방정부가 정치교육을 위한 예산을 절감하고 있으며, 정치교육 자체가 비용과 교육의 결과를 수치화하고, 역량 모델을 적용한 교육표준화를 정치교육 분야에 적용하고 있는 데다가, 정치교육이 대부분 한정된 기간 내에 시행되는 프로젝트 형식으로 이뤄지고 있다. 또한 시민들이 어떤 교육 프로그램을 원하는지 끊임없이 수요 조사를 하고, 교육 참가자들이 평가 설문지를 작성하게 하고, 이에 맞춰 프로그램을 고민하고 있다는 사실에서 독일 정치교육이 체제 순응적으로 기능하고 있음을 인식할 수 있다. 변화된 이주 사회의 맥락에서 자유, 평등, 평화, 인권과 같은 보편적 가치를 구호화하는 독일 정치교육은 신자유주의 질서에 스스로도 모르게 적극적으로 가담하고 있는 것은 아닌지를 비판적으로 고찰해야 한다.

사회를 조직하는 기본적인 구성 원리로 여전히 작용하고 있는 국민국가적 사고방식과 인종에 대한 편견과 고정관념은 개개인의 사고방식, 일상과 정치교육 자체와 사회의 모든 분야에 침투하여 우리를 얽어매고 있다. 문제가 되는 것은 우리가 살고 있는 세계가 복잡하게 얽혀 있어서 구조적 차별과 불평등이 자연스러운 것으로 받아들여지고, 권력의 문제로 인식되고 있지 않다는 점이다. 이런 맥락에서 안네 프랑크 교육기관은 참여자를 정치적 과정의 주체로 인식하고, 참여자가 민주주의에 '반'하는 극우주의 경향뿐만 아니라 예컨대 민주주의 이념이 균열되고 있는 '일상적인 인종주의'와 '내 안의 인종주의'를 의식화하여 권력관계를 간파해 낼 수 있는 능력을 함양시키고 있다.

한국 다문화 사회에서도 사회적 소수자의 목소리는 여전히 주변부에 머무르고 있다. 이제 민주시민교육은 고고한 성채가 아니라, 인간 경험의 복잡한 권력관계와 관련되고 있으며 또 사회에 만연한 폭력과 차별에 오염되어 있다는 것을 고려해야 한다. 다시 말해, 민주시민교육은 구체적인 사회 현실에 의해 조건 지어지고 규정되고 있다는 것을 소홀히 해서는 안 되며, 지속적인 자기반성이 요구되고 있다.

1. 이 글은 2018년도 서울특별시교육청·한국교육사회학회 공동 주최 '한반도 대전
   환/평화체제하의 민주시민교육의 과제' 학술대회에서 발표했던 내용을 수정·보
   완한 것이다. 또한 이 글은 『교육문화연구』(2019년, 25권 2호, 703-724)에 게재
   된 논문임을 밝힌다.
2. 주저자, 부교수, aporia@jnu.ac.kr
3. 독일에서는 시민교육 또는 민주시민교육과 유사한 용어로 정치교육이라는 용어
   를 사용한다. 이 단어는 1952년 독일연방정치교육원을 개원하면서 정착되었다(이
   동기, 2018: 39). 시민교육 또는 민주시민교육의 용어는 좁은 의미에서 청소년과
   성인이 사회·정치생활에 필요한 자질을 갖출 수 있도록 하는 교육을 의미하며,
   넓은 의미에서는 모든 사회 구성원들이 사회·정치적 사태를 파악하고 합리적인
   판단과 행위를 할 수 있는 능력을 갖추도록 도와주는 교육으로 이해된다. 독일
   정치교육의 개념은 좁은 의미의 정치 제도와 과정에 대한 교육을 넘어, 일상에서
   각 개인의 성숙한 민주시민의식을 키우는 민주주의 교육으로 이해되고 있다. 이
   러한 정치교육이라는 단어는 분단국가인 한국에서 특정 이데올로기를 시민에게
   주입하는 교육일 것이라는 어감을 주지만, 국내 학계에서 시민교육이 독일의 경
   우 정치교육이라는 단어로 소개가 이미 많이 되고 있다는 점을 고려하여, 연구자
   는 이 글에서 정치교육과 민주시민교육을 같은 의미로 사용하면서 논의를 진행
   하고자 한다.
4. 예컨대 극우주의와 다른 형태의 폭력 현상이 나타나면, 정치는 정치교육에 대한
   높은 기대를 가지게 된다. 이에 대하여 베렌스(Behrens)는 정치교육은 단지 참
   여자들이 그 문제를 사색하도록 교육적 과정을 진행하고, 성찰에 초점을 두는 강
   좌를 통해 민주주의 발전에 기여할 수 있다고 지적한다. 즉, 정치교육의 모든 노
   력이 사회 문제를 사라지게 할 수 없다는 것이다(2004: 63). 사회가 변화함에 따
   라 규범과 가치의 의미 그리고 도덕적 문제는 항상 새롭게 규정되기 때문에, 정치
   교육은 "교육적으로 겸허한 자세"를 유지하고, 이러한 사회적 변화에 대한 참가
   자들의 성찰 과정을 가능케 하는 데 그 의의가 있다(Behrens, 2004: 69).
5. 그러나 정치교육, 특히 학교 밖 정치교육의 재정적 제반 상황은 1990년대 중반
   이래로 점차 나빠졌다. 왜냐하면 정부의 지원과 예산이 감축했기 때문이다. 이와
   함께 지금까지 상대적으로 잘 구축된 독일의 학교 밖 정치교육기관들은 어려운
   상황에 빠져 있다. 이하 학교 밖 정치교육의 현황은 이 글의 4장에서 자세하게
   다룬다(Beer, 2004: 41-42).

6. 정치교육의 실행에 보이텔스바흐 합의는 세 가지 원칙을 제시한다. 첫째, 교화 또는 주입식(교조화) 교육 금지이고, 둘째, 수업에서 학문적 논쟁과 정치적 논쟁의 재현, 셋째, 학생들이 정치적 상황과 자신의 이해 관심사를 분석하고 사회적 상황에 영향을 주는 "수단과 방법을 찾는" 능력의 함양이다. 오늘날 독일 정치교육 활동가 및 전문가들은 바로 이 세 번째 부분을 정치 교육현장에서 더욱 강조할 필요가 있다고 주장한다. 왜냐하면 정치교육의 참여자들이 자신의 이해를 분석하기 위해 자신의 일상생활을 사회적 분석의 출발점으로 삼고, 그에 적합한 참여 능력을 습득할 수 있기 때문이다(Widmaier, 2011; 475). 뢰쉬(Lösch)와 아이스(Eis)가 보기에, 보이텔스바흐 합의의 세 번째 항목은 오늘날 학교의 정치교수법에서 자주 소홀히 하거나 학교 밖 정치교육의 분야로 전가되고 있다(2018: 507). 또한 학교 밖 정치교육의 담당자들은 보이텔스바흐 합의의 논쟁 원칙이 자신의 의도와는 반대로 종종 교육의 중립성으로 오인되고 있다고 지적한다. 교육은 정치적으로 중립적이지 않았고, 중립적인 입장을 취할 수도 없다. 정치교육을 담당하는 교육자와 정치교육에 참가하는 참여자는 다양한 생애사적 배경, 상이한 가치관과 세계관을 가지고 교육활동에 참여하고 있다. 또한 뢰쉬는 보이텔스바흐 합의의 두 번째 항목의 실행에 관해 논의할 필요가 있음을 주장한다. 뢰쉬에 따르면, 학술적·공적 논쟁에서 거의 드러나지 않고 주변화하는 관점과 목소리가 존재하는 문제와 관련하여, 보이텔스바흐 합의가 전제하는 학문적 논쟁의 원칙은 어떻게 이해할 수 있는가라는 의문을 제기할 수 있다(2013: 177-178). 다양한 정치교육의 주체들의 생각과 의견은 서로 상충할 수 있을 것이다. 이러한 다양성은 교육의 장에서 생활사를 지닌 교육 주체들과 사회정치적 이슈에 관해 이야기함으로써 드러날 수 있으며, 이를 통해 교육 주체들은 민주주의의 가치로서 차이에 대한 존중을 학습하게 된다.

7. 정치교육은 정치 제도와 절차에 대한 정보와 지식 전달에서 이미 정치적인 것(das Politische)에 관련하고 있기 때문에 사회적 전유 과정, 다시 말해 정치교육이 사회정치적 이슈에 스스로 대응하는 방식을 고려할 필요가 있다(Messerschmidt, 2016: 418). 그 이유는 정치와 주체의 밀접한 관계를 유리한 채 정치교육은 시행될 수 없기 때문이다. 여기서 정치적인 것이라는 말은 정치적인 것에 대한 본질주의적 이해를 의미하지 않으며, 오히려 인간사와 관계되는 동시에 또한 공동의 사안에 대한 논의를 뜻한다. 정치적인 것은 어떻게 하면 개인들이 자신의 능력을 자유롭게 발휘하고, 다른 사람을 착취하거나 억압하지 않는 공동의 삶을 형성하고 무엇이 공익인가에 관해 논쟁하는 것을 말한다(Gessner, 2013: 87-88). 이와 관련하여 비판적 정치교육은 상반되는 입장과 견해가 드러나고 사회 변혁을 위한 대안을 모색하는 교육의 장을 제공하는 데 기여할 수 있다. 이렇게 보면, 정치적인 것의 개념은 정치체제와 국가에서 완결된 것으로 파

악하기보다, 구체적인 사회정치적 상황 속에서 힘의 불균형, 즉 권력의 측면을 항상 고려하고 그 자체가 논쟁의 대상이 되는 열린 개념으로 이해할 필요가 있다 (Bremer & Trumann, 2013: 45).

8. 물론 본 연구에서 고찰하는 안네 프랑크 교육기관이라는 정치교육기관의 사례에 비추어 독일에 존재하는 수많은 학교 밖 정치교육기관, 자생적 단체의 현황과 정치교육의 현실을 일반화할 수 없을 것이다. 다만 연구자는 독일 유학 당시 청소년을 대상으로 하는 교육활동의 안내자 양성 교육과정에 참가하였고, 안네 프랑크 교육기관이 현재 프로젝트와 사업을 성공적으로 추진하고 확장하였기 때문에 한국에 많은 시사점을 줄 수 있을 것으로 판단하였다.

9. 이 전시회는 1991년부터 1995년까지 프랑크푸르트 역사박물관에서 출발하여 다양한 프랑크푸르트 학교와 면사무소로 순회하는 형태로 실시되었다. 1997년 그 전시회는 교육적 활동을 위해 청소년 만남의 장소의 기관에 맡겨졌고, 그때부터 청소년 만남의 장소의 교육기관의 상설 전시회가 되었다. 2003년까지 약 5500명의 청소년들이 방문하면서 성공적으로 시행되었다. 그 전시회는 안네와 안네 가족의 삶과 바이마르 공화국과 국가사회주의 시절 프랑크푸르트 도시의 변화, 프랑크 가족이 1933년부터 살았던 네덜란드에서 발생한 정치적 사건, 프랑크 가족이 숨어 살던 집, 프랑크푸르트에서 추방과 강제수용소에 관한 정보를 다루고 있다. 방문자에게는 정보를 일방적으로 전달하는 것이 아니라, 멀티미디어 활용에 기반을 두어 방문자 스스로 역사적 정보를 탐색하고, 교육활동가와 방문자가 서로 대화를 하는 역사교육과 인권교육으로서 정치교육이 이루어진다. 이때 안네 프랑크의 자서전과 일기와 그 일기의 인본주의적 메시지가 교육활동의 중심이 되고 있다. 안네 프랑크 일기에서 안네는 다음과 같은 세 가지 질문을 던진다. 나는 누구인가? 나를 둘러싼 세계에 무슨 일이 일어나고 있는가? 나에게 무엇이 중요한가? 이 기관의 정치교육은 이러한 물음에서 출발하여, 관련 역사적 배경지식, 다양한 관점, 현 시대와의 관련성을 학습하게 된다.

10. 다시 말해, '프랑크푸르트에서 온 안네 프랑크'라는 이름으로 시행하였던 상설 전시회의 공간에 학습실험실이 운영되고 있다. 학습실험실의 방문자들은 각자 교육기관으로부터 받은 템블릿을 자신이 관심 있는 주제 혹은 내용을 다루는 곳에 갖다 대면, 템블릿에서 그에 관한 자세한 설명과 질문을 확인할 수 있다. 이처럼 첨단 멀티미디어 기기를 활용한 교육이 가능한 이유는, 안네 프랑크 교육기관의 프로젝트가 '살아 있는 민주주의'라는 이름하에 진행되고 있는 독일 연방 프로그램에 선정되어 재정적 지원을 받고 있기 때문이다. '살아 있는 민주주의'라는 프로그램은 2015년 1월부터 시작한 독일 연방 가족, 노인, 여성과 청소년을 위한 독일 연방부처의 연방 프로그램으로, 민주적 공동의 삶의 형성을 위해 노력하고 혐오 문화에 맞서는 수많은 단체, 조직과 같은 학교 밖 정치교육기관의 프로젝트와

교육활동을 재정적으로 지원하고 있다. 이러한 독일 연방 프로그램은 2019년까지 정치교육 관련 프로젝트를 재정적으로 지원하는데, 연방 기금에서 최대 허용 한도는 연간 최대 30만 유로라고 한다(Demokratie leben, 2018).

11. 순환 전시회의 장점은 네 가지로 정리할 수 있다. 첫째, 사람들이 전시회에 참여하려고 프랑크푸르트까지 오는 번거로움을 덜어 주고 다양한 장소와 많은 사람에게 다가갈 수 있다. 둘째, 인권과 차별과 같은 전시회의 주제를 자신이 살고 있는 지역의 상황과 연결시켜 자신의 일상적 삶을 명확하게 파악할 수 있게 한다. 셋째, 순환 전시회의 프로젝트는 민주주의와 인권의 주제에 관심 있는 적극적인 사람과 단체들이 네트워크를 형성할 수 있는 계기를 제공하고 있다. 실제로 안네 프랑크 교육기관의 순환 전시회는 전시회가 열리는 그 지역의 단체 혹은 조직과 적극적인 주민들의 협력을 통해 시행되고 있다. 넷째, 안네 프랑크 교육기관과 같은 정치교육을 실시하는 단체들의 순환 전시회는 학교 정치교육수업(예컨대 역사와 사회과 과목)과 교사의 협력 아래 열리기도 한다. 뢰쉬가 주장하듯이, 사회비판적 교육 단초를 학교 밖 정치교육에만 적용하게 된다면, 학생의 비판 능력과 성숙을 키울 수 없고 학교의 민주화 형성에 기여할 수도 없을 것이다. 물론 학교와 수업은 평가 제도와 배제의 기제로 인해 정치교육의 한계를 가지고 있다(Lösch, 2013: 178). 그러나 학교 밖 정치교육과 학교 안 정치수업의 협력은 정치교육을 한층 더 풍부하게 할 수 있을 것이다.

12. 안네 프랑크 교육기관의 성인 대상 정치교육은 주로 교사, 직업교육 교사, 사회 복지사, 자원봉사자가 자신의 교육활동과 일상생활 속 폭력 및 갈등, 그리고 차별의 형태를 인식하고 그것에 대응할 수 있는 능력을 키우는 것을 목표로 한다.

13. 안네 프랑크 교육기관이 전문적인 상담활동을 하게 된 이유는 헤센주 지역 주민들과 방문자들의 요구가 많았고, 극우 세력의 폭력과 인종차별을 목격하는 사람들이 그 상황에 개입하지 않고 방관하고, 관청(경찰서, 법정 등)이 피해자의 진술을 믿지 않고 오히려 공범자로 간주하는 경우가 발생하기 때문이다.

14. 독일의 연방주의 교육제도로 독일 정치교육 과목은 연방 주마다 사회과, 사회과학, 사회 과목, 정치와 경제 등과 같이 상이한 교과목 명칭을 사용하고 있다(Sander, 2006: 14).

15. 독일 정당재단은 6개 소속 정당(사회민주당의 프리드리히 에버트 재단, 자유민주당의 프리드리히 나우만 재단, 기독민주당의 콘라드 아데나워 재단, 기독사회당의 한스 자이델 재단, 좌파정당의 로자 룩셈부르크 재단, 녹색당의 하인리히 뵐 재단)의 정치적 이념을 바탕으로 정치교육을 실시하고, 학교 밖 정치교육기관에게 재정 지원을 하는 주체이다(임종헌, 2013: 85).

16. 독일연방정치교육원은 정치교육의 과제를 "정치적 사안에 대한 이해를 촉진시키고, 민주적 의식을 확고하게 하며 정치적 협력을 위한 적극적 자세를 강화"시키

는 데 있다고 정의한다(Bundeszentrale für politische Bildung, 2015).

17. 성인 대상 정치교육의 학습 장소로 참여자의 교육활동에 필요한 최적의 장소가 선택된다. 가령, 배움의 장소에는 식사 제공과 전시회, 책과 학술지 등과 같은 학습 자료가 잘 준비되어 있고 여가를 위한 공간이 마련되어 있다.

18. 독일 정치교육이 주는 시사점에 관한 내용은 이 글의 결론에서 자세하게 다룰 것이다.

19. 이주와 망명을 둘러싼 독일 사회의 논의와 지배 담론에서 인권교육의 부족 현상이 나타나고 있다. 인권적 관점에서 볼 때 모든 사람은 자유롭고 동등하게 자율성을 영위할 권리가 있는 것이다. 이것을 이주의 맥락에 적용하면, 동등한 관계에서 다양성을 존중하고 기존의 사회적 소속 질서에 이질성을 포용하는 민주적이고 열린 사회문화의 구축을 강조하는 것으로 해석할 수 있다. 이때 인권은 논쟁의 여지가 없는 주어진 도덕적 규범이 아닌, 오늘날에도 계속 진행되고 있는 동등한 권리를 쟁취하기 위한 사회적 투쟁의 배경에서 파악할 필요가 있다. 민주주의 이념과 같이 인권 역시 영구적으로 보장되어 있는 용어가 아니기 때문에, 그때그때 인권이 침해되는 사회적 맥락과 관련한 시민들의 참여(Engagement)와 노력을 필요로 한다. 이때 인권을 추상적으로 옹호하거나 단지 서양 문화 또는 가치로 동일시해서는 안 된다.

20. 성숙(Mündigkeit)의 개념은 칸트의 유명한 계몽에 관한 정의에 따르면, 개개인이 스스로 초래한 미성숙한 상태로부터 벗어나는 것을 뜻한다. 이때 스스로의 잘못이란 미성숙한 상태가 인간 자신의 오성의 결함에서 비롯되는 것이라, "자신의 오성을 사용하는" 결단과 용기가 부족한 상태를 가리킨다. 따라서 성숙이란 개별 인간이 타인의 안내 없이 스스로 사고하고 판단하는 능력을 말한다. 이렇게 볼 때 성숙은 민주주의를 구현하려는 교육의 목표라 할 것이다.

| 참고 문헌 |

김기현(2010). 「한국 시민사회단체의 민주시민교육 현황과 과제」. 『한국민주시민교육학회 세미나』, 12: 51-56.

김미경(2009). 「한국과 독일의 정치교육 비교: 시민사회단체의 활동을 중심으로」. 『교육문화연구』, 15(1): 33-64.

김한규(2009). 「한국 상황과 민주시민교육(정치교육)」. 『한국학논집』, 38: 291-312.

김해순(2016). 「남북한 사회문화 통합을 위한 교육」. 『통일을 이루는 교육』. 한만길 외(편). 서울: 교육과학사. 251-272.

박광기(2010). 「독일의 정치교육을 통해 본 한국 통일교육의 방향 정립」. 『대한정치학회보』, 18(2): 105-128.

서미화(2008). 「독일 정치교육활동가 양성에 관하여」. 『독일 정치교육의 현장을 가다』. 서울: 민주화운동기념사업회. 121-140.

송창석(2005). 「독일의 정치교육과 한국의 민주시민교육 – 민주시민교육 지원 시스템 구축 방향을 중심으로」. 『EU연구』, 16: 277-300.

신두철(2005). 「독일의 정치사회화와 정치교육」. 『한독사회과학논총』, 15(1): 41-57.

신두철(2009). 「독일 정치재단에 대한 고찰과 시사점 연구」. 『한독사회과학논총』, 19(3): 85-106.

신두철(2011). 「독일 정치교육의 새로운 도전 과제로서 정치 혐오와 정치 참여」. 『한독사회과학논총』, 21(4): 27-48.

신두철·허영식(2015). 『민주시민교육의 정석』. 개정판 서울: 오름.

신형식(2008). 「민주시민교육의 제도화에 대하여」. 『독일 정치교육의 현장을 가다』. 서울: 민주화운동기념사업회. 175-192.

심성보 외(2018). 『보이텔스바흐 합의와 민주시민교육』. 서울: 북멘토.

안성경(2017). 「교육에서 정치적 중립성이란 무엇인가: 독일 보이텔스바흐 합의의 함의」. 『법과인권교육연구』, 10(1): 25-38.

양민석(2014). 「독일 여성의 정치적 대표성과 여성정치교육: 멘토링 프로그램을 중심으로」. 『인문연구』, 71: 407-436.

엄판호(2001). 「민주시민교육 발전방안」. 『교육이론과 실천』, 11(2): 463-511.

오일환(1995). 「통일을 전후한 독일의 정치교육에 관한 연구」. 『한국정치학회보』, 29(2): 523-548.

이규영(2005). 「독일의 정치교육과 민주시민교육」. 『국제지역연구』, 9(3): 157-186.

이동기(2018). 「보이텔스바흐로 가는 길-'최소합의'로 갈등 극복하기」. 『보이텔스바흐 합의와 민주시민교육』. 심성보 외. 서울: 북멘토, 33-79.

이범웅(2015). 「한국에서의 민주시민교육의 발전 방향 모색」. 『초등도덕교육』, 49: 33-65.

이한규(2011). 「한국과 독일에 있어서 수요자 중심의 민주시민교육-'비판적 사고'(Critical Thinking) 모델」. 『한독사회과학논총』, 21(4): 3-26.

임종헌(2011). 「독일 정당재단의 정치교육」. 『자치행정연구』, 3(2): 41-49.

장원순(2007). 「초등사회과교육에서 정치적 판단력 증진을 위한 민주시민교육 접근법」. 『사회과교육』, 46(1): 107-125.

전득주·페터 마싱·허영식 외(2006). 『민주시민교육의 이론과 실제』. 서울: 엠-애드.

전득주(2000). 「독일의 정치문화와 정치교육: 그 역사적 발전 과정을 중심으로」. 『민주시민교육논총』, 5(1): 1-29.

전복희(2004). 「독일의 여성 정치 참여 현형과 과제」. 『한독사회과학논총』, 14(1): 61-80.

정세윤(2008). 「독일 정치교육은 네트워크다」. 『독일 정치교육의 현장을 가다』. 서울: 민주화운동기념사업회. 70-96.

조상식(2006). 「독일 통일과 정치교육의 문제-구동독 주민들의 정체성 위기와 관련하여」. 『교육학연구』, 44(1): 195-220.

최승호(2010). 「북한 새터민에 대한 사회통합 방안-독일 사례를 바탕으로」. 『정치·정보 연구』, 13(1): 161-190.

최치원(2013). 「간문화적 성찰과 시민교육 그리고 정체성 문제 고찰」. 『인문과학연구』, 36: 375-407.

허영식(1997). 「독일의 민주시민교육 운영체계」. 『한국민주시민교육학회보』, 2: 115-152.

허영식(2018). 「보이텔스바흐 합의에 관한 담론과 함의」. 『공공정책과 국정관리』, 11(4): 27-59.

홍윤기(2008). 「국력으로서 민주정치와 국가자원으로서 민주시민교육」. 『독일정치교육의 현장을 가다』. 민주화운동기념사업회 독일 연수단. 서울: 민주화운동기념사업연수회. 197-264.

홍은영·최치원(2016). 「문화적 실천으로서 독일의 정치교육 혹은 민주시민교육-제도적 이상과 현실」. 『연세대 유럽사회문화연구소』, 17: 289-320.

황병덕(1997). 「독일 정치교육 연구-한반도 통일대비 정치교육을 위한 시사점 도출」. 『유럽연구』, 5(1): 87-111.

Adorno, Th. W.(1971). Erziehung nach Auschwitz. In: ders. *Erziehung zur Mündigkeit. Vorträge und Gespräche mit Hellmut Becker 1959-1969.*

Frankfurt a.M.: Suhrkamp, 88-104.

Beer, W.(2004). Eine thematisch begründete Erweiterung politischer Bildung ist die systematische Ausweitung der Interdisziplinarität um den Bereich der Naturwissenschaften und der Technologieentwicklung. In: Hufer, K.-P. & Imke Scheurich, I.(Hg.) *Positionen der politischen Bildung 2. Ein Interviewbuch zur auß erschulischen Jugend-und Erwachsenenbildung*, Schwalbach am Taunus: Wochenschau Verlag, 36-57.

Behrens, H.(2004). Pädagogisch alles vermeiden, was nach 'Überwältung' aussieht. In: Klaus-Peter Hufer/Imke Scheurich(Hg.). *Positionen der politischen Bildung 2. Ein Interviewbuch zur auß erschulischen Jugend-und Erwachsenenbildung*. Schwalbach am Taunus: Wochenschau Verlag. 58-79.

Behrens, H. Motte, J.(2006). ⋯ dass aus Immigranten Bürgerinnen und Bürger werden. Ausgangspunkte und Perspektiven politischer Bildung in der Einwanderungsgesellschaft. In: Behrens, H. & Motte, J.(Hg). *Politische Bildung in der Einwanderungsgesellschaft*. Schwalbach am Taunus: Wochenschau Verlag, 15-42.

Bremer, H. Trumann, J.(2013). Der "subversive" Charakter kritischer politischer Bildung. In: Widmaier, B. & Overwien, B.(Hg.). *Was heißt heute Kritische Politische Bildung?*. Schwalbach am Taunus: Wochenschau Verlag, 44-50.

Bünger, C.(2013). Was heißt kritische politische Bildung heute? Zum Problem der Kritik. In: *Was heißt heute Kritische Politische Bildung?* Schwalbach am Taunus: Wochenschau Verlag, 51-59.

Butterwegge, C.(2011). Rechtsextremismus, Marktradikalismus und Standortnationalismus. Die neoliberale Modernisierung als Basis für rassistische Ausgrenzung. In: Lösch, B. & Thimmel, A.(Hg.). *Kritische politische Bildung. Ein Handbuch*. Schwalbach am Taunus: Wochenschau Verlag, 265-276.

Dettendorfer, B.(2014). "Zur Geschichte der politischen Bildung in Deutschland und ihren aktuellen Herausforderungen". In: Mende, J. & Müller, S.(Hg.) *Emanzipation in der politischen Bildung*. Schwalbach am Taunus: Wochenschau Verlag. 18-37.

Faulstich, P.(2004). Die Desintegration von "politischer" und "beruflicher" Bildung in Deutschland ist immer schon problematisch gewesen und heute nicht mehr haltbar. In: Hufer, K.-P., Pohl, K. & Scheurich, I.(Hg.). *Positionen der politischen Bildung 2.* Schwalbach am Taunus: Wochenschau Verlag, 80-99.

Gessner, S.(2013). Kritische politische Bildung oder: Was brauchen Schüler und ihre Lehrer? Ein Essay. In: Widmaier, B. & Overwien, B.(Hg.). *Was heißt heute Kritische Politische Bildung?* Schwalbach am Taunus: Wochenschau Verlag, 86-90.

Hafeneger, B.(2004). Der Traditionsbestand der außerschulischen politischen Jugendbildung ist nach wie vor unabgegolten. In: *Positionen der politischen Bildung 2. Ein Interviewbuch zur außerschulischen Jugend- und Erwachsenenbildung.* Schwalbach am Taunus: Wochenschau Verlag, 138-157.

Hufer, K.-P.(2013). "Kritische politische Bildung?" In: Widmaier, B. & Overwien, B.(Hg.). *Was heißt heute Kritische Politische Bildung?* Schwalbach am Taunus: Wochenschau Verlag, 119-125.

Hufer, K.-P.(2006). 「성인대상 정치교육의 입장」. 『민주시민교육의 이론과 실제』. 전득주 외(2006). 서울: 엠-애드. 224-239.

Lösch, B.(2009). Ein kritisches Demokratieverständnis für die politische Bildung. In: *Kritische politische Bildung.* Schwalbach am Taunus: Wochenschau Verlag, 115-128.

Lösch, B.(2013). Ist politische Bildung per se kritisch? In. *Was heißt heute Kritische Politische Bildung?* Schwalbach am Taunus: Wochenschau Verlag, 171-179.

Lösch, B. Eis, A.(2018). Politische Bildung. In: Bernhard, A. Rothermel, L. Rühle, M.(Hg.). *Handbuch Kritische Pädagogik.* Weinheim: Beltz, 502-517.

Mecheril, P.(2011). Politische Bildung und Rassismuskritik. In: Bettina Lösch/ Andreas Thimmel(Hg.). *Kritische politische Bildung. Ein Handbuch.* Schwalbach am Taunus: Wochenschau Verlag. 241-252.

Messerschmidt. A.(2009). *Weltbilder und Selbstbilder.* Frankfurt a. M.: Brandes & Apsel.

Messerschmidt, A.(2016). Politische Bildung, In: Mecheril, P.(Hg.). *Handbuch Migrationspädagogik.* Weinheim: Beltz, 418-432.

Pohl, K.(2018). 「독일의 보이텔스바흐 합의: 등장과 수용 그리고 논쟁」. 『보이텔스바흐 합의와 민주시민교육』. 심성보 외 옮김. 서울: 북멘토, 80-121.

Sander, W.(2006). 「독일 정치교육의 역사, 이론적 구상, 최근의 도전」. 『민주시민교육의 이론과 실제』. 전득주 외 옮김. 서울: 엠-애드. 9-27.

Scherr, A.(2004). Politische Bildung als subjektorientierte, dem Prinzip des Dialogs verpflichtete Praxis. In: Klaus-Peter Hufer/Kerstin Pohl/ (Hg.). *Positionen der politischen Bildung 2. Ein Interviewbuch zur auβ erschulischen Jugend-und Erwachsenenbildung*. Schwalbach am Taunus: Wochenschau Verlag. 230-247.

Schröder, A. Balzter, N.(2011). Auβ erschulische politische Jugendbildung und ihr kritisches Potential–Erkenntnisse einer bundesweiten Evaluation. In: Lösch, B. Thimmel, A.(Hg.). *Kritische politische Bildung*. Schwalbach am Taunus: Wochenschau Verlag. 483-496.

Vehrkamp, R.(2013). *Einwurf. Zukunft der Demokratie*. Bertelsmann-Stiftung: Gütersloh.

Widmaier, B.(2011). Non-formale politische Bildung in Deutschland. In: Lösch, B. Thimmel, A.(Hg.). *Kritische politische Bildung*. Schwalbach am Taunus: Wochenschau Verlag. 471-482.

Zeuner, C.(2004). Bildung sollte nicht nur der Selbstaufklärung und dem individuellen Fortkommen dienen, sondern auch der Handlungsfähigkeit mit dem Ziel der Veränderung und Gestaltung von Gesellschaft, In: *Positionen der politischen Bildung 2. Ein Interviewbuch zur auβ erschulischen Jugend-und Erwachsenenbildung*. Schwalbach am Taunus: Wochenschau Verlag, 320-339.

Bildungsstätte Anne Frank(2018). https://www.bs-anne-frank.de/에서 2018. 9. 2. 인출.

Bundesausschuss politische Bildung(2018). https://www.bap-politischebildung.de/gemini-mitglieder/에서 2018. 9. 8. 인출.

Demokratie leben(2018). https://www.demokratie-leben.de/에서 2018. 9. 5. 인출.

제4장

핀란드의 민주주의와 학교 시민교육: 통합적, 실용적, 가치기반 접근[1]

서현수(서울대 분배정의연구센터 박사후연구원)

1. 들어가며

2020년대를 눈앞에 둔 지금, 세계는 물론 한국 사회도 전환기적 변동과 위기를 겪고 있는 것이 분명해지고 있다. 지구적 수준의 기후변화와 생태 위기, 그리고 신자유주의적 지구화 및 후기 근대적 인지자본주의로의 이행과정에서 빚어지는 경제사회적 불평등의 심화로 인해 세계 전역에서 광범위한 시민 저항과 갈등이 확산되고 있다. 이러한 흐름은 인터넷과 소셜미디어의 발달 현상과 맞물려 '가짜 뉴스fake news'의 확산, 공공 여론의 파편화, 근본주의 및 포퓰리즘 정치세력의 득세 등 정치적 양극화 현상을 낳고 있다. 심화되는 위기와 전환기적 도전 과제들에 적극 대응하는 동시에 다양한 수준과 영역에서 지속가능한 민주주의 공동체를 발전시키기 위한 혁신적 노력이 절실하게 요청된다. 시민교육, 특히 아동, 청소년을 대상으로 하는 학교 시민교육의 내실 있는 제도화 및 성찰적 재구성은 지속가능한 민주주의를 위한 제도적, 문화적 혁신 과제들 가운데 본질적으로 중요한 일이라 할 수 있다. 민주주의, 인권, 평화, 생태, 자유, 평등, 다양성, 정의 등 현대 사회의 핵심 가치와 의제들에 대해 자기 주도적 학습과 상호 토론을 통해 깊이 탐구하고, 다양한 수준과 영역의 공동체 업무public affairs 및 민주적 의사결정 과정에 능동적으로 참여하며, 이른바 '탈진실의 시대the era of post-truth'를 지혜롭게 헤쳐 나갈 수 있는 비판적 사고와 미디어 리터러시media literacy 역량을 지닌 시민적 주체들을 어떻게 형성할 것인가?

이 글은 한국의 민주주의와 학교 시민교육의 현주소를 성찰하고 바람직한 미래 혁신 방안을 모색하기 위한 일환으로 핀란드의 학교 시민교육 시스템 및 운영 현황을 살펴보고자 한다. 핀란드는 유럽의 북쪽 변방에 위치한 인구 약 550만 명의 작은 나라이지만 안정된 민주주의와 보편적 복지국가, 성숙한 시민사회를 기반으로 민주주의, 정부 거버넌스, 언론 자유와 다양성, 반부패, 법치주의, 정책 퍼포먼스, 국제경쟁력, 기술혁신, 건강 형평성, 아동복지, 성평등, 환경보호, 국민 행복도National Happiness Index 등 다양한 지표에서 탁월한 성취를 보여 온 강소국이다.서현수, 2019c 특히, 20세기 후반 이래 교육 분야에서 평등과 협력, 자율과 책임, 실용과 혁신 등의 원리에 기초해 교육의 탁월성과 평등성을 높은 수준에서 동시에 달성한 특별한 사례를 제공하며 한국을 비롯한 전 세계의 주목을 받아 왔다. 그동안 국내 교육계의 정책결정자들과 학자, 교사, 학부모 등 많은 행위 주체들이 핀란드 교육 모델을 학습한 뒤 핵심 장점을 수용한 대안적 교육 모델을 정립하기 위해 많은 노력을 기울여 왔다. 그러나 역사적, 제도적 맥락에서 큰 차이점을 안고 있는 핀란드 교육 모델에 대한 온전한 이해를 위해서는 19세기 이래 핀란드 국민국가 형성 과정과 근대 교육제도의 발전 과정, 보편적 복지국가 건설 및 1960~80년대의 교육개혁 과정, 그리고 1990년대 이루어진 유럽연합EU 가입과 의회주의적 헌법 개혁 등 정치질서 변동과 직업교육 및 대학교육의 개혁 과정 등이 어떻게 서로 맞물려 전개되었는지를 통찰할 수 있는 통합적 관점의 접근이 필요하다. 학교 시민교육을 포함해 핀란드의 시민교육 제도와 프로그램이 어떻게 운영되고 있으며, 그 한국적 시사점은 무엇인가를 연구하는 데서도 통합적 관점과 이해는 본질적으로 중요하다.

이러한 문제의식에서 이 글은 핀란드의 근현대사 전개 및 민주주의와 복지국가 발전 과정에 대한 체계적, 통합적 이해를 바탕으로 핀란드의 초·중등 교육제도와 학교 시민교육의 특징을 분석한다. 2절은 핀란드 사회에서 시민교육이 지니는 위상과 역할에 대한 맥락적 이해를 위하여 북유럽 민주주의와 시민참여 모델의 공통적 특징에 대해 살펴본다. 3절은 핀란드에서 근대 민주주의, 복지국가, 시민사회 발전이 맞물려 전개된 역사적 맥락을 검토하면서 특히 20세기 후반의 핀란드 교육개혁 과정을 중점 분석한다. 4절은 종합학교와 고등학교를 중심으로 핀란드 학교 시민교육의 현황과 특징을 분석한다. 이를 위해 핀란드 학교 교과과정의 시민교육 내용과 프로그램을 구체적으로 살펴보고, 나아가 학교의 학생자치 제도와 청소년들의 사회 참여 채널에 관해서도 검토한다. 결론에서 우리는 핀란드 학교 시민교육의 핵심 특징을 "통합적, 실용적, 가치기반 접근"으로 요약하고, 그 함의에 대해 숙고한다.

2. 북유럽 민주주의와 시민참여 모델: 적극적 참여, 협력적 거버넌스, 사회적 신뢰

핀란드의 학교 시민교육의 특징과 현황을 분석하기에 앞서 우리는 핀란드를 비롯한 북유럽 민주주의와 시민참여 모델의 일반적 특징을 우선 간략히 살펴보고자 한다. 스웨덴, 덴마크, 노르웨이, 핀란드 등 북유럽 국가들은 20세기 초반부터 일찍이 사민주의적(보편주의적) 복지국가 모델을 발전시켜 왔다. 북유럽 복지국가 모델은 영미권 국가들의 자유주의적(잔여적, 선별주의적) 복지국가 체제와 독일 등 중부권 유럽 국가들의 기민주의적(보수주의적) 복지국가 체제의 한계를 뛰어넘어 높은 수준에서 자유, 평등, 연대의 가치를 실현한 대안적 모델로 높이 평가되어 왔다.Esping-Andersen, 1990; Einhorn & Logue, 2003; 메리 힐슨, 2010; 셰리 버먼, 2010 등 북유럽 복지국가 모델 또는 더 간명하게 줄여서 북유럽 모델의 핵심 제도적 기둥으로 다음 세 가지를 들 수 있다. ① 민주적 코포라티즘democratic corporatism에 기반을 둔 사회적 시장경제, ② 다당제와 비례대표 선거제도를 기반으로 한 합의 민주주의consensus democracy, ③ 보편적universal 사회보험과 평등한 공공 서비스. 이러한 핵심 요소들이 여러 세대 동안 선순환 상호작용하면서 북유럽 복지국가 모델을 형성했고, 이는 북유럽 국가들이 오늘날 성 평등, 교육의 질, 사회적 신뢰, 시민참여, 민주주의 만족도, 지속가능 발전 등 제반 사회적 지표에서 국제적 비교우위를 점하는 결과로 나타났다. 이처럼 북유럽 국가들이 대안적 사회 모델을 구축할 수 있었던 근본적 요인 중 하나로 높은 수준의 시민사회 조직화와 적극적 시민참여 문화가 존재한다는 사실에 주목할 필요가 있다.서현수, 2017

21세기 북유럽의 민주주의와 시민참여 모델이 가지고 있는 주요 특징들을 살펴보면 다음과 같다.[2]

1) 비례대표제proportional representation의 발전과 높은 수준의 정치 참여

북유럽 국가들은 20세기 초반 보편적 참정권을 기반으로 한 근대적 민주주의 체제로 이행하면서부터 모두 전면적인 (권역별) 비례대표 선거제도를 운영해 왔다. 북유럽에서 비례대표 원리는 단순히 특정한 선거제도에 머물지 않고 하나의 사회운영 원리로 작동하며, 산업노동자, 농민, 기업가, 공무원, 교사, 의사·간호사, 사회복지사 등 다양한 직업 영역의 사회 집단들은 물론 여성, 노인, 청(소)년, 장애인, 이민자 등 다양한 사회적 약자, 소수자 집단의 적극적인 정치 참여를 가능하게 한다. 또한 북유럽 시민들은 선거 참여 등 공동체에 대한 책임과 시민적 권리 행사에 여전히 적극적이다. 특히, 스웨덴, 덴마크, 노르웨이 등 스칸디나비아 3국의 총선 투표율은 최근 일반적 하락 추세에도 불구하고 여전히 80% 이상을 보이고 있다.Bergman & Strøm, 2011; 서현수, 2019

2) 시민사회의 높은 자기 조직화와 제도화된 정책 협의 시스템

북유럽은 18세기 이래 확립된 입헌적 자유주의의 원리와 언론, 출판, 집회, 결사의 자유를 바탕으로 시민사회 제반 영역에 걸쳐 일찍부터 수많은 단체와 협회가 조직되어 활동해 왔다. 이로 인해 언론 다양성과 표현의 자유 국제지수에서 세계 수위를 기록함은 물론 세계 최고 수준의 협동조합 조직률과 노동조합 조직률을 보여 왔으며, 이는 북유럽의 네오-코포라티즘Neo-Corporatism적 이익 협상 체계와 사회적 시장경제를 지탱하는 핵심 요소로 기능한다.Kuisma et al., 1999; Einhorn & Lougue, 2003; Arter, 2006 특히, 주요 이익단체와 여타 시민사회단체들은 공공정책 결정 과정에 중요한 파트너로서 제도적 참여를 보장받고 있다. 최근 탈물질주의적 NGO들과 단일 이슈 중심의 캠페인 단체들이 늘고 있지만, 이 역시 북유럽의 결사체 민주주의associational democracy의 단절이 아닌 진화로 이해될 필요가 있다.Christiansen & Togeby, 2006

3) 지방분권의 전통과 풀뿌리 민주주의의 발전

북유럽의 지방자치단체들은 보편적 공공 서비스와 복지 전달 체계에서 상당한 자율성과 헌법적 권한(지방세 징수권, 교육, 건강, 주거, 교통 등 주민들을 위한 기본적 공공 서비스 제공 등)을 부여받고 있다. 이러한 권한 행사는 지역 공동체의 주요 현안에 대한 정치적 의사결정과 공공정책 수립 과정에 주민들과 지역 시민사회의 적극적인 참여를 보장함으로써 이루어진다. 정부와 의회의 의사결정 과정에서 이루어지는 폭넓은 정책 및 입법 협의 활동, 노동시장의 코포라티즘적 협상 체계, 시민사회의 높은 자기 조직화 수준 등은 지방 수준에서도 동일하게 관찰되는 북유럽적 현상들이다. 나아가, 지방자치단체 및 그 연합 단체도 중앙정부의 정책 결정 과정에 중요한 영향을 미치는 핵심 정책 행위자로 기능한다.

4) 자유롭고 평등한 시민참여의 사회경제적 조건 보장(보편적 복지국가)

사회경제적 평등과 보편적 복지국가는 지속적인 시민참여를 위한 물질적 토대로도 기능한다. 20세기에 북유럽 국가들이 발전시킨 보편적 복지국가는 1980~90년대 이래의 글로벌 개방 경제 시대의 도래와 신자유주의적 복지국가 개혁 정책 및 담론의 영향력 확대에도 불구하고 기본 골격과 내용에서 크게 훼손되지 않은 채 유지되고 있다.Einhorn & Logue, 2003; 메리 힐슨, 2010 다수 시민들의 사회경제적 안정과 물질적 자립은 이들이 개인적 생존self-preservation에만 급급한 사적 개인에 머물지 않고 공공선과 보편적 가치 추구를 위해서도 충분한 시간과 관심을 기울이는 공적 시민으로 나설 수 있게 하는 기본적 조건을 부여한다. 현대 사민주의적 복지국가 이념에 바탕을 두고 수립된 북유럽 모델이 현대의 시민 공화정에 가장 가까운 모습을 실현할 수 있었던 것은 사회경제적 평등과 자유로운 시민의 정치 참여 간의 내적 연관에 기인한다고 볼 수 있다.

5) 시민교육의 제도화, 보편화

높은 수준의 시민참여와 공동체 문화를 가능하게 하는 또 하나의 핵심 요소는 시민교육의 활성화이다. 북유럽의 시민교육은 근대 계몽주의와 낭만적 민족주의 운동의 영향 속에 19세기 중반 그룬트비N.F.S. Grundtvig, 1783~1872가 주도한 덴마크의 민중 혹은 평민 대학folkehøskole 운동에서 비롯된 후 19세기 후반 스웨덴, 핀란드, 노르웨이 등으로 확산, 변용되며 북유럽 시민사회의 핵심 제도이자 운동으로 자리 잡았다.Niemelä, 2011 20세기 초반 노동자들을 위한 비공식적 시민교육 운동으로 전개된 스웨덴의 학습 동아리Study Circle 제도는 스웨덴 민주주의의 '실천적 작업장practical workshop'으로 평가받는다. '자기 교육self-education'과 참여 민주주의적 운영 원리를 기반으로 학습 동아리는 많은 시민들이 민주주의를 일상에서 학습, 실천하는 요람 역할을 수행했고, 지금도 현대 사회의 복잡다기한 이슈와 변화를 비판적인 안목으로 이해할 수 있게 한다. 1970년대 이래 매년 30만 개 이상의 학습 동아리(평균 8~12명 규모)가 활동하는 것으로 보고되고 있다.[3] 1899년 첫 시민교육기관이 설립된 핀란드에서는 2019년 현재 전국적으로 181개의 시민교육센터kansalaisopisto가 운영되고 있으며, 매년 약 65만 명의 시민들이 이들 센터가 운영하는 코스들에 참여하고 있다. 코스 영역별 시민 참가 비율을 살펴보면, 수공예 23%, 음악 19%, 언어 18%, 운동 13%, 미술 10%, 연극과 춤 6%로 나타난다.[4]

3. 핀란드 교육 모델의 역사적, 정치적 맥락

1) 핀란드 근현대사와 보편적 복지국가의 건설 과정

핀란드는 13세기부터 19세기 초반까지 650여 년간 스웨덴의 지배를 받았다. 이로 인해 핀란드는 루터리즘 기독교, 학문과 과학기술, 법치국가와 행정 시스템, 언론자유와 시민사회 발전 등 스웨덴 시기의 풍부한 역사적 유산을 갖고 있다. 19세기 들어 유럽 국제정치 판도의 변화 속에서 러시아의 대공국Grand Duchy of Finland이 되었지만 내정의 자율성을 보장받는 '제국 속의 민족국가'로 발돋움하였고, 스웨덴 시기에 확립된 사회·문화 제도의 대부분을 그대로 지속할 수 있었다. 19세기 후반에는 급속한 자본주의 산업화와 1차 도시화를 겪는 과정에서 노동운동, 여성운동, 농민운동, 금주운동temperance movement, 스포츠운동 등 대중운동이 발전하였다. 1890년대 이후에는 사민당SDP, 농민당Agrarian Party, 보수당National Coalition Party 등 주요 정치사회 균열을 따라 조직된 근대 대중정당들이 출현하였다. 1905년 러일전쟁 여파에 따른 대규모 사회개혁투쟁이 전개된 결과 근대 의회인 에두스꾼따Eduskunta의 창설과 유럽 최초의 보편적 참정권 보장 등 민주적 개혁 조치가 단행됐다.Meinander, 2014; Mickelsson, 2015

1917년 1차 세계대전의 여파와 러시아 혁명의 발발을 계기로 핀란드는 독립을 쟁취했으나 그 직후인 1918년 좌우 내전Finnish Civil War의 분쟁을 겪었다. 1919년 근대 입헌 공화국 형태의 헌법을 제정하였으나 사회적 분열과 상처는 오래 지속되었다. 전간기의 불안한 평화 시기를 지나 2차 세계대전이 발발하자 핀란드는 소련과 두 차례의 전쟁(겨울전쟁Winter War: 1939~1940년, 계속전쟁Continuation War: 1941~1944년)을 치러야 했다. 핀란드는 독립과 생존을 지켜 냈으나 대규모 인명 손상과 영토 일부의 양도, 사십여만 명의 난민 발생, 천문학적인 액수의 현물 전쟁배상, 그리고 소련과의 우호조약 체결에 따른 제약 등을 감수해야 했다. 그러나 전후 핀란드를 이끈 빠시끼비Pasikivi(1946~56년 재임, 보수당)와 께꼬넨Kekkonen(1956~81년 재임, 농민-중앙당) 대통령의 리더십과 중립 평화외교 정책을 통해 평화적 국제관계를 유지하는 데 성공하였다. 이는 국내 정치에도 중요한 영향을 미쳐 사민당-중앙당 연정 구성 및 노사정+농민 4자 협상에 기초한 합의적 정책 결정 시스템이 제도화 되었다. Meinander, 2014; 서현수, 2018b

1980년대와 1990년대는 새로운 전환기였다. 1989년 베를린 장벽이 무너지고 1991년 소련이 해체되면서 탈냉전, 유럽통합, 지구화의 물결이 가속화되었다. GDP의 20%를 차지하던 동구권 무역이 붕괴되고 금융 위기가 겹치면서 1990년대 초반 핀란드는 심각한 경제침체를 겪었다. 1980년대 후반까지 지속 확장되던 공공 영역과 보편적 복지 서비스가 구조조정에 들어가면서 복지국가 팽창기는 마감됐다. 정치적 불확실성 및 경제불황과 실업의 긴 터널을 빠져나오는 과정에서 핀란드는 중요한 구조적 전환을 이루었다. 냉전 시기 소련의 제약에서 벗어나 유럽연합 회원국이 되었고, 1919년 헌법 제정 시 채택한 준대통령제semi-presidentialism 권력 구조를 표준적 형태의 의회주의parliamentarism로 전환했다. 이를 위해 대통령의 권한을 줄이고, 의회와 총리의 권한을 강화하는 내용의 헌법 개혁을 단행했다. 개혁은 1980년대 후반부터 단계적으로 진행된 뒤 1999년 전면 헌법 개혁으로 이어졌다. 또한 경제위기를 극복하는 과정에서 핀란드는 광범위한 정치연합에 기초한 '무지개 정부rainbow government'의 전통을 수립했다.핀란드의 헌법 개혁에 관해서는 서현수, 2018a를 보라 아울러, 핀란드는 1990년대 중반 이후 경제위기를 극복하고 노키아Nokia 중심의 후기 산업사회적 지식경제로 재편되었다. 이러한 사회구조 변동에 능동적으로 대응하기 위해 핀란드는 공공혁신기금 SITRAThe Finnish Innovation Fund, 과학기술발전센터 TEKESThe Technological Development Center, 의회 미래위원회Committee for the Future 등 제도적 인프라를 구축하였으며, 이를 토대로 1990년대 초기부터 국가혁신전략National Innovation Strategy을 수립, 실행해 오고 있다.Fagerberg & Fosaas, 2014: 27-30; 서현수, 2017: 32-33

한편, 1990년대 들어 신자유주의적 지구화의 물결 속에 핀란드에서도 복지국가의 축소 개혁이 이루어지기 시작했고, 이는 교육 등 여러 분야의 사회정책에서도 기본 흐름으로 반영되었다. 나아가, 2008년 세계금융위기와 유로존Eurozone 재정 위기는 노키아의 휴대전화 부문 몰락 등과 맞물려 핀란드에 다시 중요한 경기침체를 불러왔다. 2011년 의회 선거에서 반EU, 반이민 등을 내건 우파포퓰리즘 정당(핀란드인당Finns Party)이 3위로 부상하였고, 2015년과 2019년 총선에서도 핀란드인당의 지지세는 공고하게 유지됐다. 2014년 러시아의 크림반도 병합 등 지정학적 슈퍼파워로서 러시아의 귀환과 2015년 유럽 난민위기에 따른 논쟁 고조는 핀란드의 민주주의와 국제관계에도 중요한 영향을 미쳤다. 2019년 4월 실시된 핀란드 총선에서 사민당, 핀란드인당, 보수 국민연합당 간에 박빙의 승부가 펼쳐졌고, 중앙당의 몰락과 녹색당의 부상 그리고 우파포퓰리즘 정당의 고착화 경향[5] 속에서 정당 체제는 더욱 파편화된 양상을 나타냈다. 근소한 차이로 1당이 된 사민당 주도의 5당 연정(사민당, 중앙당, 녹색당, 좌파동맹, 스웨덴인민당)이 성립되어 기후변화 대응과 불평등 감소 등을 주요 정책 목표로 제시하였다.서현수, 2019

2) 핀란드 근대 교육 체제의 성립과 발전: 교육개혁 정책을 중심으로

핀란드의 교육 시스템과 학교 시민교육은 위에서 설명한 근대 민주주의와 복지국가의 발전 과정과 밀접한 연관 속에서 발전되었다. 기실, 핀란드의 학교 교육의 바탕에는 근대 유럽의 계몽주의 및 낭만적 민족주의 운동의 영향 속에서 배태된 시민교육의 이상과 가치가 자리 잡고 있다.Niemelä, 2011; Meinander et al. 2018 핀란드의 근대 교육은 1860년대 핀란드 교육의 아버지로 불리는 우노 시그나에우스Uno Cygnaeus(1810~1880)가 주도한 교사 세미나 모임[6]과 '국민학교kansakoulu' 설립 운동으로부터 비롯되었다. 국민학교는 기존 신분제 사회에서 루터리즘 교회가 제공하던 종교·윤리적 성격의 평민 교육을 뛰어넘어 모든 국민들을 대상으로 근대적 일반교육을 제공하기 위해 도입되었다.Meinander et al., 2018: 291 다른 한편, 핀란드의 시민교육 운동은 1899년 '땀뻬레 노동자교육센터 Tampereen työväenopisto' 설립으로 이어졌다. 이는 당시 자본주의 산업화에 따른 노동운동의 성장과 더불어 근대 대중정당으로서 사민당이 결성되던 당시의 시대적 흐름과 무관하지 않다. 근대의 중심적 사회계급으로 부상하는 노동자들에 대한 체계적 교육의 요구가 하나의 사회운동으로 발현된 것이라 할 수 있다. 독립과 내전을 거쳐 입헌공화국 헌법을 제정한 직후인 1921년에는 6년 과정의 국민학교 교육이 의무화되었고, 1925년부터 국가적 차원의 교육과정이 개발되기 시작했다. 곧, 근대 국민국가의 주권자로서 국민people에 대한 체계적 공교육 제도가 도입되었음을 의미하며, 이로부터 농민 등 사회적 하위계층의 자녀들에 대한 보편적 교육 기회가 평등하게 제공되기 시작하였다(근대적 평등 교육). 아울러, 1927년에는 '노동자교육센터의 국가 지원에 관한 법률Laki työväenopistojen valionavusta'이 제정됨으로써 시민교육의 제도화에 중요한 전기가 마련되었다.[7] 이는 내전의 후유증에도 불구하고 중도좌파인 사민당이 조기에 사면 복권된 데 이어 1920년대 후반에는 다시 내각에 참여해 농민당과의 경쟁 및 타협을 통해 주요 사회정책의 입법 및 제도화에 나선 시기에 이루어진 교육 관련 개혁 조치들로 해석된다.

핀란드 교육정책사에서 가장 중요한 개혁으로 일컬어지는 1960년대의 '종합학교peruskoulu' 교육개혁도 이러한 관점에서 검토될 필요가 있다. 전후 핀란드는 급속한 경제복구와 산업발전을 기반으로 2차 도시화의 물결을 경험하였다. 1950년대에 본격화된 신흥 중산층의 성장과 도시 인구의 급증은 더욱 보편적이고 적극적인 형태의 사회정책과 공공 서비스의 도입을 요구하였다. 당시 핀란드 정부와 의회, 그리고 학계 등 시민사회 엘리트들도 스웨덴과 같은 북유럽형 복지국가를 향한 새로운 사회정책 및 공공 서비스의 양적, 질적 확대 조치가 필요하다는 데 이해를 같이했다. 대표적으로, 1961년에 출간된 뻬까 꾸우시Pekka Kuusi의 "60-luvun sosiaalipolittiikka(『1960년대의 사회정책』)"는 케인스주의와 스웨덴의 경제정책 이론가인 군나르 뮈르달Gunnar Myrdal의 이론을 기반으로 1960년대에 걸맞은 새로운 사회정책의 방향과 구체적인 프로그램을 제시하여 핀란드 사회에 큰 반향을 불러일으켰다. 퇴직연금제도, 주거지원 수당, 아동수당 도입 등 꾸우시 박사가 제안한 사회정책 프로그램은 1960년대를 거치며 차례차례 실현될 정도로 이 책의 영향력은 지대하였고, 그는 '핀란드 복지국가의 건축가'라는 명성을 얻었다.[8] 이처럼 적극적 사회정책 수립, 실행에 대한 일치된 요구가 높아가는 가운데 교육개혁 정책 또한 본격적으로 추진되기에 이르렀다.

구체적으로, 1963년 핀란드 의회는 초등학교, 공민학교, 문법학교로 분리된 가운데 아동의 수준에 따라 차등적 교육을 제공하던 기존의 초중등 교육을 대폭 개편해 1학년부터 9학년까지 하나로 통합된 종합학교 peruskoulu 시스템을 도입하기로 결정했다. 이는 11세 이하의 아동을 학습 수준에 따라 조기 분리해 두 개의 병렬적 경로two parallel tracks로 상급학교 진학 여부를 결정하던 기존의 독일식 교육 모델이 보편적 교육 접근성과 평등을 강조하는 보편주의적 복지국가 이념과 맞지 않았기 때문이다.Sahlberg, 2010 의회 결정을 실현하기 위해 1968년 「기초교육개혁법 Act on Basic Education Reform 1968」이 제정되었고, 1970년대에 전국적 수준에서 종합학교 시스템이 도입, 실행되기에 이른다. 핀란드에서 역사적인 첫 노사정 대타협이 이루어진 1968년에 종합학교 교육개혁이 법제화된 것은 결코 우연한 사건의 연속이 아니라 동일한 흐름의 역사 전개 과정으로 이해될 필요가 있다.

종합학교 개혁은 교사의 양성과 배치에 관한 정책 혁신을 요구했다. 1971년 「교원교육법Teacher Education Act 1971」이 제정되어 교사 양성 업무를 사범대학이 아니라 일반 대학이 맡고, 기초교육(1~6학년)을 담당하는 학습교사와 기초교육(7~9학년), 인문고, 직업고 수업을 담당하는 과목교사로 나누어 양성하도록 했다. 1979년에는 교원 양성과 연수 개혁이 이루어져 연구 기반 학습research based learning과 교수법 개발이 강조되었고, 교사 자격 요건이 석사학위 이상으로 조정되었다.유경훈 외, 2017: 333-337 교사들의 전문성 향상은 교사들의 직업적 위상을 제고하고 나아가 교육 현장에서 교사들의 자율성과 책임성을 높이는 일련의 개혁 조치들(1990년대의 장학감사 제도 폐지 및 교육권한 분권화 조치 등)과 맞물리면서 오늘날 핀란드 교육 모델의 성공에 기여한 핵심 요인으로 분석된다.에르끼 아호, 2010 일련의 교육개혁과 함께 의무교육 기간이 6년에서 9년으로 확대되고, 고등교육까지 무상교육 제공 의무를 법제화했다(1968년 기초교육법 제31조).유경훈 외, 2017[9]

또한 교육개혁의 과정은 교사 등 핵심 이해관계자 그룹 및 전문가 그룹과의 광범위한 협의와 참여에 기초한 것이었다. 핀란드 정부는 당시 국가일반교육청 및 주요 개혁 관련 위원회들을 설치하여 운영하는 과정에서 교사노조는 물론 일반 노동조합 및 고용주 단체 대표, 학부모 및 청소년 단체 대표, 지방자치단체 및 그 연합, 교육학자 등 전문가 그룹 등이 포괄적이면서 균형 있게 참여하고 협의할 수 있도록 세심한 노력을 기울였다. 교육과정 등 구체적 프로그램 개발 과정에는 일반 교사들이 더욱 광범위하게 참여했다. 이는 종합학교 개혁 이후의 교육개혁 과정 전반에 걸쳐 일관되게 나타나는 핀란드 모델의 특징이라 할 수 있다. 한편, 이 시기 핀란드에서는 학교민주주의에 대한 요구가 대폭 강화되었다는 점도 상기할 필요가 있다. 서구 사회에 큰 충격을 던진 68혁명의 열기는 핀란드에서도 학생들의 헬싱키 대학 등 주요 대학 점거 운동 등으로 나타났으며, 대학뿐만 아니라 일반 학교에서도 더 많은 민주주의와 학생자치의 요구들이 분출했다.에르끼 아호 외, 2010

1980년대부터는 고등학교와 직업교육 개혁이 추진되었다. 특히, 이 시기의 직업교육 개혁은 1970년대의 종합학교 개혁의 연장선에서 필요한 조치이면서(종합학교 졸업생들의 상급학교 진학 및 직업선택의 경로 재설계), 전환기의 사회구조 변동에 대비하는 적극적 성격의 인적 자원human capital 투자정책이기도 했다.Sahlberg, 2010 핀란드는 1980년대에 700개의 직업 훈련 라인을 약 270개의 자격증과 연계된 27개 직업 분야로 정비하고, 직업훈련기관을 통폐합하는 개혁 조치를 단행했다. 1995년에는 직업고등교육기관AMK: Ammattikorkeakoulu[10]을 설립해 고등교육 수준의 체계적 기술교육이 이루어질 수 있도록 했다. 1994년에는 능력기반 성인자격증 제도 도입 등 성인직업교육의 개혁이 이루어졌다. 이로써 후기 산업사회 시대에 걸맞은 평생교육체제가 완성되었다. 2010년 이후에는 고등교육 기관의 통폐합과 국립대학의 법인화 등 고등교육 분야의 구조조정이 진행되고 있다.유경훈 외, 2017: 337-340 그러나 유로존Eurozone 재정 위기와 노키아 휴대전화 사업 부문의 몰락 등이 불러온 장기적 경제침체 속에 신자유주의적 논리에 입각한 대학개혁의 폐해에 대한 우려의 목소리도 최근 커지고 있다. 2019년 10월 현재 핀란드에는 13개 대학과 23개의 응용과학대학이 운영되고 있다.[11] 아울러, 2010년대 이후 증가하는 사회경제적 불평등과 도시 및 비도시 지역 간의 격차로 인해 PISA 성적이 부분적으로 하락하고 교육 불평등이 증가하는 추세가 보고되면서 새로운 진보적 방향의 교육개혁 및 교육 평등 정책의 필요성이 제기되고 있다.

3) 소결: 핀란드 민주주의와 교육개혁의 정치학

오늘날 핀란드가 PISA 등 국제적 비교 지표에서 두루 탁월한 성취를 기록한 것은 1960년대 이래 지속적으로 계획되고 실행된 교육개혁의 성과라고 볼 수 있다. 핀란드 교육개혁의 특징을 요약해 보면 다음과 같다. (1) 불평등한 병렬적 교육 구조를 개선해 9년제 종합학교 시스템으로 전환함으로써 보편적 교육 접근권과 평등의 가치를 실현하였다. (2) 교원 양성 시스템을 함께 개혁하여 교사들의 전문적 역량을 제고하고 이를 통해 교사의 자율적 책임과 교사에 대한 신뢰 사이의 선순환 구조를 창출하였다. (3) 의회와 주요 정당들 사이의 정치적 합의를 바탕으로 정부가 장기적, 체계적 전망과 분명한 의지를 갖고 교육개혁을 추진하였으며, 그 과정에서 다양한 이해관계자들과의 광범위한 정책 협의와 소통을 실시하는 협력적 정책 거버넌스를 실현하였다. (4) 인문계고등학교와 직업고등학교 개혁, 응용과학대학 등 직업고등교육기관의 창설, 성인교육 제도 개혁, 대학개혁 등 지속적 교육개혁을 통해 유기적이며 혁신적 교육 시스템을 완비해 오고 있다. 살베리^{Sahlberg, 2010}는 핀란드 교육의 변화와 성취를 이해하기 위해 '기술적 관점technical perspective', '사회-문화적 관점socio-cultural perspective', '정치적 관점political perspective'을 통합적으로 견지할 필요가 있다고 강조한다. 그러한 관점을 공유하면서 필자는 특히 핀란드 현대 민주정치의 발전 및 복지국가 건설 과정과 근대 공교육의 발전 과정이 어떻게 긴밀하게 맞물려 진행되었는지를 밝히고자 하였다. 이러한 시각에 기초할 때 우리는 현재와 같은 핀란드의 교육 시스템을 온전히 이해할 수 있으며, 그 연장에서 학교 시민교육의 현황에 관해서도 제대로 논할 수 있을 것이다.

4. 핀란드의 교과과정과 학교 시민교육:
통합적holistic, 실용적pragmatic, 가치 기반value-based 접근

1) 핀란드의 교육 시스템과 교과과정

핀란드의 학교 내 시민교육 현황을 분석하기 위해 우선 핀란드 교육 시스템 현황을 개관해 보면 아래와 같다. 0세부터 6세까지 어린이들은 부모가 돌보거나 인근에 있는 주간 돌봄 시설päivä koti, day care center에 보내진다. 초기 아동교육은early childhood education은 지방자치단체가 책임지며, 학부모들은 소득 수준에 따라 일정한 액수의 이용료를 납부한다(소득이 높지 않은 다수는 무료). 어린이가 만 6세가 되면 1년간의 예비학교esikoulu, pre-school 과정을 이수하면서 학교생활을 준비하도록 하는데, 주로 놀이를 통해 '배움의 기쁨joy of learning'을 알아 가도록 한다. 예비학교 등록은 자발적 선택사항이었으나 2015년부터 필수로 제도가 변경되었다(자발적 선택 시기에도 예비학교 참여율은 약 95%에 이르렀다). 예비학교 교육은 무료로 제공된다.

만 7세부터 16세까지 모든 어린이는 의무적으로 종합학교 과정을 이수해야 한다. 초반 6년은 우리의 초등학교 과정에 해당하며 후반 3년은 중학교 과정에 해당한다고 볼 수 있다. 한 학교에서 9년을 다니기도 하고, 7학년부터 다른 학교로 옮겨 가 상급반 과정을 마치기도 한다. 약 3,200개의 종합학교가 있으며, 대부분은 지자체 소속으로 사립학교나 국립학교는 2% 미만에 머무른다. 사립학교를 포함해 종합학교 단계의 교육은 무료이며, 교과서와 재료비 등도 모두 무상으로 지원된다. 또한, 학생들은 무료로 균형 잡힌 식단의 급식을 제공받을 권리를 가지며, 통학 거리가 멀거나 장애가 있는 경우에는 교통 서비스도 지원된다. 종합학교 교과과정을 살펴보면, 모국어(핀란드어, 스웨덴어, 사미어 등), 수학,

외국어 A, 외국어 B,[12] 환경 과학, 역사와 사회, 예술(음악, 미술)·공예 crafts·스포츠, 종교 또는 윤리 등의 과목을 국가 커리큘럼에서 정해진 시간 이상 수강해야 한다.[13]

종합학교를 마치면 9학년 시기의 성적과 학내외 활동 등을 토대로 인문계고등학교lukio나 직업학교ammattikoulu를 택해 상급학교에 진학한다. 2016년 통계를 보면 졸업생 5만 7,615명 중 약 52.7%가 인문계고등학교에, 약 42.5%가 직업학교에 진학한 것으로 나타난다. 약 2.5%는 상급학교에 진학하지 않았다(2001년 조사에서 이 수치는 7%를 기록했다).[14] 고등학교부터는 담임교사가 없고 학생들은 개인화된 학습계획을 세우고 학점제 방식에 따라 수강신청을 하고 평가 점수를 획득한다. 모듈화된 커리큘럼에 따라 수업을 듣는데 50개 안팎의 필수과정을 포함해 75개 과정 이상을 이수해야 한다. 과목들을 살펴보면, 모국어와 문학, A 언어, B 언어, 기타 언어, 수학, 환경·과학, 인문학·사회과학, 예술·공예·스포츠 과목들이 포함된다.[15]

직업고등학교는 인문 및 교육, 문화, 사회과학 및 경제·행정, 기술·커뮤니케이션·운송, 자연과학, 천연자원 및 환경, 사회 서비스·건강·스포츠, 관광·요식업·가정 서비스 등 8개 분야로 분류되며, 2010년 기준 52개 고등학교 직업교육 자격과정과 120개 학습 프로그램이 존재한다.[16] 학생들은 3년 동안 핵심교과core subjects 20학점과 직업교과vocational studies 90학점, 자유선택학습free-choice studies 10학점 등 총 120학점을 이수해야 한다. 고등학교를 졸업한 학생들은 학교 성적과 대학 입학 자격시험matriculation examinations, 그리고 대학별 시험 성적을 토대로 대학에 진학할 수 있다. 인문계와 직업고의 계열에 상관없이 일반 대학이나 응용과학대학에 교차 지원이 가능하다. 응용과학대학은 졸업까지 3.5~4년 정도 소요되며, 대체로 석사학위까지 이수할 수 있다. 박사학위는 대체로 일반 대학에서만 수여한다. 아래는 핀란드 교육 시스템을 도표로 표현한 것이다.^{핀란드 교육부 자료}

는 대체로 일반 대학에서만 수여한다. 아래는 핀란드 교육 시스템을 도
표로 표현한 것이다.핀란드 교육부 자료

[그림 1] 핀란드의 교육 시스템

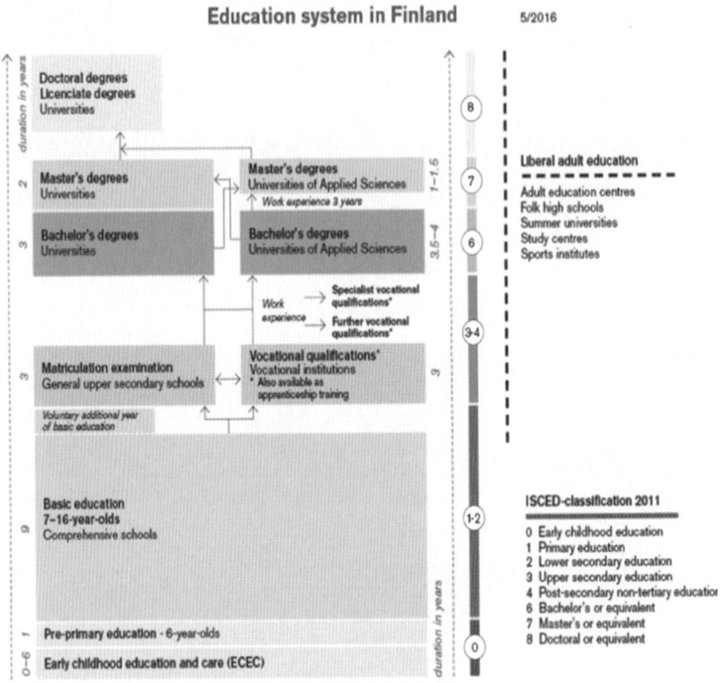

Education system in Finland   5/2016

핀란드 교육부 홈페이지 https://minedu.fi/en/education-system

2) 학교 교과과정의 시민교육 프로그램

① 사회 교과목의 주요 내용과 구성

핀란드의 학교 시민교육은 우선 교과과정 속에서 찾아볼 수 있다. 핀란드에서는 교과과정에 별도의 시민교육 또는 정치교육 교과목이 운영된다고 볼 수 있는지는 의문이다. 대신, 사회 과목yhteiskuntaoppi을 중심

으로 역사historia, 종교unskonto 또는 윤리etiikka, 철학filosofia 과목 등이 시민교육과 밀접히 연관된 내용을 입체적으로 전달하고 있다. 아래는 종합학교 단계에서 사용되는 사회 과목 I과 II의 주요 목차 내용을 특정 교과서 사례를 바탕으로 정리한 것이다.

[표 1] 종합학교 사회 과목(I · II)의 목차 예시[17]

종합학교 사회 I 과목 목차	종합학교 사회 II 과목 목차
I. 가까운 공동체 　1. 사회란 무엇인가? 　2. 우리는 사회 속으로 태어난다 　3. 규칙과 의사결정 　4. 영향 미치기(vaikuttaminen)는 가 　　까운 곳에서 시작된다	I. 권리와 책임 　1. 우리에게는 권리가 있다! 　2. 어린이의 권리 　3. 우리에게는 또한 책임이 있다!
II. 다양한 사람들의 핀란드 　5. 가족−누가 너와 같은 냉장고를 쓰 　　는가? 　6. 다양한 핀란드 　7. 핀란드 내의 이민자들 　8. 모든 사람은 평등하다	II. 함께 결정하자 　4. 민주주의란 무엇인가? 　5. 네가 영향을 미칠 수 있어 　6. 핀란드의 의사결정자들이 만나다 　7. 핀란드는 지방으로 나뉘어 있다
III. 안전한 삶 　9. 쾌적한 환경 　10. 일상의 안전 　11. 다른 사람과 함께 활동해야만 할까? 　12. 나는 어디에서 도움을 구할 수 있지?	III. 세상에서 물건 사기 　8. 고객에게는 권리가 있다 　9. 광고를 광고하기 　10. 이성적으로 소비하기
IV. 미디어 　13. 미디어 세계에서 　14. 뉴스입니다, 좋은 저녁입니다! 　15. 모든 것을 믿지는 마 　16. 소셜미디어 SNS 　17. 지혜롭게 인터넷에서	IV. 기업가정신과 서비스 　11. 기업은 어디에 필요할까? 　12. 시장조사: 기업가는 탐구한다! 　13. 가격은 모자에서 나오지 않아 　14. 모두에게 서비스가 필요해
V. 돈 사용자로서 청소년 　18. 현금으로 아니면 카드로? 　19. 네 용돈 사용을 계획해 　20. 나는 소비한다	V. 노동하는 삶 　15. 일을 하는 것은 여러 가지로 이로워 　16. 내가 크면 무엇이 될까? 　17. 미래가 다가온다−준비됐니?

※ 출처: Forum Yhteiskuntaoppi I · II(OPS 2016, Otava).

교과서 I은 나와 (인접한) 공동체의 관계에 관한 질문으로부터 시작해 민주주의는 다름이 아니라 자신과 관련된 공동체의 의사결정 과정에 참여하고 직간접적인 영향을 미치는 과정임을 강조한다. 핀란드어로 'Vaikuttaa'는 '~에 영향을 미치다to influence'라는 뜻으로 많은 법령과 정책 문서, 그리고 교재들에 반복해 등장하는 표현이다. 교과서는 자신과 가까운 공동체로부터 핀란드라는 정치공동체로 논의를 확장하면서 '핀란드인'의 정체성 혹은 '핀란드다움Finnishness'의 의미를 다양성과 평등의 관점에서 성찰적으로 접근할 것을 주문한다. 나아가, 교과서는 생활 속 안전 문제, 소셜미디어 등에 관한 미디어 리터러시media literacy 교육, 경제와 소비생활의 기본 개념 등을 학생들의 눈높이에서 쉽게 풀어 설명하고 있다. 교과서 Ⅱ는 국제인권규약과 헌법에서 보장하는 아동의 권리로부터 시작해 권리와 책임의 균형적 실현에 관한 논의를 전개한다. 또한, 민주적 의사결정과 시민적 참여의 중요성을 다시 강조한 뒤 핀란드 의회와 지방자치제도 등의 논의로 시야를 넓힌다. 경제생활의 기본에 관한 논의 뒤에는 최근 교과과정 개편 이후 강조되는 '기업가정신entrepreneurship'에 관한 장이 이어지며, 마지막으로 노동과 직업에 관한 논의를 편다.

사회 과목은 종합학교 상급반(7~9학년) 과정과 고등학교 과정으로 계속 이어지며 점차 그 수준과 범위가 확대된다. 먼저 종합학교 상급반 과정의 사회 과목 교과서의 주요 목차 내용을 살펴보면 [표 2]와 같다.

목차를 살펴보면 종합학교 4~6학년에서 배우던 내용들이 심화, 확장되면서 구체화되고 있는 것을 알 수 있다. 특히 복지국가, 노동시장, 주거 및 소비 경제 등의 내용과 민주적 의사결정 체계 및 시민참여에 관한 내용이 더 상세하게 검토되고 있다. 예컨대, 교과서는 영미권의 자유주의, 중부 유럽의 보수주의, 북유럽의 보편주의 복지국가 등 복지국가 유형(에스핑-앤더슨의 유형론에 기반)을 구분해 소개하고, 특히 핀란드 복지국가가 시민 개인에게 어떤 혜택을 제공하고 이는 어떤 재원(조세

※ 출처: Forum Yhteiskuntaoppi Ⅰ·Ⅱ(OPS 2016, Otava).

등)을 통해 유지되는가를 구체적으로 가르치고 있어 매우 인상적이다.

한편, 인문계고등학교에서 사회 과목은 4권의 교과서로 구성되어 있고, 학생들은 이 중 두 과목 이상을 선택해 수강한다. 4권은 핀란드 사회Yhteiskunta, 경제Talous, 유럽Europpaa, 그리고 법률Oikeus 또는 Laki에 관

[표 3] 고등학교 법률(Oikeus/ Laki) 교과서의 목차 예시

Ⅰ. 정의(Oikeus: 법, 권리, 정의라는 뜻) 구현의 원칙들
  1. 핀란드의 법률 체계
  2. 법률지식의 기본 개념
  3. 핀란드의 사법부
  4. 국제법

Ⅱ. 개인의 권리
  5. 헌법은 기본권을 보장한다
  6. 재산권, 지적재산권, 손해배상

Ⅲ. 가족과 상속
  7. 다양한 사람들, 다양한 관계
  8. 아동 최우선!
  9. 유산과 유언 – 누가 가지며 누구에게 주는가?

Ⅳ. 노동생활의 규칙들
  10. 노동과 노동 계약
  11. 나는 매일 일을 한다
  12. 일이 종료되는 경우

Ⅴ. 소비자 보호와 채무
  13. 소비자 보호
  14. 재화에 문제가 있는 경우
  15. 채무는 계약이다

Ⅵ. 주거
  16. 임대주택에 살까?
  17. 방 2개+부엌 그리고 여름별장을 팝니다
  18. 주택회사는 (주택조합) 주주들의 문제이다

Ⅶ. 죄와 벌
  19. 범죄들
  20. 범죄 수사로부터 재판으로
  21. 처벌들
  22. 갈등 사안들 – (지방)법원에서 만납시다!

Ⅷ. 좋은 정부와 지속가능한 환경을 위하여
  23. 공공 정부
  24. 단체 활동에 관심 있는가?
  25. 환경권(환경법)

※ 출처: Forum 4. Kansalaisen lakitieto[19](Otava, 2018).

한 내용들로 구성된다. 고등학교 사회 과목 중 법률 교과서의 내용이 특히 인상적인데, 이를 자세히 살펴보면 [표 3]과 같다.

'시민의 법률지식Kansalainen lakitieto'이라는 제목의 이 교과서는 법치국가의 원리 등 법률적 개념과 지식에 관한 담론으로부터 출발해 개인과 가족, 노동과 법률, 소비자 보호와 부채, 주거, 범죄와 처벌, 공공 행정과 환경권 등 시민 생활에 밀접한 주제들에 대해 체계적이고 실용적인 법률 정보를 제공하고 있다. 또, 구체적인 내용의 구성도 법률 정보의 주입식 전달이 아니라 실제 삶의 상황을 가정하면서 문제 해결 역량을 증진하기 위한 실용적 접근을 취하고 있다. 노동, 주거, 소비와 금융, 민형사상 분쟁 등의 영역에서 자신의 법적 권리를 인지하거나 제대로 주장하지 못한 채 소모적 분쟁에 휘말리거나 일방적 피해를 겪는 사례들이 많은 한국 사회에 적지 않은 시사점을 제공하는 사례라 할 것이다.

지면의 제약상 여기서 다른 교과목의 내용과 구성을 자세히 논할 수는 없다. 다만, 여기서 다시 강조하고 싶은 것은 핀란드의 경우 학교에서 따로 특화된 시민교육 교과목을 운영하고 있지 않지만 사회과를 중심으로 여러 교과서들이 민주주의, 인권, 법치주의, 평등, 다양성 등 국제인권규약과 EU 헌장, 그리고 핀란드 헌법에서 규정하는 기본적 가치를 바탕으로 통합적, 실용적 관점에서 해당 교과의 핵심 지식 및 정보 내용들을 풀어 가고 있다는 점이다.[20] 특히, 정치와 민주주의 교육의 경우 핀란드의 정치 제도 및 체계를 지식 위주로 전달하는 데 그치지 않고 현재 핀란드의 주요 정당들, 의회의 구성, 총리와 연합정부의 주요 장관들, 그리고 야당의 대표들 등을 컬러 화보와 그래픽, 언론 기사 등을 곁들여 매우 구체적이고 생생하게 전달하고 있다는 점이다.

② 다른 교과목들의 내용 및 구성: 시민교육과의 연관성을 중심으로

교과 주제에 대한 통합적, 실용적, 가치기반 접근은 핀란드의 교과서 구성 및 교육 과정 전반에서 공통되게 관찰되는 한 특징이라 할 수 있다. 또한 교사와 학생, 학생과 학생, 오프라인 교재와 온라인 교재 등의 경계를 넘어 의사소통적 상호작용이 가능한 방식으로 수업 진행이 가능하며, 이를 통해 학생들이 '배움의 기쁨'을 단계적, 능동적으로 탐색해 갈 수 있도록 배려하고 있다.

예컨대, 종합학교 하급반(1~6학년)의 (모)국어 교과서의 경우 가상의 주인공을 설정해 처음부터 끝까지 소주제를 달리하며 언어생활과 문학 행위의 제 측면을 탐색하는 형태로 구성되어 있다. 이 과정에서 학교에서 일어난 사건을 둘러싸고 학생들이 교장실 앞에서 시위를 개최하는 등의 장면을 자연스럽게 배치해 민주적 의사결정 과정에 대한 참여를 당연한 것으로 받아들이게 한다거나, 이혼 가정, 한부모 가정, 다문화 가정, 동성부부 가정 등 다양한 형태의 가정 배경을 가진 등장인물들이 편견 없이 교류하는 장면을 통해 학생들이 다양성과 시민적 평등에 관해 체화된 사고를 갖도록 촉진하는 식이다. 고등학교 모국어와 문학 교과서[21]의 경우에는 미디어, 문학, 서구 문학사, 핀란드 문학사, 현대 문화, 언어(문법), 쓰기, 말하기 등을 매우 체계적이고 풍부하게 담고 있으며, 이론과 실제의 두 측면을 모두 포괄하고 있다.

사회 교육과 더불어 종합학교 단계에서부터 사회과 교과목의 중심을 이루는 역사 교육은 학생들이 인류 문명사의 기원으로부터 시작해 그리스, 로마 시기 이래의 유럽 문명 발달사를 세계사적 지평 위에서 이해하고, 그 연장에서 북유럽과 핀란드의 역사 전개를 이해하도록 돕고 있다. 상급학교로 진학하게 되면 경제사, 국제정치사 등 세분화된 역사 과목을 이수하거나 독립과 내전, 전쟁 등 도전과 위기로 점철된 핀란드 근현

대사 부분을 더 중점적으로 학습하게 된다. 구체적으로, 고등학교 역사 교과서[22] 1권은 '환경과 사회의 변화 속 인간'(인류 문명사), 2권은 '국제 관계'(고대부터 근대 초기까지의 유럽사와 국제관계사), 3권은 '독립 핀란드의 역사'(핀란드 현대사), 4권은 '유럽인들의 세계상 변화'(유럽 문화사)를 다루고 있다.

그 밖에 고등학교에서는 인문사회과목으로 철학, 종교, 심리 등의 교과를 개설하고 있는데, 이들 교과에서도 시민교육과 관련된 내용들을 다수 발견할 수 있다. 예컨대 한 고등학교 철학 교과서는 1. 철학적 도전들, 2. 윤리적 도전들, 3. 사회철학적 도전들, 4. 지식의 도전들 등의 주제에 관해 다루고 있다. 그 가운데 3권의 경우 사회계약, 권력, 정의, 평등 등 현대 정치철학의 핵심 주제들과 직결되는 내용들이며, 다른 주제들 또한 성숙한 시민적 주체 형성에 필수적인 내용들로 구성되어 학생들을 성찰적 탐구의 길로 안내한다.

종교는 유럽 일부 국가들에서 학교 교과목으로 채택하고 있는 교과로 전 국민의 75% 정도가 루터리즘 기독교에 소속되어 있는 핀란드(북유럽 공통)의 사회적 맥락이 반영된 독특한 과목이라 할 수 있다. 그러나 그 내용을 면밀히 살펴보면 고해성사적 '강한 해법' 형태의 신앙 교육이 아니라 폭넓은 의미의 종교학에 가까운 '약한 해법' 형태의 종교 교육을 운영하고 있음을 알 수 있다.아르토 칼리오니에미·마르틴 우바니, 2018: 278 종합학교의 경우 종교 교과서는 루터리즘 기독교의 원리와 제도, 문화 등을 상세히 소개하는데, 특히 예수의 삶과 죽음 등 성경의 다양한 일화를 활용해 학생들에게 윤리적, 실존적 질문을 환기한다.[23] 나아가, 고등학교 종교 교과서[24]는 1권 '유대교, 기독교, 이슬람교를 찾아서', 2권 '세계 속의 기독교', 3권 '세계의 종교들과 신앙 운동들', 4~6권(통합) '핀란드 사회 속 종교', '지식, 예술, 대중문화 속 종교', '미디어 속 종교' 등의 내용으로 이루어져 있다. 한편, 종교 교과목을 선택하지 않은 학생들이 수강하는 윤리(세계관) 교과목도 세계시민교육의 관점에서 인간의 도덕적, 윤리적 딜레마에 관한 토론을 제고하면서 세계 문명과 종교의 다양성 등에 관한 감수성을 제고하는 내용을 담고 있다.

한편, 인문사회과목을 벗어난 자연과학 교과에서도 매우 흥미로운 점들이 관찰된다. 종합학교 하급반 학생들이 사용하는 환경(또는 자연) 교과서는 학교 앞마당의 작은 생태계로부터 출발해 마을, 국가, 지구, 태양계, 우주 등의 구성 체계와 원리를 논리적으로 탐구하는 내용으로 전개된다. 환경을 핀란드어로 '윔빠리스뙤ympäristö'라고 하는데, 말 그대로 나를 둘러싼 환경environment을 탐색한다. 그러므로 환경 교과서에 핀란드의 정치체계와 역대 대통령의 목록이 등장하거나 인간의 심리와 감정, 그리고 섹슈얼리티 등에 관한 내용이 포함되는 것이 전혀 이상한 일이 아닌 것이다. 지리maantieto는 인문사회과학과 자연과학을 연결하는 과목으로 양자의 접근법이 모두 활용되는데, 특히 인문지리 파트의 경우 기후변화와 생태 위기, 난민 문제 등을 다루는 등 시민교육과 연관성이 높다. 외국어, 수학 수업 등도 그와 같은 통합적, 실용적 지평 위에서 전개된다.

③ 예술·스포츠·공예 교육, 특수교육, 테마 중심 자율학습

인간 삶과 문화, 자연과 사회, 개인과 공동체 등에 관해 통합적, 실용적, 가치기반 접근을 추구하는 핀란드 교육의 특징과 그 시민교육적 함의는 예술교육, 특수교육, 그리고 최근 교과과정 개혁 이후 도입된 테마 중심 자율학습 프로그램 등에서도 찾을 수 있다. 핀란드는 예술과 스포츠 교육 영역에서도 학생들이 개성을 마음껏 드러내고 자유롭게 표현하며 협력과 책임감, 리더십 등 공동체적 덕목을 함양하는 계기로 활용하

고 있다. 핀란드는 근대 공교육을 도입한 19세기 중반부터 공식 커리큘럼에 공예crafts를 포함시킨 세계 최초의 국가이다. 학생들은 목공과 뜨개질 등 다양한 공예 활동을 통해 주변의 세계와 사물을 탐색하며, 실용적 생활인으로서 다양한 도구를 다루고 유용한 물건들을 제작하는 역량을 배양한다. 어려서부터의 공예 활동은 성인들에게까지 이어져 높은 수준의 창의적 디자인과 고도의 테크놀로지를 창조하는 기술력으로 연결되는 풍요로운 밑거름을 제공한다. 핀란드에서 숙련된 기술자와 장인, 예술가들이 존중받는 문화와도 연관이 깊다고 할 것이다. 예체능 교육은 학교에서 끝나지 않고 학교 바깥의 다양한 클럽 활동으로 연계돼 심화, 변주된다. 지역사회의 시민교육 기관들이나 예술교육기관들, 그리고 다양한 종목의 스포츠클럽들은 저마다 아동, 청소년 프로그램을 다양하게 제공하며, 대부분의 핀란드 어린이, 청소년들은 1~2개 이상의 취미 활동을 벌이고 있다. 세계 최고의 인프라와 서비스의 질을 갖추고 있는 공공도서관과 박물관 등도 다양한 프로그램과 서비스를 제공하며 학교 안과 밖을 연결하는 시민교육의 허브 기능을 수행한다.

나아가, 특별히 강조할 것은 핀란드의 독특한 특수교육special education 개념과 모델이다. 핀란드에서 특수교육은 더 이상 특정한 유형의 장애인 학생들만을 위한 것이 아니다. 그것은 모든 학생들이 주관적 상황이나 외적 여건에 따라 일정한 단계에서 특별한 필요special needs를 가질 수 있음을 긍정하고, 이를 개별적 요구에 맞게 체계적으로 지원하는 교육 서비스 일체를 뜻한다. 이러한 특수교육 개념의 변화는 1968년 종합학교 교육개혁 이후 다양한 배경과 수준의 학생들이 한 교실에 통합되어 수학해야 하는 상황에 대처하는 과정에서 발전되었다. 교육 당국은 유능한 특수교육 전공자들을 종합학교에 배치해 학생들의 교육을 지원했고, 그 결과 1970년에 특수교육 서비스를 받는 학생들이 약 5%에 머물던 것이 2010년에는 약 30%까지 확대됐다. 일부(8%)는 분리된 교실에서 전일제 특수교육을 받는 학생들이지만 나머지 다수(22%)는 경미한 학습장애에 대한 부분적 지원을 받는 학생들이다.Sabel et al., 2010: 28 정상, 비정상의 경계를 넘어 누구나 어떤 상황에서는 특별한 지원을 받을 필요가 있음을 긍정하고, 체계적 진단과 개인별 지원 계획에 따라 효과적 교육 및 복지 서비스를 제공하는 정책 전환으로 인해 모든 학생들의 평등한 교육 접근권 실현은 물론 PISA 등의 국제지표에서 탁월한 성취가 가능해진 것으로 평가된다.

끝으로, 2014년의 교과과정 개편으로 기존 교과서 편제를 뛰어넘는 테마 중심 자율 수업이 적극 권장되고 있다는 점도 특기할 만하다. 이에 따라 모든 학교는 매년 최소 하나 이상의 다학제적 학습 모듈multi-disciplinary learning modules을 계획하고 실행해야 한다. 주제와 기간 등은 현장의 요구에 따라 다양하게 설계될 수 있고, 모듈의 계획 단계에서부터 학생들이 참여해야 한다. 학교들은 기후변화, 유럽 난민위기, 4차 산업혁명, 기업가정신 등 다양한 주제의 테마 수업을 개발해 새로운 형태의 학생 참여와 학습 실험을 전개하고 있다.[25]

3) 학생자치 제도와 핀란드 청소년들의 사회 참여

교과과정 외에도 다양한 방식의 공동체 참여를 통해 시민교육의 효과를 가져올 수 있으며, 참여민주주의자들이 주장해 왔듯이 그와 같은 참여의 경험 자체가 가장 좋은 시민교육일 수 있다.Barber, 1984 대부분의 핀란드 학교들은 학생자치회를 운영하며, 학생들은 한 학기 또는 일 년 단위로 학급당 2명의 대표를 선출한다. 선출된 대표들은 학생자치회의 임원이 되며, 그중 다시 두 명의 대표를 선출한다. 이렇게 선발된 학생 대표들은 지방자치단체들이 운영하는 어린이의회Lasten Parlamentti(종합학교 1~6학년)와 청소년위원회Nuorten Valtuusto(종합학교 7~9학년 학생과 인문계고등학교 및 직업학교 학생 대표)의 구성원이 되며, 이들은 정기적으로 시의회에서 회합을 갖고 아동, 청소년에 관한 사항을 심의한다. 청소년위원회는 핀란드의 「지방자치법」에 명시된 공식 제도로 지방 수준에서 당사자들의 정책결정 과정 참여를 보장하기 위해 노인위원회, 장애위원회와 함께 설치된 기구이다. 또한 만 15세 이상의 핀란드 청소년들은 직접 민주주의의 기제인 지방 수준의 시민발의local citizens' initiatives를 발의하거나 지지 서명할 수 있다. 이 제도는 1970년대 도입된 것으로 지역 인구의 2%가 넘는 서명을 받으면 지방자치단체가 6개월 이내에 공식 심의 결과를 통보한다. 인구의 5% 이상 서명을 얻으면 주민투표를 요구할 수 있다.서현수, 2017

국가적 수준의 청소년 참여 채널로는 핀란드 의회가 운영하는 청소년의회Nuorten Parlamentti 프로그램이 있다. 2004년부터 도입, 운영되고 있는 이 제도는 지역 단위 학교들의 의회 클럽parliamentary clubs 네트워크 활동에 기반을 둔 것이다. 청소년의회 프로그램은 청소년들이 핀란드 민주주의와 의회의 활동에 대해 더 잘 이해하도록 장려하고, 청소년들이 참여 경험을 통해 민주적 리더십과 시민적 역량을 함양하며, 청소년들의 의견과 관점이 국회의원들을 비롯한 의사결정자들에게 더 잘 전달되도록 하는 데 목표가 있다. 평소에는 학교 단위 클럽 활동을 하다가 2년에 한 번 개최되는 청소년의회 본 행사에 199명의 청소년 대표들(15~16세)이 헬싱키 소재 의회 의사당에 집결하게 된다. 본회의 세션의 하이라이트인 '총리에 대한 질문 시간Question Time to the PM'은 현직 국회의장이 직접 주관하고 총리를 비롯한 다수의 장관들이 직접 참석해 청소년 대표들의 질문에 답변하며, 이는 공영방송인 YLE 1 채널을 통해 전국에 생중계된다.Seo, 2017[26]

그러나 가장 실질적인 정치 참여 채널은 정당 청년 조직parties' youth organizations이다. 핀란드에는 매우 많은 수의 원내 정당 그룹들이 존재하며, 이들은 모두 청년 조직을 운영하고 있다. 15세 이상의 아동, 청소년들은 누구나 가입할 수 있고, 녹색당Green League과 좌파당Left Alliance 등 일부 정당은 13~15세의 어린이도 부모 동의하에 가입할 수 있도록 허용한다.Ministry of Foreign Affairs of Finland, 2012 청년 조직은 당의 미래 정책 의제를 설정하는 싱크탱크이자 차세대 리더들을 발굴, 채용하는 인재 양성 기구로 기능하며, 청년 조직의 대표들은 당의 부대표를 역임하는 경우가 많다. 일찍부터 정치교육과 직간접적 정치 참여 경험을 쌓고, 정당 내부 혹은 시민사회 유관 조직 등에서 정치적, 정책적 역량을 길러가게 된다. 현재 핀란드 중앙당, 녹색당, 좌파동맹의 대표가 모두 30대 초반의 여성들이며 이들은 이미 재선 국회의원이면서 동시에 현 안띠 린네Antti Rinne(총리, 사민당) 행정부의 주요 장관(산업부장관, 내무부장관, 교육부장관 등)으로 활동하고 있다. 사민당의 부대표 산나 마린Sanna Marin도 33세의 여성으로 교통통신부장관을 맡고 있다. 핀란드는 만 18세부터 대통령, 국회, 지방의회, 유럽연합 의회 등 각급 선거의 선거권과 피선거권이 동시에 주어지며, 2019년 4월 실시된 핀란드 총선에서도 다수의 20~30대 국회의원들이 배출되었다. 당선된 의원들의 평균연령은 46세였고, 35세 이하가 19%, 45세 이하는 48%에 달하였다.서현수, 2019

5. 나가며

2019년은 핀란드에서 근대 시민교육이 태동한 지 120주년이 되는 해이다. 1899년 땀뻬레노동자교육센터가 설립될 당시 핀란드의 시민교육은 자본주의 산업화와 대중 민주주의 진전이 이루어지는 가운데 노동자를 비롯한 성인 대중을 교육하고 이데올로기적 각성(계몽)을 촉진하기 위한 정치·사회운동의 성격을 강하게 내포했다. 오늘날 핀란드의 시민교육은 그러한 이데올로기적, 정치적 성격을 대부분 탈각하고, 활력 있는 시민사회와 공동체 발전 및 개인들의 다양한 관심과 욕구, 정체성 실현을 지원하는 자유 교양교육으로 성격이 진화하였고, 시민교육기관들도 지자체와 시민사회의 협력적 거버넌스 속에 운영되는 평생학습기관들로 제도화되었다. 아울러, 핀란드의 민주주의 시민교육은 학교 교육 시스템과 프로그램 속으로 깊이 스며들어 있다. 이는 각급 학교의 교과서들에서, 그리고 학교민주주의 및 다양한 아동·청소년 참여 제도와 프로그램들 속에서 확인된다. 보편적 제도와 내실 있는 프로그램으로 정착된 시민교육은 높은 수준의 참여와 협력적 거버넌스 그리고 사회적 신뢰를 특징으로 하는 핀란드의 성숙한 민주주의와 시민문화의 주요 기제이자 요소로 작용하고 있다.

앞의 논의를 바탕으로 핀란드 학교 시민교육의 특징과 시사점을 다음과 같이 제시할 수 있다. 첫째, 핀란드는 학교 교과과정에서 별도의 시민교육 과목을 운영하고 있지는 않으나 사회 과목을 중심으로 다양한 교과목의 내용과 교육 과정에서 현대 민주주의와 보편적 복지국가의 기본 가치와 이념을 바탕으로 통합적, 실용적 관점의 민주 시민교육을 제공하고 있다. 나아가, 이러한 원칙은 문학과 예술·스포츠·공예 교육, 나아가 핀란드의 혁신적 특수교육 시스템 속에서 풍부한 내용과 형태로 구현되고 있다. 핀란드 사례는 학교 시민교육에서 가치기반 접근과 실용적 접근이 모순되지 않고 통합적으로 추구될 수 있음을 보여 주는 것으로, 별도의 교과로서 시민교육 과목을 하나 신설하는 수준을 넘어 교과과정 및 교과서 전반의 민주적 재구성이 필요함을 시사한다.

둘째, 이러한 차원 높은 핀란드의 학교 시민교육 시스템 문화는 단기간에 구축된 것이 아니라 장기적 관점과 계획 속에 실행된 개혁 과정을 거쳐 만들어진 결실이라는 점이다. 특히, 1960년대 들어 추진된 종합학교 교육개혁을 필두로 지속적인 교육개혁이 실행되었고, 이를 통해 평등한 교육 접근권과 보편적 교육복지의 실현, 그리고 직업교육과 대학개혁의 혁신이 함께 이루어졌다. 또한 이러한 교육개혁의 과정은 교사들이 개혁의 파트너로서 적극적 역할을 수행할 수 있도록 돕고, 고용주 단체와 노동조합, 지자체, 학부모, 청소년단체 등 다양한 정책 이해관계자들과의 광범위한 정책 협의 프로세스를 통해 개혁의 효과성 및 사회적 신뢰를 높이는 방식으로 진행되었다는 점을 깊이 숙고할 필요가 있다. 핀란드 민주주의 및 복지국가 건설 과정에 대한 연결적 이해와 아울러 교육개혁의 정치적, 제도적 다이내믹에 대한 심층적 숙고가 요청된다.

셋째, 핀란드 학생들은 학교 안팎을 넘나들며 다양한 채널을 통해 공동체에 참여하며 시민적 주체로 성장하고 있다. 학교 학생자치회로부터 시작해 지방자치단체의 어린이의회와 청소년위원회 및 주민발의제도, 그리고 국회가 주관하는 청소년의회 등 학생들이 민주적 의사결정 과정에 직간접적으로 영향을 미칠 수 있는 다양한 채널들이 존재한다. 다른 북유럽 국가들처럼 핀란드에서는 정당 청년 조직 가입도 자유롭게 허용되며, 청(소)년들의 실질적 정치교육과 참여의 채널로 기능하고 있다. 학교 시민교육이 민주주의 이론과 제도 등에 대한 단순 학습과 평가에 머물지 않고, 청소년들의 자기주도적 탐색과 상호 토론을 거쳐 폭넓은 자치 및 공동체 참여의 경험으로 나아갈 수 있는 다양한 채널과 방법이 마련되어야 할 것이다.

핀란드 사례를 살펴보면서 한 나라의 민주주의와 시민사회, 그리고 교육 문제가 내적, 구조적 차원에서 깊이 연관되어 있음을 새삼 절실히 깨닫게 된다. 20세기 동안 여러 위기와 도전을 극복하고 합의적 민주주의와 보편적 복지국가를 건설하면서 효과적인 교육개혁을 실현하고, 나아가 통합적 관점에서 시민교육을 제도화해 온 핀란드의 사례는 전환기적 변화와 위기의 시대를 가로질러 지속가능한 민주주의와 대안적 시민 공동체 형성의 과제를 안고 있는 오늘의 한국 사회에도 중요한 함의를 던지고 있다.

1. 이 글은 2018년 정부(교육부)의 재원으로 한국연구재단의 지원을 받아 수행된 연구(NRF-2018S1A5B8A02081350)이며, 서현수(2019b)의 일부 내용을 수정, 발전시킨 것이다.

2. 이하 내용은 서현수(2017: 40-46)의 일부를 발췌, 업데이트한 것이다. 원문에서 필자는 '민주주의 정책(democracy policy)과 적극적 시민참여 프로그램', '민주적 실험과 새로운 시민 액티비즘(new civic activism)'을 포함한 일곱 가지의 특징을 제시한 바 있다.

3. www.abf.se/Om-ABF/About-ABF-in-English1/, 검색일: 2018.10.30.

4. https://kansalaisopistot.fi/, 검색일: 2019.10.27.

5. 2015년 총선 이후 핀란드인당이 연정에 합류하면서 지지율이 총선 득표율의 절반 이하로 하락했으나 2019년 총선에서 다시 반이민, 반EU 정서 등에 편승해 기존 지지율을 대부분 회복했다.

6. 이 교사 모임은 훗날 종합대학인 위바스뀔라(Jyväskylä) 대학교로 발전해 핀란드 교사 양성의 요람 역할을 담당하였다(Nurmi, 1988).

7. https://kansalaisopistot.fi/kansalaisopistojen-historia/, 검색일: 2019. 10. 27.

8. https://tuomioja.org/kirjoitukset/2003/01/pekka-kuusi-ja-60-luvun-sosiaalipolitiikka-suomen-suunnannayttajina-artikkeli-janus-sosiaalipolitiikan-ja-sosiaalityontutkimuksen-aikakauslehti-402/, 검색일: 2019. 10. 27.

9. 현 집권당인 핀란드 사민당은 의무교육 기간을 9년에서 12년으로 늘리는 방안을 추진하고 있다. 핀란드는 현재 박사과정까지 등록금이 없으며, 대학생(석사 포함)들은 학생수당과 대출지원금을 제공받고 식비와 교통비를 일부 지원받는다. 그러나 최근 비EU 국가 출신의 석사과정 입학생들에게 등록금을 받기로 결정하면서 보편적 평등 교육 체제에 일부 균열이 생기고 있다.

10. 응용과학대학(University of Applied Sciences) 또는 폴리테크닉 대학으로 불리기도 함. 3.5년제로 운영되며, 학생들은 석사과정까지 이수할 수 있다.

11. https://minedu.fi/korkeakoulut-ja-tiedelaitokset, 검색일: 2019. 10. 28.

12. 핀란드는 핀란드어와 스웨덴어를 공용어로 사용한다. 학생들은 통상 3학년부터 영어 등 제1외국어를 배우고, 6학년부터 제2공용어를 배우기 시작했으나, 최근 새로운 정부 결정으로 2020년 봄부터 1학년 학생들을 대상으로 제1외국어 또는 제2공용어 학습이 시작될 예정이다(https://www.oph.fi/fi/koulutus-ja-

tutkinnot/a1-kielen-opetus-luokilla-1-2, 검색일: 2019. 10. 28.)

13. https://minedu.fi/perusopetus, 검색일: 2018. 10. 30.

14. Statistics Finland(https://www.oph.fi/download/175015_education_in_ Finland.pdf, 검색일: 2018.10.30.).

15. https://www.oph.fi/koulutus_ja_tutkinnot/lukiokoulutus, 검색일: 2018. 10. 30.

16. https://www.oph.fi/download/131431_vocational_education_and_ training_in_finland.pdf, 검색일: 2018. 10. 30.

17. 사회 Ⅰ·Ⅱ 과목은 종합학교 4~6학년 사이의 시기에 이수하며, 그 뒤에는 9학년 시기에 다시 사회 과목을 이수한다.

18. 자가 주택 및 임대 등 주거 문제를 다룸.

19. '시민의 법률지식'이라는 뜻임.

20. 핀란드는 1995년 〈유럽인권협약〉(European Convention on Human Rights)에 부합되도록 헌법의 기본권 장을 전면 개정했고, 이는 2000년 신헌법에서도 그대로 계승되었다(Husa, 2011).

21. Otava 출판사에서 펴낸 핀란드어와 문학 교과서 'Särmä: Suomen Kieli ja Kirjallisuus'(2018)를 참고하였다.

22. Edita 출판사에서 펴낸 'Kaikkien Aikojen Historia(모든 시간들의 역사)' Ⅰ-Ⅳ 시리즈(2018)를 참고하였다.

23. 학교 교과목으로 종교 수업을 유지해야 하는가에 관해서는 논란이 있어 왔다. 종교를 선택 과목화하고 부모나 학생들이 선택 가능한 다른 대안으로 윤리 과목을 개설한 것도 그러한 이유에서였다. 그러나 여전히 핀란드인들의 75퍼센트가량이 루터리즘 기독교에 속해 있고, 이들은 매년 1%의 종교세를 납부할 정도로 북유럽 전반에서 루터리즘 교회의 영향력은 강력하다. 교회는 주교가 공개적으로 동성결혼의 합법화를 지지하는 등 세속주의적 현대 사회와 시민들의 인식 변화에 능동적으로 적응함으로써 영향력을 유지하는 모습이다.

24. Otava 출판사에서 펴낸 'Valo(빛)' Ⅰ-Ⅵ 시리즈(2018)를 참고하였다.

25. 이상은 2011년 핀란드에 유학한 뒤 필자가 종합학교에 아이를 보내 키우면서 직간접적으로 체험한 내용을 함께 포함하고 있다.

26. https://www.eduskunta.fi/FI/NuortenEduskunta/NuortenParlamentti/ Sivut/default.aspx, 검색일: 2018. 10. 30.

| 참고 문헌 |

핀란드 교과서(OPS 2016, 2016 교과과정)

Etiikan haasteet. 2017. Jyväskylä: Atena.

Filosofian haasteet. 2018. Jyväskylä: Atena.

Forum 1. Suomalainen yhteiskunta. 2016. Helsinki: Otava.

Forum 2. Taloustieto. 2018. Helsinki: Otava.

Forum 3. Suomi, Eurooppa ja muuttuva maailma. 2018. Helsinki: Otava.

Forum 4. Kansalaisen lakitieto. 2018. Helsinki: Otava.

Forum Yhteiskuntaoppi 9. 2018. Helsinki: Otava.

Forum Yhteiskuntaoppi Ⅰ·Ⅱ. 2018. Helsinki: Otava.

Kaikkien Aikojen Historia 1. Ihminen ympäristön muutoksessa. 2018. Helsinki: Edita.

Kaikkien Aikojen Historia 2. Kansainväliset suhteet. 2018. Helsinki: Edita.

Kaikkien Aikojen Historia 3. Itsenäisen Suomen historia. 2018. Helsinki: Edita.

Kaikkien Aikojen Historia 4. Eurooppalaisen maailamankuvan kehitys. 2017. Helsinki: Edita.

Särmä: Suomen Kieli ja Kirjallisuus. 2018. Helsinki: Otava.

Tietämisen haasteet. 2018. Jyväskylä: Atena.

Valo Ⅰ. Juutalaisuuden, kristinuskon ja islamin jäljillä. 2016. Helsinki: Otava.

Valo Ⅱ. Maailamanlaajuinen kristinusko. 2017. Helsinki: Otava.

Valo Ⅲ. Maailman uskontoja ja uskonnollisia liikkeitä. 2016. Helsinki: Otava.

Valo Ⅵ·Ⅴ·Ⅵ. 2018. Helsinki: Otava.

Yhteiskuntafilosofian haasteet. 2018. Jyväskylä: Atena.

학술 문헌

메리 힐슨(2010). 『노르딕 모델: 북유럽 복지국가의 꿈과 현실』. 주은선·김영미 옮김. 서울: 삼천리.

서현수(2017). 『주민 주도 공동체 발전 방안 연구: 핀란드, 덴마크, 스웨덴의 사회적 혁신 정책 및 사례를 중심으로』. 사회복지법인 함께걷는아이들 연구보고서.

서현수(2018a). 「핀란드 헌법 개혁 모델의 특징과 함의: 의회-행정부 관계와 의회-시민 관계의 재구성」. 『한국정치연구』, 27(3): 175-205.

서현수(2018b). 「핀란드 중립 평화 외교정책의 형성과 진화: 대외 환경과 정책 결정 시스템의 변화를 중심으로」. 『스칸디나비아연구』, 22: 37-72.

서현수(2019a). 『핀란드의 의회, 시민, 민주주의: 열린, 포용적 의회-시민 관계를 향하여』. 서울: 빈빈책방.

서현수(2019b). 「핀란드 학교 민주시민교육의 교육과정 및 교과서 분석」. 『해외 학교 민주시민교육 교육과정 및 교과서 분석 연구』. 성공회대 민주주의연구소. 교육부 민주시민교육 정책연구과제 보고서.

서현수(2019c). 「북유럽 복지국가의 후발주자에서 선도적 혁신국가로」. 『노르딕 모델과 대륙형 모델의 형성 및 변천과정 연구』. 여유진 외. 경제·인문사회연구회 협동연구총서 19-20-01.

셰리 버먼(2010). 『정치가 우선한다: 사회민주주의와 20세기 유럽의 형성』. 김유진 옮김. 서울: 후마니타스.

아르토 칼리오니에미·마르틴 우바니(2018). 「핀란드 학교의 종교교육」. 『핀란드 교육의 기적: 핀란드 학교의 가르침과 배움, 그 원리와 실천』. 한넬레 니에미 외 지음. 장수명 외 옮김. 서울: 살림터.

에르끼 아호 외(2010). 『에르끼 아호의 핀란드 교육개혁 보고서』. 김선희 옮김. 서울: 한울림.

유경훈·임종헌·김병찬(2017). 「핀란드 교육개혁의 특징 분석」. 『한국교육학연구』. 23(1): 319-352.

Arter, D.(2006). *Democracy in Scandinavia*. Manchester: Manchester University Press.

Arter, David.(2016). *Scandinavian Politics Today*. Manchester: Manchester University Press.

Barber, B.(1984). *Strong Democracy: Participatory Politics for a New Age*. University of California Press.

Bergman, T., & Strøm, K.(Eds.)(2011). *The Madisonian Turn: Political Parties and Parliamentary Democracy in Nordic Europe*. Ann Arbor: The University of Michigan Press.

Christiansen, P. M. & Togeby, L.(2006). Power and Democracy in Denmark: Still a Viable Democracy. *Scandinavian Political Studies*, 29(1): 1-24.

Einhorn, E. S. & Logue, J.(2003). *Modern Welfare States: Scandinavian Politics and Policy in the Global Age*. Westport: Praeger Publishers.

Esping-Andersen, G.(1990). *The Three Worlds of Welfare Capitalism*. Princeton: Princeton University Press.

Fagerberg, J., & Fosaas, M.(2014). *Innovation and innovation policy in the Nordic region*. NordMod 2030: Sub-report 13. Fapo.

Kimmo, J., Sirkka, K. & Katrina, L.(2013). *Kansalainen ja Oikeus*. Edita.

Kuisma, M., Henttinen, A., Karhu, S. & Pohls, M.(1999). *The Pellervo Story: A Century of Finnish Cooperation, 1899-1999*. Pellervo Society. Tampere: Kirjayhtymä.

Mäenpää, P. & Faehnle, M.(2017). Civic Activism as A Resource for Cities. *Helsinki Quaterly*, 1/2017. (http://www.kvartti.fi/en/articles/civic-activism-resource-cities)

Meinander, H.(2014). *Suomen historia*. Helsinki: Schildts &Söderströms.

Meinander, H. et al.(2018). *Kansanvallan polkuja: Demokratian kehityspiirteitä Suomessa ja Ruotsissa 1800-luvun lopulta 2020-luvulle*. Helsinki: SKS.

Mickelsson, R.(2015). *Suomen puolueet: Vapauden ajasta maailaantuskaan*. Tampere: Vastapaino.

Ministry of Foreign Affairs of Finland.(2012). *Political Youth Organisations: Strengthening the Voice of Youth in Politics: The Finnish Experience*. (https://demofinland.org/wp-content/uploads/2010/12/lowres_finnishexp_political_youth.pdf)

Nurmi, V.(1988). *Uno Cygnaeus-Suomalainen koulumies ja kasvattaja*. Helsinki: Valtion Painatuskeskus & Kouluhallitus.

Raunio, T.(2011). Finland: Moving in the opposite direction. In: T*he Madisonian Turn: Political Parties and Parliamentary Democracy in Nordic Europe*, 112-157.

Sabel, C. et al.(2010). *Individualized Service Provision in the New Welfare State: Lessons from Special Education in Finland*. Report prepared for SITRA. Helsinki, Octover 2010.

Sahlberg, P.(2007). Education Policies for Raising Student Learning: The Finnish Approach. *Journal of education policy*, 22(2): 147-171.

Sahlberg, P.(2010). Educational Change in Finland. In: *Second International Handbook of Educational Change*, 323-348. Springer, Dordrecht.

Seo, H. S.(2017). *Reaching Out to the People? Parliament and Citizen Participation in Finland*, Doctoral dissertation, Tampere University Press, 2017.(http://urn.fi/URN:ISBN:978-952-03-0387-7)

제 5 장

영국 국가 정치 상황에 따른 시민교육 핵심 개념의 변화'

권순정(서울특별시교육청 교육연구정보원 교육정책연구소 선임연구원)

1. 들어가며

영국에서는 1990년대부터 본격적으로 시민citizen, 시민성citizenship[2] 그리고 시민교육이 함께 논의되었으며, 2002년 9월 본격적으로 국가교육과정에 도입되었다. 국가교육과정으로 도입되기까지 오랫동안 정치권에서 시민과 시민교육의 필요성에 대한 논의가 지속되었고, 관련 프로그램들이 제안되고 실천되어 왔다. 그리고 그 과정에서 시민교육은 사회 변화에 맞추어 그 방향이나 기본 개념에서 변화를 보여 왔다.

그러므로 국가 정치적 상황과 사회 변화에 따라 시민교육에 대한 관점이나 기본 개념들에 차이들이 있는지, 있었다면 어떠한 차이들이었는지를 살펴봄으로써 시민교육 교육과정 정책 구상 및 교육 실천에 대한 시사점을 고찰해 볼 수 있다. 여기서 시민교육의 기본 개념을 봐야 하는 이유는 시민교육이 가진 성격 때문이다. 시민교육은 기본적으로 민주주의 사회에서 민주적인 시민을 길러 내는 교육이기 때문에 민주주의에 부합하는 혹은 연관된 관념, 가치, 규범에 대한 논의가 필수적이다. 또한 시민교육은 변혁적 교육transformative education, 가치교육vlaues education 그리고 도덕교육moral education 차원에서 다루어지는 교육의 한 줄기이다.APCEIU, 2017 이에 교육의 지향점이 무엇이며, 지향점으로 나아가기 위해 제시되는 가치, 규범, 기술, 태도, 지식 등이 무엇인지가 시민교육 교육과정의 핵심이 된다. 여기서는 이를 통칭하여 핵심 개념이라 명명하였다.

따라서 시민교육의 핵심 개념이 정치적 상황과 사회 변화에 맞추어 어떠한 변화 양상을 보이는지, 중요하게 여겨지는 지점은 무엇인지를 파악하는 것은 곧 시민교육 교육과정의 목표와 실천 방향을 파악하는 것이라고 할 수 있다.

한국 사회는 다양한 형태의 변화를 마주하며 시민교육의 필요성에 주목하고 있다. 한국 사회는 점차 다원화된 사회Pluralistic society로 이행되어 가는 모습과 다양한 사회문제들-학교폭력의 증가, 젊은 층의 정치 사회문제의 무관심, 신보수화, 극단적인 사회폭력 증가(성폭력, 살인, 자살 등), 사회 혐오 증가-을 보이고 있다. 이는 영국 사회가 마주했었고, 현재 마주하고 있는 문제와도 유사하다. 여기에 더해, 한국 사회는 통일로 나아가는 사회적 전환 시점에 와 있기 때문에 다양한 형태로 미래 사회를 준비해야 하는 과제를 안고 있다. 이에 따라 시민교육의 필요성이 대두되고 있으며, 시민교육을 통해 아이들이 한국 사회가 마주하고 있는 변화에 유연하게 대응하며 변화한 사회에서 민주시민으로 잘 성장하도록 하고자 한다. 이를 반영하듯, 교육부와 지자체들은 시민교육의 필요성을 주장하며 적극적으로 시민교육을 교육과정 안에 도입하고 있다.c.f. 교육부, 서울시교육청, 경기도교육청 그러나 시민교육이 강조되면서도 이에 대한 사회적 합의가 충분히 이루어지지 않았으며, 이에 따라 교육현장에서 나타나는 실천은 여러 형태의 어려움을 경험하고 있다.

영국은 상당히 오랜 기간 시민교육을 논의해 오고, 국가교육과정에서 다루어 왔음에도 시민교육을 실천하는 교사들은 낯설음을 느끼고 있다는 보고도 있다.Keating el al., 2010 또한 심성보2018가 주지했듯, 소위 보수와 진보라는 정치적 이해관계에 따른 시민교육의 관점도 다르게 주장되고 있다. 그럼에도 불구하고 영국 사회에서는 지속적으로 시민과 시민교육에 대한 논의가 이어지고 있다는 점은 주목할 만하다.

따라서 이 글에서는 영국의 교육과정 정책에 반영된 시민교육의 핵심 개념들을 분석하고자 한다. 앞서 소개하였듯, 영국은 국가교육과정에 시민교육이 도입되어 구체적인 실천을 해 온 국가이다. 국가교육과정은 국가의 정치사회 변화가 반영될 수밖에 없고, 정치적 이해와 슬로건에 따라 핵심 개념들이 바뀔 수 있는 여지가 있다. 이는 여전히 시민교육에 대한 교사들의 이해가 상이하게 나타나고 실천에 어려움을 경험하고 있다는 점에서 반추할 수 있다.

이에 근거하여 영국 사회가 국가 정치 및 사회 변화가 시민교육 교육과정에 어떻게 반영되는지를 알아보기 위해, 시민교육 정책과 교육 실천의 방향이 구상되는 보고서나 정책 가이드라인 등에 핵심 개념이 어떻게 나타나고 있는지를 살펴보았다.

2. 영국 국가정치 맥락과 시민교육의 흐름

1) 영국의 국가정치 및 사회적 맥락

일반적으로 영국 사회를 논의할 때는 대영연방제국United Kingdom of Great Britain, UK 중 하나인 잉글랜드를 칭하기도 하고, 대영연방제국 전체를 칭하기도 한다. 혼용되기는 하지만 좀 더 정확하게 보자면, 잉글랜드, 스코틀랜드, 웨일스 그리고 북아일랜드로 구성된 국가의 정식명칭은 대영연방제국이다. 각 연방은 각각의 정치, 사회문화를 형성하고 있고, 이에 따라 교육정책도 조금씩 다른 형태로 나타난다. 본고에서는 통상 영국으로 이해되는 잉글랜드의 정치사회적 맥락과 시민교육에 대해 알아본다.

영국 사회는 뚜렷한 계급사회이면서 동시에 오래전부터 다원화된 사회이다. 우선, 영국은 전통적인 사회계급을 현재까지 유지하고 있다. 영국인들은 로열패밀리에 대한 지지를 보내며 자부심을 느낄 만한 중요한 영국 문화로 여기면서 전통 왕실가문을 중심으로 한 사회의 귀품royalty을 중요한 가치로 여기는 사회이다. 이에 따라 사회 계급 구분의 기준점은 왕실과 상류층 그리고 그 이하로 설명할 수 있다. 왕실 이하의 계급은 크게 중간계급middle class과 노동자계급working class으로 구분된다. 영국 사회에서 중간계급을 어떻게 규명할 것인가에 대한 논의는 정밀한 사회학적인 분석이 필요하지만, 현재는 중간계급과 노동자계급의 표면적인 혹은 상징적인 격차가 많이 줄었다고 설명될 수 있다. 그럼에도 주로 전문직 및 지식노동자들로 구성된 중간계급과 육체노동을 비롯한 전통적인 노동자계급의 큰 틀은 변하지 않은 것으로 보인다.

중간계급과 노동자계급을 나누는 기준은 단순한 경제자본economical capital만이 있는 것이 아니라, 사회문화적 차이에 의한 불평등 정도로도 나타난다. 이러한 차이는 학교 진학과 사회 진출로 이어지게 되고, 이는 다른 인종·민족성을 가진 집단과의 관계에서도 나타난다. 과거와 같은 명확한 계급 분화는 아닐지라도, 백인 중심의 영국 중간계급의 문화와 그 외 다른 집단의 구분은 암묵적인 형태로든 명시적인 형태로든 나타나고 있다. 이에 대해 사회적 배제exclusion라고 설명하기도 한다.Osler & Starkey, 2005 이러한 사회적 구조와 현상은 다양한 사회문제로 연결된다. 영국 사회는 인종차별과 그와 연관된 폭력과 집단 간 혐오 현상, 다양성을 포용하고 영국 우월주의에서 벗어나고자 하는 집단과 영국 중심주의로 가야 한다고 보는 집단의 갈등, 그리고 신자유주의 정책기조에 따른

교육의 수월성 강조와 이에 따라 파생되는 교육 평등의 문제가 대표적이다.the Guardian, 2018

이러한 문제들에 대한 인식과 관점은 곧 정치색으로도 연결된다. 영국 정치의 양대 정당은 노동당the Labour과 보수당the Conservative이다. 단순하게 특정 집단이 어느 정당을 지지한다고 단언할 수는 없지만, 계급사회의 구조가 유지되고 다양성의 주제가 함께 논의되는 상황에서 정치적 지지나 성향은 경제논리뿐만 아니라 사회문화적으로도 연결되어 나타난다.

우선, 노동당은 영국 사회에서 진보 및 좌파 성향을 보이는 정당으로 국가개입, 사회정의 및 노동자의 권리 등을 강조하며 사회민주주의와 연대한다. 1997년 토니 블레어Tony Blair 총리 시절부터는 신新노동당New Labour으로 분류되는데, 신자유주의의 기조를 어느 정도 반영한 정책기조 및 실행으로 비판을 받기도 했다. 노동당은 기본적으로 공동체와 연대를 강조하며 사회통합social cohesion 기조를 가지고 있다.

보수당은 기본적으로 자유민주주의 기조를 강조하는 정당으로 우파 성향이 강조된다. 보수당은 영국 정통 정당으로 이해되고, 윈스턴 처칠Winston Churchill, 마거릿 대처Magaret Thatcher와 같은 수상이 대표성을 띤다. 현재 데이비드 카메론David Cameron 수상을 중심으로 영국 의회를 이끌어 가고 있다. 이에 따라 현재 많은 사회경제 정책 및 교육정책들은

[표 1] 영국 정당 비교

노동당	보수당
진보 및 좌파 성향 국가개입 사회정의 및 노동자 권리 강조 사회민주주의 사회통합	보수 및 우파 성향 작지만 강한 정부(신자유주의) 표방 영국 자국 중심주의 표방 자유민주주의 영국 전통 강조

보수당의 정책기조인 영국 중심의 관점British-centered에 따라 수립, 실행되고 있다. 이에 따른 대표적인 사회 현상이 바로 브렉시트Brexit[3]다.

시기적으로 보았을 때, 영국의 시민교육은 노동당 정책기조에 근거해서 일상적으로 다루어지기 시작하였다. 이는 노동당 집권 시절, 국가교육과정에 도입되었다는 점에서 확인할 수 있다. 그러나 1980년대 말 보수당에서 처음 '시민'이라는 개념을 사용했다는 점과 현재 보수당으로 집권당이 바뀌었음에도 시민 혹은 시민성에 대한 언급이 이어지고 있다는 점이 흥미로운 지점이다. 다음 절에서는 이러한 배경 속에서 시민교육이 정책으로 어떻게 발전되어 왔는지에 대해 살펴본다.

2) 시민교육 교육과정 정책의 흐름

영국의 시민교육 교육과정의 흐름은 크게 세 시점으로 구분하여 설명할 수 있다. 이 글에서는 국가교육과정에 시민교육이 도입되어 적극적인 시민을 길러 내야 한다고 주장했던 〈크릭 보고서Crick Report〉가 발표된 1990년대 전과 후, 그리고 2010년 이후로 구분하였다. 1990년대에 발표되었던 〈크릭 보고서〉를 구분의 근거로 삼은 이유는 우선, 시민교육의 중요성이 다시금 부각되면서 더욱 적극적으로 정책이 도입되는 근거를 마련하기 시작하였기 때문이다. 그리고 이 시점부터 시민/시민교육이 일상적으로 사용되었다는 점도 고려되었다.Huddlestone, 2008

(1) 1960년대~1980년대: 시민교육의 태동기

허들스톤Huddlestone[2008]에 따르면, 1960년대 이루어졌던 시민교육은 그 형태와 무관하게 대체로 엘리트 학생들을 중심으로 이루어졌다. 이는 높은 학업성취를 보이며 이후 전문직으로 나아갈 학생들에게 유용할 것이라는 전제에 따라 이해되었다. 반면 노동계급의 학생들에게는 애국심, 인본주의, 봉사 그리고 정치적 토론(논쟁)을 중심으로 한 덕목 virtues을 강조하고 주입하는 수단으로 시민교육이 이루어졌다. 시민교육은 영국의 그래머스쿨grammar school[4]과 자율형 공립 형태의 중등학교 free school에서 대학 진학반으로 이해되는 아카데믹반의 학습에만 해당되는 것이었다.

당시 시민교육은 지역사회 봉사 프로그램과 같은 것이었다. 처음에는 높은 학업성취의 학생들과 그래머스쿨 학생들을 중심으로 이루어진 프로그램이 이후에는 공립 중등학교에서 학업성취도가 낮은 학생들을 대상으로도 이루어졌다. 이렇게 운영되던 시민교육을 두고 계급에 따른 시민교육의 '소극적 시민passive citizen' 모델이라고도 부른다.Crewe et al., 1970, Huddlestone, 2008에서 재인용 소극적 시민 모델은 민주주의 사회가 안정적으로 유지될 수 있도록 시민으로서 순응하고 복종하는 법을 길러 내고자 한다는 목표를 제시한다. 그런데 이 시기에 아동의 권리 측면에서 학생 자치가 시작되기도 했다.

이후 1970년대에 들어서면서 다소 급진적인 교육개혁이 일어나게 되고, 교육과정 내에서 정치적으로 연결된 프로그램들이 개발되었다. 이는 '정치적 문해Political literacy'로 민주주의 사회에서 적극적으로 참여하는 미래의 시민을 길러 내야 한다는 교육 목표하의 '적극적 시민active citizen' 모델에 근거하였다. 정치적 문해가 가져온 가장 큰 혁신은 기존의 엘리트 대 비엘리트로 구분되던 틀에서 벗어나 계급 또는 학업성취와 상관없이 모든 학생들이 적극적으로 자기 역할을 할 수 있도록 해야 한다는 목표가 세워졌다는 점이다.

정치교육으로 간주된 정치적 문해는 1979년 보수당이 집권하면서 주춤하기 시작했다. 이러한 정치적 환경에서 시민교육은 국가중심교육에서 주변으로 밀려나고 소위 단일논쟁 형태의 교육으로 이루어졌다. 단일논쟁 형태의 교육으로는 평화교육, 반인종차별주의 교육, 미래교육 그리고 개발교육 등이 있다.Hicks, 1988 이후 세계교육World Studies과도 종종 연결되기도 하였다. 이러한 교육들은 명시적으로 정치성을 보이지는 않더라도 기본적으로 교육의 주제로 제시되는 것들이 정치적으로 진보적이기 때문에 보수당 정권하에서 공식적으로 수용되기는 어려웠다.Davies at al., 1999, Huddlestone, 2008에서 재인용

이렇듯 영국 사회에서 1960년대에서 1980년대 이르기까지 시민교육은 적극적으로 논의되었다기보다는 소극적인 형태로 지역사회에서 봉사 프로그램이 중심이 되었다. 그리고 교육에 정치성을 내포하는 교육 프로그램에 대한 입장 차이를 보이며 그에 따른 접근이 실천되었다. 그러나 이 시기부터 논의된 교육프로그램 및 주제들은 모두 시민교육으로 연장해서 볼 수 있는 것들로, 이러한 논의들은 시대의 변화와 함께 다음 시기에 시민교육이라는 이름으로 등장하게 되었다.

(2) 1990년대~2000년대 초: 시민교육 성장기

1990년대에 들어서면서 '시민'과 '시민성'에 대한 담론이 공론화되기 시작했다. 이는 특정 정치색을 내포하고 있다고 보기보다는 사회적 필요에 의한 당연한 것으로 보였으며, 이에 따라 긍정적인 의미를 담기 시작했다. 보수당 집권 당시 수상이었던 존 메이저John Major가 '시민헌장 Citizen Charter'을 발표하면서 시민이라는 개념이 수면 위에서 거론되기 시작하였다. 시민헌장은 기본적으로 모든 시민에게 더 나은 공공 서비스를 제공하겠다고 약속하는 성격의 프로그램이다. 이를 기점으로 시민 위원회Citizenship committee가 결성되었고, 위원회는 모든 학생이 고등교육 기간까지 '적극적 시민'이 되는 데 필요한 것들을 학습하고 경험해야 한다는 제안이 담긴 보고서를 출판하기도 했다. 그러나 이 보고서는 소

위 담론만 제시했을 뿐, 구체적으로 실천할 수 있는 방안이나 적극적으로 국가교육과정 차원에서 논의되는 것은 아니었다. 학교에서 한 주제로 수용해서 선택할 수 있도록 제안되었던 수준이었기 때문에 대다수의 학교들은 시민교육에 대해 적극적으로 검토하지 않았다.

그럼에도 불구하고 시민교육에 대한 필요성이 지속적으로 제기되었다. 당시 제기되었던 사회문제는 바로 공공성이었다. 구체적으로 보자면, 공공생활public life에 대한 젊은 층의 공감이 부족해지고 이에 따른 정치 참여도 줄게 되면서 전통적인 개념에서의 시민의 유대civic cohesion가 감소하기 시작했고 이에 대해 정치권에서의 우려가 제기되었다. 이에 따라 시민을 길러 내기 위한 교육의 가치를 보수당과 노동당 모두가 지지하게 되었다. 물론, 보수당은 시민의 의무를 노동당은 시민의 도덕성을 강조하는 방향에 차이는 있었으나 시민교육의 중요성과 필요성에 동의했고, 이 흐름 속에서 국가가 적극적으로 시민교육 담론 및 실천을 구상하기 시작했다.Huddlestone, 2008

이후 1997년 토니 블레어Tony Blair가 이끄는 신노동당New Labour이 집권하면서 당시 교육부 장관인 데이비드 블렁킷David Blunkett은 적극적으로 시민교육의 중요성을 강조하기 시작하였다. 이러한 주장은 1997년 발표된 백서White Paper인 〈학교교육에서의 수월성Excellence in Schools〉에서 제시된다. 그는 적극적으로 시민을 위한 교육을 강화하고 학교에서 민주주의를 가르쳐야 한다고 주장하였다. 이러한 블렁킷의 주장은 버나드 크릭Bernard Crick 교수가 이끄는 시민교육위원회Advisory Group on Citizenship 창설로 이어졌다. 시민교육위원회는 학교에 '시민을 위한 효과적인 교육'에 대한 제언을 제공하였으며, 1998년 〈크릭 보고서 Crick's Report〉[5]를 발표한다. 기본적으로 위원회는 모든 학교가 시민교육을 이행해야 한다고 보고 있으며, 보고서를 통해 학교교육 방식의 융통

성과 이에 따른 학습 결과, 학교의 공적인 책무성 등을 제시하였다. 〈크릭 보고서〉는 1960년대부터 소개되어 온 개념들—예를 들어 지역사회 봉사, 학생참여, 정치적 문해, 그리고 공공성 등—을 수용하고, 이를 중심으로 세 가지 기둥을 제시하였다. 사회적·도덕적 책임social and moral responsibility, 지역사회 참여community involvement, 정치적 문해. 각 기둥의 구체적인 내용은 다음 장에서 소개한다. 〈크릭 보고서〉는 구체적으로 교육정책이 교육 실천으로 이어질 수 있도록 하는 기틀을 확립했다고 평할 수 있다.

이를 기반으로 2002년 9월 학교 교과로 시민교육이 지정된다. 해당 연령은 11세부터 16세에 해당된다. 국가교육과정에서 시민교육의 목표는 정보를 아는 시민이 되기 위한 지식과 이해를 도모하고, 탐구하고 의사소통할 수 있는 기술을 익히며, 마지막으로 참여하고 책임 있는 행동을 할 수 있게 하고자 함이다. 그러나 당시 교육과정은 시민교육을 교육과정 교과로 지정하기는 하였지만 구체적으로 어떤 수준으로 가르쳐야 하고, 시수는 어느 정도로 배정해야 하는지 등에 사안은 제시하고 있지 않다. 그러나 다른 교과와 마찬가지로 13~14세(9학년)에 평가를 하고 학부모에게도 보고하도록 되어 있으며, 교육기준청Office of Standards and Education, Ofsted의 감사도 받도록 되어 있다. 시민교육은 2018년까지 중등학교 졸업시험으로 이해할 수 있는 GCSEGeneral Certificate of Secondary Education에서 선택 과목 중 하나로 지정되어 있기도 하다.

이 시기의 시민교육은 국가교육과정에 제시되었다는 의미에 더해 글로벌화와 다양성에 대한 차원에 대해서도 포용하려는 입장을 취했다. 1997년 교육부 장관으로 시민교육을 국가교육과정으로 도입하는 데 기여했던 데이비드 블렁킷은 이후 내무장관이 되어서 다양성과 '강한 공동체strong community'를 강조하며 당시 망명 신청자들의 귀화에 대해 긍정적으로 대응하는 정책을 강조하기도 하였다.

> 우리는 다양한 문화가 공존하는 사회에 살고 있다. 따라서
> 우리는 함께 섞여 살아야 하며 우리의 다름을 존중할 줄 알아
> 야 한다. 이는 민주주의 사회에서 시민으로서의 권리와 의무도
> 함께 시민의식을 실천하는 것이다.Blunkett, 2003: 8

이렇듯 1990년대부터 2000년대 초에 걸쳐, 시민교육은 신노동당의 정
책기조를 중심으로 이행되었다. 이 시기의 가장 큰 특징은 시민교육이
국가교육과정에 도입되면서 일상생활에서 낯설지 않은 개념으로 다수에
게 인식되기 시작되었다는 것이라 볼 수 있다.

(3) 2010년 이후~현재: 시민교육의 침체기

시민교육에서 두 정치정당의 기조가 극명하게 대비되기 시작한 것은
2010년 총선 이후이다. 2010년 보수당이 재집권하게 되면서 영국 사회
에서 전통적으로 중요하게 여겨지던 영국 중심의 가치들이 재건되기 시
작했고, 신자유주의에 근거한 개인주의individualism가 더 중요한 가치
로 부상되기 시작했다. 와인버그 & 플린더스Weinberg & Flinders, 2018는 이
를 '이데올로기의 전환'이라고 표현했는데, 실제로 2010년을 기준으로
개인의 인성character을 우선하는 교육으로 교육과정의 목표가 달라졌
다.Kisby, 2017

2010년 이후, 교육과정에 나타나는 시민에 대한 이해는 기본적으
로 '인성을 갖춘 시민'을 길러 내는 것이다. 즉, 인성을 가진 개인을 길
러 내는 데 초점을 두고 교육부는 학생의 안전과 영성, 도덕, 사회, 문
화적 개발을 중요시할 것을 천명해야 한다고 본다. 이를 대표하는 보

고서는 "Improving the spiritual, moral, social and cultural(SMSC) development of pupils: supplementary information(이하 SMSC)"이다. 이것은 학교가 어떻게 하면 영성, 도덕성 그리고 사회문화적인 측면을 길러 낼 수 있는지를 제안하고 학교가 의무적으로 해야 하는 교육임을 이해할 수 있게 하기 위한 취지로 발표되었다. SMSC는 학교교육 전 과정에서 다루어질 수 있다고 보고 있으며, 근본적인 영국의 가치British values가 교육된 시민을 길러 내야 한다고 제시하고 있다.

SMSC 보고서를 통해 국가적으로 인성교육character education이 주요 담론이나 실천방향으로 제시되면서 시민교육은 큰 틀에서 이루어지는 논의에서 축소되고 있다. 인성교육을 통한 시민을 길러 낸다는 의미의 "(좋은) 인성을 가진 시민citizens with character"을 모토로 교육과정이 재편되고 있기 때문이다. 실례로 2019년도부터는 GCSE 시험에서 시민교육은 선택과목에서 제외된다.BBC News, 2018

정리하면 2010년부터 현재까지 진행되고 있는 시민교육은 축소되고 있는 것으로 보인다. 그렇지만 인성교육의 궁극적인 목표가 인성을 갖춘 시민을 길러 내는 것이라고 지칭한 것에 근거하여 영국 시민교육의 한 흐름으로 이해할 수 있으며, 시민과 시민교육에 대한 관점과 이해에 대해 다시 고찰해 보아야 할 시점임을 보여 주고 있다고 생각된다.

3) 영국 사회의 교육 문제와 시민교육

앞서 보았듯, 영국 사회 역시 다양한 사회 변화를 겪었다. 그리고 그에 대한 교육적 대응으로 시민교육을 적극적으로 도입하고 실천하였다. 앞 절에서는 정치·사회적 배경을 살펴보았다면, 본 절에서는 영국의 교육이 마주한 현실과 교육문제가 무엇인지, 그리고 이와 관련한 시민교육의 과제는 무엇인지에 대해서 알아본다.

영국에서 시민교육의 필요성을 본격적으로 논의하게 된 사회적 사건 social event은 1981년에 일어난 런던 남부지역 폭동이다. 이는 '2만 강한 흑인들의 행진'으로 일컬어지며 흑인들에 대한 인종차별에 각성을 일으켰던 사건인데, 이를 계기로 영국 사회에 공존하는 다양한 인종·민족 집단과 어떻게 함께 살아갈 것인가라는 궁극적인 질문을 던지게 되었다.권진욱 외, 2016 영국의 다양성은 블랙Black British과 화이트White British, 아시아계Asian British, 그리고 그 외 다른 민족 집단Others[6] 등으로 나누어 나타난다. 이 인구 집단들은 지속적으로 증가하였고, 이들 사이에서 영국의 시민으로 살아가고 있음에도 사회의 비주류집단으로서 다양한 형태로 겪은 차별에 대한 비판적인 인식들이 증가하였다.

이에 따라 1990년대 영국 사회는 사회적인 차원에서 다양성에 대한 포용적인 입장을 취했다. 즉, 그동안 일어났던 수많은 인종차별 사례들과 이에 기인한 여러 형태의 사회의 구조적 불평등과 폭력 문제들을 배제하는 방식이 아닌 포용inclusion하는 방식으로 살아갈 수 있는 방법을 찾아야 한다고 보았고, 그 방법이 교육이라는 주장이 수용된 것이다. 그렇게 해서 시민교육의 중요성이 다시금 부각되고, 당시의 시민교육은 세계시민주의cosmopolitanism와 반인종차별주의anti-racism 그리고 상호문화이해intercultural understanding, 글로벌 정의global justice의 글로벌 교육global education 등의 개념들과 함께 담론을 형성하며 공동체와 상생, 그리고 이를 위한 연대 등이 중요한 교육 어젠다가 되었다.Osler and Starkey, 2005; Gundara, 2000; Hicks, 2003; Schweisfurth and Harber, 2012

이러한 기조와 흐름이 있었지만, 영국에서 다양성의 문제는 지속적으로 갈등 국면을 마주했다. 2011년 런던테러를 기점으로 특정 인종·민족 집단에 대한 혐오가 증가했으며, 극단주의extremism에 대한 우려가 제기되면서 사회의 문제로 주목하기 시작했다.Davis, 2008 결국 이러한 일련의 사건들은 민주주의 사회에서 다양성을 어떻게 바라볼 것인가에 대한 관점의 차이들이 극명하게 대립하는 구조를 만들게 되었다.

우선 사회통합 기조에 근거하여 다양성을 수용하고 함께 살아가는 공동의 공동체collective community를 강조하는 입장이 있다. 또 다른 입장은 극단주의를 예방하기 위해 인성이 올바른 개인을 길러 내는 것이 우선이라는 입장이다. 이 두 입장은 어찌 보면 궁극적으로는 민주주의 사회에서 살아가는 시민들을 길러 내고자 하는 점에서 지향하는 바가 같다고 볼 수 있다. 그러나 시민교육 차원에서 전자는 공동의 참여를, 후자는 개인의 책임을 가장 우선시하는 방향으로 보고 있다.Weinberg & Flinders, 2018

현재 영국은 후자의 관점으로 교육적인 대응을 하고자 한다. 앞서 기술하였듯, 올바른 인성을 가진 시민을 길러 낸다는 교육철학과 개인주의에 기초한 학교교육의 평가 및 접근은 다양한 형태로 교육의 새로운 문제들을 마주하고 있다. 예컨대, 학교폭력bullying 문제도 점차 심각해지고 있으며, 브렉시트 이후 교사들은 이에 대해 어떻게 대응해야 하는지 모르고 있다. 특히, 브렉시트는 고등교육에 영향을 많이 미쳐 향후 영국 교육 전반에 미칠 영향에 대한 예측이 어렵다.McCloskey, 2017

이런 상황에서 성취 중심 교육performance-oriented education이 강조되며 수월성 교육이 핵심 가치가 되는 구조로 편성되고 있다. 그런데 이러한 성취 중심 교육은 학교교육의 위기를 가져오고 있는 것으로 비판받고 있다. 가장 큰 문제로는 학생들의 학교 퇴출school exclusion 문제가 제기된다.Guardian, 2018 학교들은 높은 결과를 내야 하기 때문에 학업성취가 지속적으로 좋지 않은 학생들은 학교 자체에서 강제전학을 권유하는 등의 문제로 이어지고 있다는 것이다. 또 학업성취 결과가 다년간 좋지 않은 학교들은 문을 닫게 되고, 교사들의 부담이 가중되면서 경력 있는

[그림 1] 최근 영국 학교 관련 기사

The rise in school exclusions is a result of the education market

Readers look at the causes of children being 'off-rolled' in a system where exams are the main measure of achievement

Head teachers' polite protest over funding in England

교사들이 학교를 일찍 떠나는 상황도 발생하고 있다. 공립학교 교사들의 경우 경력 연차가 어린 교사들만 있기도 하고, 심지어는 담당 교과 전공이 아닌 교사가 해당 교과를 가르쳐야 하는 상황까지 가는 등, 공립학교들은 위기를 마주하고 있다.

이러한 일련의 상황에도 불구하고 보수당의 전통적인 가치체계를 중심으로 인성이 좋을수록, 즉 인성교육을 하면 학업성취도가 올라간다는 연구 결과가 보고되는 등 개인의 결과가 중요시되는 교육 풍토가 지속적으로 장려되고 있다.Arthur & Earl, 2018 이렇게 공동의 가치보다 개인의 가치를 중요시할수록 교육이 장려되는 사회적 분위기 속에서 점차 다양성의 가치가 우선순위가 되기보다는 영국인의 가치가 우선시되고 있다.

그런데 문제는 영국은 중등학교 졸업시험인 GSCE를 보고 난 후, 마지막 단계의 고급과정 시험Advanced level exam, A-level exam을 치러 대학에 진학할 수 있는 기준을 넘어야 각 대학의 전형에 맞추어 대학에 진학한다.[7] 이런 구조에서 공립학교의 수월성은 계속해서 낮아지고 있고, 그 결과가 인성에 의한 것으로 왜곡되면 결과의 원인을 개인으로 돌리는 상황이 발생할 수 있다는 점이다. 특히, 영국의 주류집단(화이트 중간계급)

에 속하지 않는 인종·민족집단에게 주류인 영국인의 가치를 중심으로 한 인성Be more British!이 요구되면, 다양성의 존중과 연대라는 가치와의 모순이 발생하게 된다.

국가 정치 상황에 따라 시민교육의 필요성이 제안되고 적극적으로 실천되던 부분이, 또 다른 지향점을 제시하는 정치사회의 변화로 인해 축소되어 가고 있다는 점에서 시민교육(혹은 인성이 좋은 시민을 길러 내기 위한 교육)이 학교교육에서 발생하는 일련의 문제들에 어떠한 접근을 해야 하는지가 중요한 문제가 된다.

그렇게 때문에 교육 실천의 근거가 되는 시민교육의 핵심 개념들이 각각의 상황에서 무엇을 강조하고 있고, 그것이 어떻게 변화해 왔는지, 그리고 각각의 개념들을 어떻게 위치 짓고 학교현장에서 실천해야 하는지에 대한 방향을 잡아 가는 것이 중요하다고 생각된다. 이에 따라 다음 장에서는 영국의 교육과정의 내용들에 제시된 핵심 개념들이 무엇인지를 비교 분석하여 국가교육과정, 즉 학교교육에서의 실천 방향에 대한 시사점을 탐색해 볼 것이다.

3. 영국 학교교육과정에 반영되는 핵심 개념 분석

키스비Kisby[2017]는 영국의 시민교육과 인성교육에 대한 비교연구를 통해 시민에 대한 신노동당의 접근과 최근 보수정부의 접근은 유사한 것보다는 불연속성이 더 크다고 지적하였다. 본 장에서는 그 불연속성이 구체적으로 어떻게 개념화하여 나타나는지에 대해 살펴보고자 한다.

앞서 세 시기로 구분하여 시민교육 교육과정 정책의 흐름을 살펴보았다. 이를 정리해 보면 다음의 표와 같다.

[표 2] 영국 시민교육의 흐름

1960년대~1980년대	1990년대~2000대 초	2010년~현재

• 소극적 시민 모델
  → 적극적 시민 모델
• 지역사회 봉사 프로그램
• 정치적 문해
• 학생자치의 시작
	• 국가교육과정에 도입
	• 학교교과로 지정
	• 다양성 수용
	• 공동체 강조
	  (strong community)
		• 개인의 인성 강조
		• 영국의 가치 강조
		• 인성교육

영국 시민교육의 기준으로 이해할 수 있는 〈크릭 보고서〉는 이전 시기의 교육 내용을 내포하고 있어, 실질적으로 유사한 핵심 개념을 중심에 두고 있다고 볼 수 있다. 그러나 2010년을 기준으로는 차이를 뚜렷이 볼 수 있다. 2010년 이후의 논의를 시민교육으로 이해하기 어렵다고 볼 수도 있다. 실제로 교사들의 시민교육에 대한 인식을 조사한 연구 결과를 보면, 현재 영국교육에서 시민교육은 주변부로 밀려났다고 보고 있고, 오히려 2010년 이후 제안된 SMSC 등에 대한 언급을 했다고 보고하고 있다.Weinberg & Fliders, 2018 동일 연구에서 교사들은 SMSC 등이 시민교육과 비슷하다고 여기며, 오히려 인성 중심의 접근이 급진주의나 테러와 같은 사회 위기에 더 즉각적으로 대응하는 것으로 보인다고 평가하고 있고, 시민교육은 학생들을 도와주는 것을 우선시하고 있지 않기 때문에 실패했다고 보고 있다.

이런 맥락에서 보자면, 접근의 차이가 있다고 하더라도 영국 시민교육의 사례를 이해하기 위해서는 2010년 이후 논의되는 인성교육 중심의 시민을 길러 내기 위한 교육도 연장선에서 살펴볼 수 있다. 본 장에서는 시민교육 내용의 유사점과 차이점이라는 기준에서 크게 두 주제로 구분하여 각각의 시기와 사회 배경에서 강조되었던 시민교육의 핵심 개념들에 대해 비교분석한다.

우선, 1990년대~2000년대 초반에 진행되었던 시민교육은 〈크릭 보고서〉를 중심으로 핵심 개념들을 유추해 본다. 다음으로 2010년 이후는 SMSC 그리고 큰 사회Big society 등의 보고서들을 통해 핵심 개념들을 탐색해 본다.

1) 1990년대~2000년대: 공동체와 정치 참여, 다양성 그리고 사회통합

> 학교에서 시민교육의 목표와 목적을 제시하고;
> 학교에서 좋은 시민교육이란 무엇인지 그리고 어떻게 잘 전달될 수 있는지를 보여 주는 광의의 틀로―교육과정 안팎으로 시민(성)에 대해 가르칠 수 있는 기회와 학교와 지역사회를 연결하고 자원봉사와 학교의 규칙과 정책을 만들어 가는 데 학생들이 참여하는 기회를 포함…QCA, 1998: 4

〈크릭 보고서〉는 위에 제시된 바와 같은 이유로 마련되었다. 따라서 여기서는 민주사회의 구성원으로서 적극적으로 정치에 관여하고, 공동체를 위한 책임을 다하는 시민을 강조하며, 교육과정에 시민교육을 교과목으로 도입하는 것을 권고하고 있다. 〈크릭 보고서〉의 기본 목표는 국가적으로나 지역적인 차원에서 정치문화를 변화하고자 하는 데 있다. 구체적으로 영국의 시민들이 스스로를 적극적인 시민으로 여기고 그렇게 되고자 하도록 하고, 공공의 삶에 영향력을 행사할 수 있도록 하며, 말하고 행동하기에 앞서 근거를 충분히 마련할 수 있는 비판적인 역량을 키우고, 젊은 층의 청년들이 기존의 지역사회 참여나 공공 서비스를 가장 최상으로 누릴 수 있도록 하며, 그리고 그들이 스스로 새로운 형태의 참여와 행동을 찾아갈 수 있도록 하는 목표를 제시한다.

목표에 근거하여 〈크릭보고서〉는 크게 세 기둥의 핵심 개념을 구분하

[표 3] 〈크릭 보고서〉가 제시하는 시민교육 핵심 개념

사회적·도덕적 책임감	공동체 참여	정치적 문해
아동은 교실 안팎에서 자신이 한 행동에 대해 사회적·도덕적으로 책임지는 법을 배우고, 나아가 자기 자신 및 타인에 대해서도 자신감 있게 책임을 지고 행동할 수 있도록 경험해야 한다.	아동은 지역사회 참여와 지역사회 봉사와 같은 활동을 통해 공동체의 삶과 문제들에 대해 도움을 주고자 하는 태도와 행동을 경험해야 한다.	학생들은 지식, 기술, 태도를 통해 스스로 효과적인 공공의 삶을 만들어 나갈 수 있도록 배워야 한다.

※ 출처: 〈크릭 보고서〉(QCA, 1998: 40-41).

여 제시한다.

제시된 세 기둥은 효과적인 시민교육을 위해 제시되었고, 세 기둥은 모두 상호 의존하고 있으며 연관되어 있음을 전제하고 있다. 각각의 기둥들은 구체적으로 어떠한 경험과 학습을 해야 하며 그 기저의 가치들을 제시한다.

우선, 사회적·도덕적 책임감은 학생들의 자치활동 경험을 통해 길러질 수 있다고 본다. 여기서의 기본 관점은 자치활동에서 이루어지는 학습과 토론 과정을 통해 아이들은 이미 공정함, 법과 규칙에 대한 태도, 의사결정, 권한을 부여받은 지위에 대한 이해, 자신의 지역 환경 및 사회적 책임 등에 대해 알게 된다는 것이다. 두 번째 기둥인 공동체 참여는 학교 일과시간에만 국한되지 않는다. 지역사회의 다양한 기관들과 연계한 활동들을 통해 설득하고, 공공기관과 상호작용하고, 기금을 마련하고, 같이 활동할 사람들을 모으는 등의 정치적 기술을 배울 수 있다고 본다. 마지막으로 정치적 문해는 실제적으로 경제 및 사회적 문제와 관련하여 개인 차원 및 광의의 차원에서 갈등 해결을 하거나 의사결정을 하는 등의 기술과 역량을 익히는 것을 제시하고 있다. 이렇듯, 가장 핵심 개념으로 논의되는 것은 공동체와 정치적 참여이다.

〈크릭 보고서〉에는 다양성에 대한 논의가 포함되어 있다. 다수와 소수(주류와 비주류)가 영국 사회를 함께 살아가기 위해서는 더 다원적인 접근이 필요하다고 본다. 〈크릭 보고서〉에는 정책연구기구Policy Studies Institute, 1997가 발표한 "영국에서 민족적 소수자: 다양성과 불이익"을 인용하면서, 점차 다양해지는 영국에서는 이제 다문화 시민성multi-cultural citizenship이 요구된다는 제언도 담겨 있다.

> 시민성을 기르기 위해서는 인종에 따른 불이익에 대한 다원적인 접근이 요구된다. 즉, 민족적 다양성에 민감하게 반응하며 개인과 그 개인이 소속되었다고 느끼는 사회적 집단에 대한 존중이 있어야 한다.QCA, 1998: 17

따라서 〈크릭 보고서〉는 주류는 비주류를 존중하고, 이해하며 관용의 태도를 취해야 하며, 비주류는 법과 규정, 관례 등을 존중하고 배워야 한다고 적시하고 있다. 이는 단순히 살아가는 데 유용해서가 아니라 공통의 시민성common citizenship이 길러지는 데 도움이 되는 과정이라고 보기 때문이다.

관련 논의들과 개념들을 중심으로 〈크릭 보고서〉는 학교교육에서 다루어야 하는 핵심 요소들을 다음과 같이 정리하였다.

주지하다시피 이 시기의 핵심 개념은 사회와 공동체를 중심에 두고 개인이 어떠한 가치와 성향을 가지고 있어야 하는지를 제시하고 있다. 즉, 개인보다는 타인과 집단에 대한 고려가 우선시되는 경향을 보이고 있다. 개인의 책임과 자세를 제시하지만 이것은 공동체성을 회복하기 위한 내용들이다.심성보, 2018 〈크릭 보고서〉는 또한 논쟁적인 주제에 대해 다루어야 함을 지속적으로 제시하고 있다. 이는 정치적 문해와 연결되

[표 4] 최종 교육 목표의 핵심 요소

핵심 개념	가치와 성향
• 민주주의와 전제정치 • 협동과 갈등 • 평등과 다양성 • 공정성, 정의, 법과 규칙 준수, 법과 인권 • 자유와 질서 • 개인과 공동체 • 권력과 권위 • 권리와 책임	• 공익에 대한 고려 • 인간의 존엄성과 평등에 대한 신념 • 갈등 해결을 위한 고려 • 연민을 가지고 다른 사람과 함께 그리고 다른 사람을 위해 일할 수 있는 성향 • 책임감을 가지고 행동할 수 있는 성향, 다른 사람에게 미칠 수 있는 효과적인 행동을 계획하고 이해타산적으로 행동할 수 있는 성향, 그리고 예측할 수 없고 불운한 결과들에 대한 책임을 수용할 줄 아는 성향 • 관용을 실천할 줄 아는 성향 • 도덕적 규범에 따라 판단하고 행동할 줄 아는 성향 • 자신의 관점을 관철시킬 수 있는 용기 • 자신의 의견을 바꿀 수 있는 수용적인 자세와 근거와 그것을 기반으로 토론을 취할 수 있는 태도 • 개인이 주도적으로 해낼 수 있고 노력하는 자세 • 법의 준수를 이행하고 존중하는 자세 • 공정하게 행동하고자 하는 결정 • 평등한 기회와 양성평등에 대해 책임감 갖기 • 적극적 시민성에 대한 책임감 갖기 • 봉사활동에 헌신하기 • 인권에 대한 고려 • 환경에 대한 고려

※ 출처: 〈크릭 보고서〉(QCA, 1998: 44).

면서 공공의 삶에 대한 관심이 줄어들고, 정치 참여가 줄어드는 현상에 대응하여 논쟁적인 주제를 교과 내에서 다루며 토론역량을 키우는 것이 필요하다고 보고 있는 것이다. 결국, 이는 당시 사회에서 부족하다고 판단되는 것과 학생들이 미래 사회에 살아가기 위해 필요로 하는 것이 무엇이며, 어떠한 사회를 지향해야 하는지를 시민이 주체적으로 이루어가야 한다는 민주주의의 대전제에 따른다고 볼 수 있다. 또 다양성과 양성평등, 인권과 환경과 같은 개념들은 기존 체제의 문제들 속에 내포된 모순들을 발견하고 변화를 통해 더 나은 사회를 건설하고자 하는 의미를 담고 있다.

이러한 개념들은 오슬러와 스타키Osler and Starkey, 2005가 언급한 시민성이란 결국 공동체에 대한 소속감으로 이해할 수 있다는 지점과 맞닿아 있다. 또한 민주주의와 전제정치를 핵심 개념으로 제시하며 전제정치의 역할 변화를 포함하고 있는 점과 공동의 시민성을 논의하는 것에서 시민교육은 영국 국가의 정체성을 기르는 것에 초점을 두기보다는 보편적인 가치들에 초점을 두어 각자의 정체성에 따른 소속감을 존중하는 것을 보여 주고 있다고 할 수 있다.Osler and Starkey, 2009 그리고 이러한 핵심 개념들은 결국 사회통합의 근거가 된다.

2) 2010년~현재: 좋은 인성을 가진 시민 길러 내기

2010년 이후 신자유주의적 '인성' 어젠다가 강조되는 소위 '비전의 전환'이 이루어졌다. 보수주의 정부는 주빌리센터Jubilee Center와 함께 아리스토텔레스의 인성 개념을 좀 더 좁은 범위로 보았다. 즉, 인성을 개인의 특성traits, 성질(또는 성격)과 행동으로 이해하며 교육을 통해 보강될 수 있다고 보았다.DfE, 2015 나아가 인성교육의 덕 윤리virtue ethics[8]는 개인 간의 도덕적 관계를 중요하게 보았다. 이는 시민교육과 접목되는 지점이기도 하다. 하지만 인성 어젠다는 공공의 윤리보다는 개인의 윤리를 강조하고 있고, 상대적으로 정치적 문해는 간과하는 측면이 있다.Weinsberg and Flinders, 2018

[그림 2] 큰 사회 모델 소개

2010년은 보수당이 집권하면서 전통적인 영국의 가치가 핵심 의제가 되었고, 교육부는 그 가치 위에서 삶을 위한 학습Learning for Life을 강조하는 교육의 방향을 제시하였다. 그리고 그 연장선에서 "큰 사회와 덕의 재발견Big Society and the Rediscovery of Virtue"을 통해 새로운 모델이 제안되었

[표 5] 큰 사회 모델

연령	시기의 특징	교육의 모토
0~3세	인성이 형성되는 시기	인성의 기초. 삶에서 가장 중요한 것은 가정이다.
10~11세	초등에서 중등으로 성장하는 시기	학생들의 가치가 변화를 겪는 시기로 학교교육과 교사가 중요하다. 교사들은 학생에게 영향을 미치며, 학생이 삶에서 알아야 하는 것들을 가르치고, 학생에게 자신감을 불러일으킨다. 교사들은 학생들 자신이 누구인지를 이해하도록 돕는다.
14~16세	학생들이 자신이 속한 공동체와 사회에서 가치, 인성 그리고 삶의 질에 대해 고민하는 시기	인성을 갖춘 시민. 나는 우리 모두가 정직하고 용기가 있으며, 용서하는 마음을 가지고 있다면 세상은 지금보다 더 나아질 것이라고 믿는다.
16~19세	덕과 기질이 형성되는 시기	인성교육. 인성과 기질은 바로 자기 자신이다.

※ 출처: Big society.

다. 이 모델의 핵심은 인성으로 인성을 갖춘 시민을 길러 낸다는 목표하에 교육 내용과 교육의 가치들을 보여 주고 있다. 이 모델은 국가중심적으로 구상되어 있고, 개인주의적인 관점으로 인성의 개발을 논하고 있다.Espiet-Kilty, 2016; Kisby, 2017

큰 사회 모델은 연령을 나누어 다루어야 할 인성교육의 내용을 제안하였다.

언급하였듯이, 인성 어젠다는 기본적으로 개인의 덕 윤리를 길러 내는 방향에서 논의되고 있고, 그것의 근간은 영국의 가치로 두고 있다. 교육부DfE, 2014는 학생들이 학교를 졸업하고 영국에서의 삶을 준비하면서 영국의 가치들을 알 수 있도록 할 의무가 모든 학교에 있다는 전제에서 가치들을 제시한다. 제시된 영국의 가치들은 다음과 같다.

① 민주주의 가치

② 법의 준수

③ 개인의 자유

④ 다른 종교와 신념을 가진 이들에 대한 상호 존중과 관용

영국의 가치에 속한 존중, 자유 그리고 관용 등과 함께 이러한 가치들을 장려하기 위해서는 학생의 영성, 도덕성, 사회와 문화 계발 향상을 위한 교육SMSC이 강조되고 있다. SMSC는 영국의 가치를 존중하고 지키도록 장려하는 것과 더불어 극단주의의 관점을 지양하고 편파적인 정치 시각을 갖지 않도록 해야 하고, 또 학생들이 정치적 이슈에 대해 균형 있는 관점을 가질 수 있도록 해야 한다고 명시하고 있다.

SMSC는 기존 교육과정의 한 부분으로 제시되었던 영역이다. 예를 들어, 2010 교육규정Education Regulation에도 해당 내용이 제시되어 있는데, 이것이 최근 인성교육과 결합하여 더 강조되고 있다. 2010 교육규정에는 다음의 내용들이 담겨 있다.

① 학생들이 자기이해, 자부심, 자신감을 기를 수 있도록 해야 하며,

② 학생들이 옳고 그름을 구분할 줄 알고 법을 존중할 수 있도록 하며,

③ 학생들이 자신의 행동에 대해 책임질 줄 알고, 자신들이 공동체의 삶에 어떻게 기여할 수 있는지를 시도하고 이해할 수 있도록 장려해야 하며,

④ 학생들이 자신과 다른 문화를 존중하는 것의 중요성을 이해하게 할 수 있도록 관용과 다른 문화전통 간의 조화를 장려해야 한다.

종합해 보면, 인성교육을 장려하여 좋은 인성을 가진 시민을 길러 낸

다고 보는 관점 위에서 좋은 인성의 기준을 영국의 가치로 보고 있는 것이다. 즉 이 시기의 핵심은 소위 '기본으로 돌아가자Back to Basics'는 보수당의 정치 모토에 따라 시민교육은 주변부로 밀려나고 인성교육을 중심으로 한 미래의 시민을 길러 내는 교육이 강조되었다고 이해할 수 있다.Arthur, 2010

민주주의와 정치에 대한 이해가 반복되고 있지만, 이것은 개인이 영국에서 성인으로서의 삶, 즉 영국 시민으로서의 삶을 준비하기 위한 과정으로 이해된다. 또한 국가적 차원을 강조하기 때문에 영국인으로서의 정체성이 더욱 강조되는 것으로 이해된다. 다른 문화에 대한 존중이 포함되지만, 다른 문화에 대한 표현을 다른 종교와 신념이라고 규정한 것은 2010년 이후 이슬람 종교를 가진 집단이 행했다고 알려진 테러와 이후 더 강화된 이슬람 혐오현상 등이 반영된 것으로 보인다.

개인의 인성과 배경을 더 강조하고 있는 인성교육 정책은 민주시민성을 기르는 데서 더 나아가 개인을 올바른 도덕적 판단력을 가진 시민으로 길러 냄으로써 민주주의 사회의 근간이 지켜질 것이라고 본다.Jubilee Center, 2015 그렇기 때문에 인성교육은 개인의 성취와 결과에도 직결될 것으로 보며, 학교교육 이후 대학 진학과 고용에서 필요한 가치와 인성까지도 큰 사회 모델의 마지막 단계(인성의 졸업)로 제시된다. 이 단계는 19세부터 25세에 걸친 성인을 대상으로 하며 단순히 높은 학업성취를 보이는 것이 아닌 용기와 성실함을 가지고 어려운 일에 직면했을 때 도전할 수 있어야 한다는 것이다. 정리하면, 인성교육은 현재 학교를 다니는 학생들의 주체적인 시민성을 길러 내는 것이 아닌, 개인의 인성을 발달시킴으로써 미래에 영국 사회를 위해 헌신할 수 있는 시민을 길러 내는 것이 필요하다고 보는 것이다.

4. 나가며: 시사점 및 함의

본 연구는 영국의 국가 정치적 상황과 사회 변화에 따라 변화해 온 시민교육의 핵심 개념들을 탐색하여 어떠한 차이가 있는지 알아보았다. 지금까지의 논의를 통해 영국 사회에서 다양성에 대한 존중, 공존, 그리고 영국 사회의 주류와 비주류로 분류되는 다른 인종·민족성을 가진 아이들을 (영국)시민으로 길러 내야 한다는 공통 지점을 발견할 수 있었다. 그러나 공통점에도 불구하고 국가 정치적 상황에 따라 시기별로 제시되는 시민교육의 핵심 개념들은 상이함을 알 수 있었다. 영국 사례를 종합하면 다양성이 공존하면서 민주적인 사회를 유지하기 위해서 개인을 먼저 시민으로 길러 내야 한다는 입장과 공동체를 우선순위에 두고 그 안에서 시민을 길러 내야 한다는 입장의 줄다리기라고 볼 수 있다.

국가교육과정 도입 직후 10년이 넘는 기간 동안 시민교육은 공동체를 중심에 두고, 개인의 정체성과 개인의 역량, 준수해야 하는 규범 등을 논의하고 있었다. 여기서 공동체는 국가 정체성에 국한된 것이 아닌 개인이 소속감을 느끼고 있는 집단에 대한 것으로, 지구화와 더불어 다름에 대한 포용적인 면이 강조된 개념이다. 반면, 2010년 이후 영국의 가치가 중요시되면서 국가 정체성을 중요시하고 있다. 즉, 국가공동체를 중심에 두면서도 개인의 인성 차원이라는 틀에서 다양성에 대한 존중과 관용을 바라보고 있다.

본 연구에서는 2010년 이후를 시민교육의 침체기라고 제시하였다. 이는 공적인 영역에서 시민교육 담론이 소극적으로 변하게 되고, 보수당으로의 회귀를 통해 개인주의와 인성 담론이 주류를 형성하게 됨에 따라 시민교육의 실패라고 여겨지는 부분에 근거한 것이다. 영국 사례에서 아쉬운 점은 시민교육이 인성교육 담론과 현재의 교육정책을 비판하고 있지만, 현재의 상황을 극복하거나 타개하기 위한 적극적인 노력을 찾아보기 힘들다는 점이다. 결국 시민교육을 국가교육과정 안에서 위치를 재정립하고 실천하기 위해서는 현재의 담론과의 관계를 비판적으로 탐색하여 개념들과 교육 실천들의 방향을 고찰할 필요가 있음을 알 수 있다.

다시 말해, 본 연구의 내용들은 국가교육과정에서 시민교육과 인성교육의 관계를 재조명하는 데 시사점을 준다. 우선, 공동체와 개인과의 관계에 대한 줄다리기를 갈등의 관계로 정립하기보다 하나의 교육 흐름으로 보아야 할 필요가 있다는 점이다. 영국 사례에서 주목하게 되는 지점은 시민교육을 국가교육 차원에서 논의하면서 교육적으로 어떠한 가치를 중심에 두고 시민교육을 실천해야 하는지가 우선시되어야 한다는 점이다. 핵심 개념들은 결국 시민의 주체성을 논함에 있어 국가 정체성이냐 아니면 보다 광의의 정체성이냐 등에 대한 논의로 귀결된다. 두 접근에서 나타난 가장 중요한 공통점은 국가 정체성이 중심에 있다는 점이다. 시기별로 보이는 국가교육과정 내 핵심 개념들은 국가 정체성을 어느 지점에 설정하고 강조하는지의 차이를 보이는 것일 뿐이다. 다양성을 포용하는 공동체를 강조하더라도 국가 정체성을 부인하지는 않기 때문에 두 접근 모두 국가 정체성을 중심에 두고 있음을 알 수 있다.

결국 여기서 보이는 차이들은 민주주의 사회를 만들어 가는 데 출발점과 목적지를 어디로 설정할 것이냐에 대한 논의로 이어진다. 크리스티안손Kristjansson[2013]은 결국 교육이 주목해야 하는 것은 더 좋은 사회로의 개선에 대해 배우고 변화를 이루기 위해 필요한 지식, 태도, 기술 등을 다루는 것을 우선할 것인지, 아니면 좋은 인성의 개인적 가치들을 길러 개인이 도덕적 판단을 할 수 있게 하여 도덕적 개인들이 좋은 사회를 만들게 할 것인지의 차이라고 논한다.

또 하나의 공통점은 다양성의 인정이다. 영국 사회가 필연적으로 함께 살아가야 하는 요소로 공동체를 강조하든 개인을 강조하든 다양한 집단과 살아갈 수 있어야 한다는 것은 공통된 의견이다. 이는 달리 표현하면, 시민성과 인성을 구분하여 볼 것인지 아니면 하나의 흐름에서 보아야 하는지에 대한 논의가 요구되는 지점이라고 할 수 있다. 이에 대해 할스테드와 파이크 Halstead and Pike, 2006는 시민교육의 국가교육과정 도입 당시 학교에서 무엇을 가르쳐야 하는지에 대한 논쟁이 있었음을 회고하며, 이제 학교교육은 학생들이 단순히 일자리를 얻기 위해서가 아닌 자신의 '삶'을 준비할 수 있도록 해야 한다고 주장한다. 자신의 삶에 어떠한 기준을 두고 무엇을 준비해야 하고 어떠한 가치를 가지고 또 어떻게 행동해야 하는지 등에 대해 지속적으로 도전해야 한다. 그렇기 때문에 시민성과 인성의 개념을 포괄하는 개념으로 도덕교육 또는 가치교육을 제시한다. 일련의 논의들은 결국 궁극적으로는 좋은 사회, 즉 민주사회를 만들어 가는 준비를 하기 위한 교육이라면 공동체와 개인의 관계를 도덕의 관점에서 봐야 한다는 주장의 근거가 된다.권순정, 2017 종합하면, 영국의 국가 정치 상황에 따라 변화해 온 시민교육의 핵심 개념들은 도덕의 관점 또는 도덕교육의 맥락에서 교육의 한 흐름으로 시민교육을 교육과정에서 제시하는 것이 중요함을 보여 준다고 하겠다.심성보, 2014; Noddings, 2013

한국 사회가 마주한 변화들 속에서 국가 정체성과 다양성에 대한 정치적 이해는 영국의 경험과는 다르게 나타날 수밖에 없다. 예를 들어 한국은 다른 인종·민족적 집단의 증가를 마주하면서 동시에 통일사회라고 하는 또 다른 '다름'을 준비해야 한다. 이때 국가 정체성에 대한 개념을 어떻게 설정하고 다양성을 바라볼 것 것인가가 한 흐름으로 관계가 정립되지 않은 상태에서 국가 정치적 상황에 영향을 받게 된다면, 시민교육은 방향성을 잃을 수 있다고 본다. 이미 인성교육진흥법과 학교 민주시민교육조례 등 법과 규범의 차원에서 구분된 논의가 진행된 상황이다. 그러나 영국의 사례를 고려해 보면, 이렇게 구분된 접근으로 실천되는 것이 올바른 방향인지에 대한 반성이 필요해 보인다. 왜냐하면 이러한 접근은 오히려 교육현장에서 혼란을 가져올 수 있기 때문이다. 실제로 영국에서도 핵심 개념에 대한 합의가 안 된 상태에서 요구된 시민교육의 실천에 대해 교사들은 시민교육에 대해 명확히 알 수 없고, 그렇다 보니 실천할 자신이 없다고 보고하기도 했다.Weinberg and Flinders, 2018

이미 다수의 한국 사례들은 민주시민교육과 인성교육과 관련된 프로그램의 실천이 이루어졌다.박선영, 2018; 진숙경 외, 2016 그럼에도 그 논의의 방향들은 두 교육을 하나의 흐름에서 보려고 하기보다는 어느 정도의 교차점이 있고 함께 실천되어야 하는 당위성을 제시하는 데 미치고 있다. 그러나 영국의 사례를 통해 시민교육이 축소되지 않기 위해서는 지속적으로 공동체와 개인의 가치의 건강한 줄다리기를 이어 가는 것이 필요함을 알 수 있다. 그렇기 때문에 이제는 시민성과 인성을 구분하기보다 하나의 교육과정 틀을 마련해야 할 필요성에 대해 적극적으로 고려하고, 그런 차원에서의 교육 실천 및 프로그램을 마련하기 위한 연구가 요청된다.

1. 이 글은 권순정(2019), 「영국 국가 정치 상황에 따른 시민교육 핵심개념 분석: 학교 교육과정정책 내용을 중심으로」(『비교교육연구』 29(1), pp. 1-28)를 수정·보완하였다.

2. 이 글에서는 시민과 시민성의 개념적 정의에 대한 고찰은 하지 않는다. 다만, 통상 시민교육으로 모두 일컫고 있는 바, 본고에서는 citizenship education도 시민교육이라고 통일한다. 그러나 맥락상 citizenship을 거론해야 할 때는 '시민성'이라고 설명하였다.

3. 브렉시트(Brexit)는 유럽연합을 탈퇴한다는 의미로, 영국이 범국민적으로 추진하여 정치적 목표를 이룬 사건이다. 영국 의회는 2016년 국민투표를 실시하여 개표 결과 72.2%의 투표율에 탈퇴 찬성 51.9%, 탈퇴 반대 48.1%로 영국의 유럽연합 탈퇴가 확정되었다(참조: https://ko.wikipedia.org/wiki/%EB%B8%8C%EB%A0%89%EC%8B%9C%ED%8A%B8).

4. 그래머스쿨의 전신은 16, 17세기 상류층과 부유한 상인들이 지역사회를 위해 기부금을 내고 설립한 학교로, 영국 상위계층 자녀들만 입학하는 구조였다. 이후, 상류계층에만 특정하지 않고, 학업성취가 높은 학생들을 받아들이면서 중등학교가 되었다. 현대 사회에서 그래머스쿨은 대학 입시를 준비하는 7년제 인문계 중등학교를 의미한다. 1944년 교육법(Education Act)에 의거하여 정부로부터 보조금을 받는 공립학교(Public school) 성격을 띠게 되었다. 이에 따라 그래머스쿨은 공립학교 시스템을 유지하며 주정부의 재정 지원을 받는 학교들과 사립학교의 형태로 운영되는 학교로 구분되어 있다.

5. QCA(Qualification and Curriculum Authority)에서 출판된 "Education for citizenship and the teaching of democracy in schools"를 〈크릭 보고서〉라 칭한다.

6. 영국에서 블랙(Black)은 과거 영국의 식민지였던 아프리카, 카리브계 출신들을 일컫는다. 또한 아시아계는 통상 남아시아-인도 및 파키스탄계를 일컫는다. 그리고 그 외 집단에는 동아시아계를 비롯한 다른 인종·민족적 집단이 속한다.

7. 영국의 입시제도는 크게 두 단계로 나뉜다. 우선, 중등학교 11학년(16세)에 GSCE 시험을 치른다. 여기서는 영어, 언어(근대어 중 1, 고대어 중 1), 수학, 인문(역사 또는 지리)을 필수로 보고, 선택으로 인문 사회과학 과목 중 4~6과목을 선택하여 시험을 치른다. 2003년부터 인문, 사회과학 중 선택과목에 시민교육이 포함되었다(Davis and Isitt, 2005). 여기서 A level 이상을 받아야만 대학진학반

을 진학할 수 있고, 여기서 진로를 정하게 된다. 12학년과 13학년(17~18세)에 걸쳐 대학진학을 결정한 학생들은 Advanced level exam을 치르는데, 이때는 3~4과목을 선택하여 심화된 내용을 공부하고 시험을 치른다. 대학들은 이것을 대입시험 기준으로 사용하지만, 각 대학마다 입시전형이 다르다.

8. "인성은 행동에 내재된 가치에 관한 것으로 가치가 덕—주어진 상황 속에서 자신의 성향을 도덕적으로 좋은 방향으로 반응하게 하는 것—으로 발전되어 간다(Kristjansson, 2013). 따라서 인성은 도덕적 지식, 도덕적 느낌 그리고 도덕적 행동으로 나누어 있지만, 이 셋은 상호 연결되어 있으며, 좋은 인성은 좋은 것을 알고(knowing the good), 좋은 것을 원하고(desiring the good), 그리고 좋은 행동을 하는 것(doing the good)이다"(권순정, 2017: 674).

| 참고 문헌 |

권순정(2017). 「도덕교육 담론을 통한 시민성교육과 인성교육의 의미에 대한 연구」. 『학습자중심교과교육연구』, 17(21): 665-686.

권지욱·송주영·이광훈·이기라·조철민(2016). 「시민사회의 시민교육 체계 구축 과 정 연구-독일, 프랑스, 스웨덴, 미국, 영국을 중심으로」. 서울: 민주화운동기념사 업회 한국민주주의연구소.

박선영(2018). 「청소년지도를 통한 민주시민교육과 인성교육」. 『청소년학연구』, 25(3): 187-209.

심성보(2014). 『민주시민을 위한 도덕교육』. 서울: 살림터.

심성보(2018). 「사람다움의 조화를 통한 '민주적' 시민교육의 모색」. 『윤리교육연 구』, 47: 253-282.

진숙경 외(2016). 『인성교육과 민주시민교육 연계방안』. 수원: 경기도교육연구원.

APCEIU(2017). *Global Citizenship Education-a Guide for Policy Makers*. Seoul: APCEIU.

Arthur, J.(2010). *Citizens of Character-New Directions in Character and Values Education*. Exeter: Imprint Academic.

Arthur, J.& Earl, S.(2018). *Character and academic attainment: does character education matter?* (Insight series). Jubilee Center for character and virtues, University of Birmingham.

Aschcroft, R. & Bevir, M.(2016). Pluralism, National Identity, and Citizenship: Britain after Brexit. *Political Quraterly*, 87(3), [online] http://escholarship. org/uc/item/76g941f4 (2018. 9. 25. 인출)

Blunkett, D.(2003). *Civil Renewal: A New Agenda*. London: Home Office.

Davis, I. & Isitt, J.(2005). Reflections on Citizenship Education in Australia, Canada, and England. *Comparative Education*, 41(4): 389-610.

Davis, L.(2008). *Educating against Extremism*. Stoke-on-Trent: Trentham books.

Def(Department of Education)(2013). Improving the Spiritual, Moral, Social and Cultural(SMSC) Development of Pupils. Reference: DFE-00271-2013.

Def.(2014). Guidance on Promoting British Values in Schools Published. [online]https://www.gov.uk/government/news/guidance-on-promoting-british-values-in-schools-published (2018. 10. 3. 인출)

Def.(2015). Character Education: Apply for 2015 Grant Funding. [online] www.gov.uk/government/news/character-educationapply-gor-2015-grant-funding (2018. 10. 3. 인출)

Espiet-Kilty, R.(2016). David Cameron, Citizenship and the Big Society: a New Social Model? *Reveuefrançaise de civilisation britannique*, 21(1).

Gundara, J. S.(2000). *Interculturalism, Education and Inclusion*. London: Sage.

Halstead, J. M. & Pike, M. A.(2006). *Citizenship and Moral Education*. London: Routledge.

Hicks, D.(1988). *Education for Peace-issues, Principles, and Practices in Classroom*. London: Routledge.

Hicks, D.(2003). Thirty Years of Global Education: a Reminder of Key Principles and Precedents. *Educational Review*, 55(3): 265-275.

Huddlestone, T.(2008). Citizenship in England. Georgi, V. B.(Ed.). *The Making of Citizens in Europe: New Perspectives on Citizenship Education*. Bonn: Bundeszentrale für politische Bildung.

Jubilee Center(2015). A Framework for Character Education in Schools. [online] www.jubileecentre.ac.uk/userfiles/jubileecentre/pdf/character-education/Framework%20for%20Character@20Education.pdf (2018. 10. 25. 인출)

Keating, A. & Kerr, D., Benton, T., Mundy, E. & Lopes, J.(2010). *Citizenship Education in England 2001-2010: Young People's Practices and Prospects for the Future*. The Eighth and Final Report from the Citizenship Education Longitudinal Study(CELS). Research Report DFE-RR059(London, DfE).

Kisby, B.(2017). Politics in Ethics Done in Public: Exploring Linkages and Disjunctions between Citizenship Education and Character Education in England. *Journal of Social Science Education*, 16(3): 8-21.

Kristjánsson, K.(2013). Ten myths about character, virtue and virtue education–and three well-founded misgivings, *British Journal of Educational Studies*, 61(3), 269-287.

McCloskey, S.(2017). Policy & Practice–a Development Education Review. Issue. 24 (development education perspective on migration). [online] https://www.developmenteducationreview.com/issue/issue-24/refugee-crisis-or-humanitarian-crisis (2018. 10. 1. 인출)

Noddings, N.(2013). *Education and Democracy in the 21st Century*. 심성보 옮김(2016). 『21세기 교육과 민주주의』. 서울: 살림터.

Osler, A. & Starkey, H.(2005). *Changing Citizenship: Democracy and Inclusion in Education*. Maidenhead: Open University Press.

Osler, A. & Starkey, H.(2009). Citizenship Education in France and England: Contrasting Approaches to National Identity and Diversity. Banks, J. A.(Ed.). *The Routledge International Companion to Multicultural Education*. New York: Routledge.

QCA(Qualification and Curriculum Authority)(1998). *Education for Citizenship and the Teaching of Democracy in Schools*. London: QCA.

Schweisfurth, M. & Harber, C.(2012). *Education and Global Justice*. Oxen: Routledge.

Weinberg, J. & Flinders, M.(2018). Learning for Democracy: the Politics and Practices of Citizenship Education. *British Educational Research Journal*, 44(4): 573-592.

BBC News. GSCEs: How do the new 9-1 grades work? (2018. 8. 22.) https://www.bbc.com/news/education-44125336 (2018. 10. 15. 인출)

Big society. http://content.yudu.com/Library/A1p4al/BigSocietyandtheRedi/resources/index.htm?referrerUrl=http%3A%2F%2Fwww.yudu.com%2Fitem%2Fdetails%2F217532%2FBig-Society-and-the-Rediscovery-of-Virtue—FINAL-

The Guardian. The rise in school exclusions is a result of the education market. (2018. 9. 4.) https://www.theguardian.com/education/2018/sep/04/the-rise-in-school-exclusions-is-a-result-of-the-education-market (2018. 10. 15. 인출)

제6장

미국 학교 민주시민교육의
특징과 시사점

장수빈(메릴랜드 세인트 메리스 칼리지 St. Mary's College of Maryland 교수)

1. 서론

미국의 정치체계와 사상에 큰 영향을 끼친 토머스 제퍼슨Thomas Jefferson은 미국의 "자유를 지키는 유일하고 확실한 보루"는 모든 사람을 교육하고 가르치는 것이라고 말했다. 이 언술은 민주주의가 제대로 작동하기 위해서는 모든 시민이 그에 필요한 교육을 받는 것이 중요하다고 보는 미국의 보편적인 시각을 잘 드러낸다. 이 글은 여전히 민주주의와 교육을 긴밀하게 연결하는 미국의 보편적인 정서에 기초해서 공립학교, 특히 고등학교 시민 교과교육의 특징을 체계적으로 정리한 것이다. 이를 바탕으로 우리나라 학교 민주시민교육에 주는 시사점을 논의하였다.

1) 미국적 민주시민교육의 기초: 이민 사회와 개인주의 문화

미국 학교 제도의 탄생은 처음부터 사회통합과 공화주의 안착이라는 정치·사회적 배경과 맞물려 있다. 미국 공립학교 시스템의 시초는 우리나라에도 잘 알려진 공통 학교 운동common school movement으로 미국의 산업혁명기인 1830년 전후에 일어났다. 당시 미국 사회에는 종교, 인종이 다른 이민 노동자의 유입이 큰 폭으로 증가했을 뿐만 아니라, 자본가와 노동자 집단의 빈부 격차가 평등사상을 위협하는 사회적인 문제로 부상했다. 따라서 당시에 공통 학교 운동을 이끌었던 세력들은 공립public학교를 통해서 시민들 사이의 공통성commonness을 강화할 수 있다고 주장했다. 특히, 당시 가장 많았던 가톨릭계 아일랜드 출신 백인 이민자를 개신교를 표방하는 미국 사회에 통합할 수 있을 뿐만 아니라, 여전히 봉건제도에 익숙한 사람들에게 평등사상을 확실하게 실천하는 사회적 기관으로서 궁극적으로 공화주의적 제도를 안정화할 수 있다고 선전했다.Reese, 2005

150여 년이 지난 지금도 미국은 여전히 이민 사회다. 2차 세계대전 이후 주 이민 집단은 아시아계와 라틴아메리카계로 바뀌었지만, 여전히 미국은 가장 많은 이민자를 받는 국가다.UN, 2017 다양한 민족 출신의 이민자들의 경제적 공동체로 시작한 미국은 여러 인종, 언어, 문화 및 종교적 배경을 가진 사람들을 하나로 묶는 '미국 민족'이란 개념 대신, 국부들founding fathers이 주인공인 미국의 기원에 관한 신화화된 역사적 서술과, 그리고 자유와 경제적 기회를 약속하는 '아메리칸 드림'과 같은 담론에서 계속 재생산되는 미국적 민주주의의 이상을 통해서 결속이 유지된다.[1] 다시 말하면, 미국에서 사회통합의 담론은 독립 선언문이나 헌법에서 담아내는 미국의 민주주의 이념, 그 이념의 끊임없는 이상화idealization, 그리고 그에 대한 개인들의 자발적 동의로 구성되는 것이다. 이렇게 보면, 민주주의는 단순히 국가의 정치체제를 넘어 미국인의 뿌리 깊은 집단 정체성과 자긍심을 구성하는 핵심적인 요소라고 할 수 있다. 그러한 이유로, 정권의 부침에 따라 미국인의 국민적 정체성의 뿌리인 민주주의에 대한 가치가 변하지 않는 것이다. 헌법에 명시된 민주주의의 기본적인 가치는 어느 한 정당이나 정치 세력이 점유하는 것이 아니며, 공화당이든 민주당이든 기본적인 민주주의 이념의 토대 위에 서 있다.

특히, 초·중등학교에서 이루어지는 사회과교육(더 광범위하게는 학교 교육과정 전반)은 미국인으로서의 집단 정체성을 끊임없이 생산, 재생산하는 담론 질서의 생산 공간으로 볼 수 있다. 대다수의 미국인이 학교 교육의 중요한 목적으로 여전히 민주시민교육을 꼽는 것은 학교의 그러한 사회적 역할에 대한 기대감을 반영한다.[2] 특히 이 글의 2장에서 자세히 살펴볼 고등학교 시민 교과교육과정의 내용은 다양한 배경을 가진 미국인의 공통분모를 민주 공화정이라는 정치체제 및 이념으로 설명하고 공통의 정치적 정체성을 강화하는 담론으로 읽을 수 있다.

미국의 학교 민주시민교육은 민주 공화정이라는 국가의 사회·정치 공동체적 정체성을 내면화하는 것과 함께 시민 개인의 정치적 역량을 기르는 것을 목표로 한다. 미국 사회과 교육자 협회National Council for the Social Studies: NCSS의 "민주주의에서는 개개인의 행동이 변화를 만든다"라는 선언문에도 함축적으로 나타나듯이, 모든 개인이 능동적이고 효과적인 시민이 되어 최대치의 시민적 역량을 발휘할 때 민주주의의 이상이 실현된다는 관점이 보편적이다. 집단의 힘보다 한 사람의 역량을 중요하게 여기고 강조하는 사회적 인식 및 신념은 여러 교과 성취기준, 교육 관련 각종 보고서와 학술연구뿐만 아니라, 미디어와 같은 대중적인 매체에서도 쉽게 발견되는 미국의 보편적인 문화적 담론이라고 할 수 있다. 현재 미국의 민주시민교육 주요 연구자인 월터 파커Walter Parker, 다이아나 헤스Diana Hess, 폴라 매커보이Paula McAvoy, 조셉 칸Joseph Kahne, 조엘 웨스트하이머Joel Westheimer 등의 작업은 기본적으로 이러한 미국인의 정체성을 구성하는 담론 질서에서 민주주의 이념의 역할과 미국 사회의 깊은 개인주의 문화에 대한 역사·문화적 맥락에서 이해해야 한다.

2) 시민교육 발전 배경과 인프라

미국 학교에서 시민 관련 교과를 가르친 역사는 한 세기도 넘지만, 교과의 양적·질적 팽창이 일어난 것은 1960년대였다. 냉전 당시 구소련이 인공위성을 먼저 쏘아 올린 사건은 미국 내 교육에 관한 관심 및 투자 확대로 이어진 대규모 입법의 계기가 되었다. 당시의 교육직군 양성법 the Education Professions Development Act 등을 통해서 정치학, 역사학, 사회학, 법학 및 기타 학문의 학자들이 고등학교의 시민교육 관련 교과 개발에 참여하여 연구하는 데 큰 재정 지원이 이루어지게 된다.Quigley, 1999 이 시기에 비사범대 사회과학 대학 교원을 중심으로 시작된 초·중등학교 수준의 시민교육 연구의 기본 인프라 및 사회적 관심이 현재까지도 교육과정 및 교수법 개발과 교원 연수 프로그램 운영 등으로 이어지고 있다.Quigley, 1999

그런 시대적 배경에서 설립된 많은 대학 및 민간 연구소는 대개 해당 지역의 교육청 및 학교와 협력하고 수업 자료 및 교원 연수 프로그램을 개발하여 인터넷을 통해 무료로 배포하며, 시민교육과 관련한 학술 연구물을 생산하는 방식으로 민주시민교육의 담론 활성화에 참여하고 있다. 대표적인 연구소로 애넌버그 재단Annenberg Foundation을 비롯해서 시민교육 센터Center for Civic Education[3], 행동하는 시민교육 센터Center for Action Civics[4], 시민 학습 및 참여에 관한 정보 및 연구 센터Center for Information & Research on Civic Learning and Engagement[5] 등이 있다.

미국 사회과 교육자 협회NCSS도 민주시민교육에 관한 중요한 담론 생산자 중 하나다. 미국에서는 연방정부가 직접 교육과정이나 교과서를 통제하는 대신 다양한 민간 전문가와 주 대표들이 주도하는 협의체가 만드는 성취기준standards을 통해 교과 학습 내용의 범위와 깊이를 결정한다. 미국 사회과 교육자 협회는 '대학, 커리어, 시민적 삶 프레임워크 사회과 교육과정the College, Career, and Civic Life Framework for Social Studies State Standards(이하, C3 사회과 교육과정)'[6] 개발에 직접 참여했던 15개 단체 중 하나이기도 하다. 또한, 이 단체에서 현직 교사들을 대상으로 발행하는 정기 간행물인 '사회교육Social Education(중등)'이나 '사회과와 어린이 학습자Social Studies and the Young Learner(초등)'에는 교실에서 바로 활용할 수 있는 우수한 교수-학습 자료들이 실린다. 미국 사회과 교육자 협회는 교사를 주축으로 움직이고, 이 협회의 작은 분과로 대학 교원 연합the NCSS College and University Faculty Assembly, CUFA이 있는 구조다. 앞에서 언급했던 시민교육 관련 연구자들은 이 교원 연합 학문 공동체에서 주로 활동하며, 최근 연구 동향을 파악할 수 있는 '사회교육의 이론과 연구Theory & Research in Social Education'를 발행한다.

시민교육과 관련한 풍부한 인프라와 수많은 교수-학습 자료가 의미 있는 이유는 일반적으로 미국의 교사는 교육과정 및 수업에서 자율성이 높은 편이기 때문이다. 특히 대학 입학과 아주 직접적인 관계가 덜한 과목이기 때문에(SAT 및 ACT 시험에 불포함; 내신의 절대평가) 교사가 원한다면 획일적인 교육과정 및 교과서에 구애받지 않고 다양한 자료들을 취사선택하여 수업에서 활용할 수 있다. 교과 수업에서 다루어야 하는 학습 내용은 이미 성취기준으로 정해져 있어 별 차이가 없지만, 이러한 풍부한 자료의 활용 여부, 교사의 역량과 의지에 따라서 교실에서 이루어지는 시민 교과의 수업 수준은 크게 차이가 난다.

3) 이 글의 구성

미국 교육계에는 연방정부의 정치 및 정책적 힘이 강화되는 것을 경계하는 역사·문화적 담론localism이 여전히 강하다. 대부분의 교육정책의 생산과 실행을 교육부가 독점하는 우리나라 정책구조와는 대조적으로,

미국의 교육정책에 관련된 행위자는 다원적이며 폭넓은 민간 영역을 포함한다. 더욱이 50개의 주와 그 안에 여러 개의 카운티와 지역구district를 포함하는 수많은 자율성을 가진 교육 행정단위로 구성된 미국의 교육정책의 실재를 파악하는 일은 자칫하면 부분을 가지고 전체를 말하는 성급한 일반화의 오류에 빠지기 쉽다. 따라서 본 글은 그러한 위험을 경계하면서 1) 특수한 사례보다는 보편적인 주류 담론, 2) 미국적인 특징을 잘 드러내는 사례, 3) 우리나라 시민교육에 시사점을 제공하는 것, 이 세 가지 원칙에 따라서 미국에서 이루어지는 광범위한 시민교육의 내용을 선택하고 조직하여 소개하고자 한다.

미국 학교 민주시민교육의 특징을 살펴보고 우리 교육에 주는 시사점을 파악하고자 하는 이 글은 크게 교육과정과 수업으로 구분하여 접근한다. 2장에서는 민주시민 교과교육과정, 다시 말해서 학습 내용의 구조를 C3 사회과 교육과정과 AP 미국 정부와 정치U.S. Government and Politics 교육과정을 통해서 살펴본다. 교육과정은 기본적으로 선택과 배제의 작업이기 때문에, 미국 전역에서 활용되는 이 두 개의 고등학교 교육과정을 분석하는 작업을 통해서 미국인들이 시민교육에서 어떤 지식, 기능, 가치, 태도를 중요하게 여기는지(동시에 무엇을 덜 중요하게 여기는지)를 파악할 수 있다. 3장에서는 미국 시민 교육학계에서 보편적으로 활용되고 오랫동안 논의된 세 가지 수업 방법을 소개한다. 이 수업 방법들은 분석적 사고와 실천성을 강조하는 미국 시민교육의 특징을 잘 보여 준다. 2장과 3장의 분석에 기초하여, 4장에서는 미국 학교 민주시민교육 사례가 우리 교육에 주는 시사점을 네 가지로 나누어 제시하며 글을 맺고자 한다.

2. 고등학교 민주시민 교과교육과정의 특징

고등학교에서 정치 교육을 담당하는 교과는 '미국 정부American or US government'나 '시민Civics' 혹은 '정치Politics'라는 이름으로 불린다. 미국에서는 편제가 획일적이지 않아 학교, 지역구, 또 주마다 이 과목의 이수 학점credit에는 차이가 있지만, 대부분 주에서 고등학교 졸업 자격요건에 이 과목을 포함하기 때문에 대개의 미국 고등학생은 최소 1년 이상의 정치 관련 과목을 수강한다.[7] 대학 지원 시에 요구되는 SAT 시험이나 ACT 시험 과목에는 포함되지 않지만, 고등학교 졸업 자격시험에 포함되는 경우가 많다. 필자가 근무하는 메릴랜드주의 경우, 고등학교 졸업 자격시험 네 과목(읽기, 수리, 과학, 미국 정부)에 포함되며, 그 내용은 미국 정부의 기원, 헌법의 내용, 3권분립의 원리와 각각의 구조와 역할, 공공정책 등이며, 사료를 포함한 다양한 자료 해석 능력data literacy과 논증 능력reasoning; forming argumentation을 강조하는 미국 시민교육의 특징에 따라 그와 같은 능력을 평가하는 객관식과 서술식 문항이 포함된다.[8] 이 과목은 또한 대학 수준의 강의를 고등학교에서 선 수강하는 AP the College Board's Advanced Placement Program; 이하 AP 프로그램의 40여 개의 과목 중 학생들이 네 번째로 많이 시험을 신청하고, 그보다 훨씬 더 많은 수의 학생이 수강하는 과목이기도 하다.Hess & McAvoy, 2015 AP 프로그램 수강 여부 및 시험 점수는 대학입시에서 유리하게 작용할 수 있다.[9]

C3 사회과 교육과정은 각 주를 대표하는 연구자 및 정치, 경제, 지리, 역사를 대표하는 15개의 사회과 교육 단체가 협력하여 개발되었다. 각 교과 관련 학자, 교사, 주 교육청의 사회과 교육 담당자, 사회과 관련 단체 등의 다양한 사람들이 참여했다. 교육과정 문서의 서론을 보면 얼마나 많은 사회과 관련 단체가 교육과정 개발, 의견수렴, 심의과정에

참여했는지 확인할 수 있다. 교육과정 개발 과정에는 다양한 스펙트럼의 비교육계 단체가 참여했다는 것을 알 수 있으며, 민간단체들이 대부분인 것도 특징적이다. 또한, 주마다 2~3명의 사회과 교사 단체 대표들이 교원 위원회를 구성하여 협력한 것도 인상적이다. AP 교육과정의 경우 정치학 관련 대학 교원들이 주로 참여하고, 내용은 국가 헌법 센터 the National Constitution Center의 인준을 받음으로써 교육과정의 내용이 정치적으로 당파색을 띠지 않았다nonpartisan는 것을 밝히고 있다.College Board, 2018 이렇게 다양한 스펙트럼의 참여자가 시사하는 것은 학교 민주시민교육의 내용이 범사회적인 논의 및 합의가 필요한 사항이라는 것을 우회적으로 시사한다.

1) 시민 교과교육과정 분석

C3 사회과 교육과정은 세부적으로 시민, 경제, 지리, 역사의 네 개 하위 분과로 구성된다. [표 1]은 그중에서 시민Civics 교과교육과정의 고등학교 성취기준을 번역한 것이다. 각 성취기준은 학교급/학년군으로 구분되어 제시되며, [표 1]의 성취기준은 고등학교를 졸업하는 시점에 학생이 성취해야 하는 학습목표다. 시민 교과교육과정은 '시민 및 정치적 기관', '참여와 숙의: 시민적 덕과 민주적 원칙의 적용', '절차, 규칙, 법'의 세 영역으로 학습 내용이 묶여서 제시된다. 첫째 영역은 국가의 정치 시스템을 파악하는 것, 둘째 영역은 시민적 역할의 실천에 관한 것, 셋째 영역은 공적 문제를 사회적으로 해결하는 절차에 관한 것이다.

각각의 성취기준을 보면 학생이 알아야 하는 지식과 할 줄 알아야 하는 기능/능력을 구분하지 않고 하나의 역량으로 통합한 문장의 형태로 제시함을 알 수 있다. 예를 들면, 2번 성취기준을 보면 민주주의에 관한 여러 이론이나 미국의 민주화 역사, 다른 국가 및 과거의 여러 정치 사

[표 1] C3 시민 교과교육과정 고등학교 성취기준NCSS, 2013: 32-34

영역		고등학교 성취기준(9~12학년)
시민 및 정치적 기관	1	지방, 주, 국가, 국제 수준의 시민과 정치 기관의 권력과 책임을 구분한다.
	2	민주주의에 관한 여러 이론, 미국인의 정치 참여가 변화해 온 역사, 다른 국가나 과거 및 현재의 대안적인 모델에 비추어 미국의 정치체계에서 시민의 역할을 분석한다.
	3	국가 및 국제 질서의 유지를 위한 헌법, 법, 조약, 국제협정의 효과를 분석한다.
	4	미 헌법이 제시하는 정부 체계의 권력, 책임, 한계가 어떻게 변화해 왔고 여전히 유효한지 설명한다.
	5	지역, 주, 부족, 국가, 국제 수준의 사회·정치적 문제를 해결하는 여러 시민이나 기관의 효과성을 평가한다.
	6	정부, 시민사회, 시장 경제의 관계를 비판적으로 분석한다.
참여와 숙의: 시민적 덕과 민주적 원칙의 적용	7	다른 사람과 작업할 때 시민적 덕과 민주적 원칙을 적용한다.
	8	시민적 덕과 민주적 원칙을 추구하는 (미국 외의) 여러 다른 상황, 시대, 장소의 사회·정치체계를 평가한다.
	9	다양한 상황에서 숙의 과정을 적절하게 사용한다.
	10	시민적 덕과 민주적 원칙, 헌법적 권리와 인권의 개념을 실천하는 과정에서 자신의 관심사나 관점에 대해 적절하게 분석한다.
절차, 규칙, 법	11	지방, 주, 국가, 국제 수준의 정부의 의사결정의 복잡한 절차를 시민적 목적이 달성되었는가의 관점에서 평가한다.
	12	사람들이 어떻게 지방, 주, 국가, 국제법을 이용하거나 이의를 제기하여 다양한 공적 문제를 해결하는지 분석한다.
	13	공공정책을 의도한 결과와 의도하지 않은 결과 및 야기될 수 있는 여러 결과를 고려하여 평가한다.
	14	공동선과 권리 보호를 위해 사회를 변화시켜 나가는 것의 역사적, 현대적, 미래적 의미를 분석한다.

례에 관한 '지식'을 갖고, 미국에서 시민의 역할을 분석하는 '능력'을 갖추어야 한다는 식이다. 성취기준은 지식과 기능, 가치와 태도를 융합한 역량에 관한 문장으로 구성되어 있지만, 미국 시민 교과교육과정의 특징을 파악하기 위해서 이 글에서는 지식과 기능, 가치 및 태도를 구분하여 살펴보고자 한다.

가. 지식(civic knowledge): 시민으로서 알아야 하는 것

C3 시민 교과교육과정의 가장 큰 특징 중의 하나는 학생에게 많은 학습량, 특히 상당한 양의 사실적 지식factual knowledge을 학습하기를 요구한다는 것이다. 미국의 헌법 및 정치 시스템과 경제체제, 정치사, 다른 국가의 정치 시스템, 사회·정치적 문제해결 절차, 근·현대 및 최근의 여러 공공 사례 등 정말 '많이' 알아야 한다. 이런 시민 교과교육과정의 구조는 미국인들이 시민의 역할을 지적intellectual으로 바라보는 관점을 드러내며, 왜 민주주의와 교육을 불가분의 관계로 파악하는지 말해 준다. 또한, 미국은 연방제이기 때문에 별도로 주 정부의 역사, 주에 해당하는 법과 정치적 절차에 대해서도 알아야 한다. 시민 교과 교과서는 하나같이 사전처럼 두꺼운데 이는 알아야 하는 방대한 사실적 지식의 양을 시각적으로 보여 준다.

AP 교육과정이 제시하는 학습 내용도 C3와 크게 다르지 않다. C3는 평가 기준으로 연결하기 쉬운 성취기준의 형태로 학습 내용을 제시했고, AP는 5개의 빅 아이디어의 형식[10]으로 제시했다는 차이가 있을 뿐이다([표 2]). 5개의 영역은 C3와 마찬가지로 미 헌법, 정치 시스템, 시민의 참여, 공공 문제의 사회·정치적 해결 과정에 관한 내용을 다룬다. 다만, AP 교육과정은 대학의 '학문discipline'을 미리 수강하는 개념이기 때문에 정치학에서 활용되는 분석 방법이 추가적인 학습 내용으로 포함된다는 점에서 고등학교 '교과subject'와는 차별화된다. 최근 미국의 교육과정 문서의 문장들은 매우 함축적으로 서술되기 때문에 언뜻 보기에는 학습의 양이 많지 않다고 생각할 수도 있으나, 개념 하나하나가 상당히 크기 때문에 실제로 교과서를 집필하거나 교실에서 수업을 운영할 때 학습 내용의 범위scope가 폭발적으로 늘어날 수 있다.

미국의 시민 교과교육과정에서 미국 헌법을 비롯한 독립 선언문, 권리

[표 2] CAP 미국 정부 및 정치 교과의 주요 학습 내용College Board, 2018: 11

AP 미국 정부 및 정치 교과 빅 아이디어

(1) 입헌주의
미 헌법은 정부 간의 견제와 균형 시스템을 세우고 연방과 주 정부 사이의 권력을 분배하는 근거다. 이 시스템은 법치주의, 다수결, 약자의 권리 원칙에 기초한다.

(2) 자유와 질서
국가의 법과 정책을 통해 미 헌법에 제시된 질서와 자유의 균형을 유지한다. 이 질서와 자유의 균형에 관한 해석은 시대의 흐름과 함께 변화해 왔다.

(3) 대의민주주의에서 시민의 참여
국민 주권, 개인주의, 공화주의는 미국 법 및 정책 입안에서 중요한 고려 사항이며, 시민들의 관심과 참여의 근거이기도 하다.

(4) 정책 입안에서 이해관계의 경쟁
다양한 행위자와 여러 기관은 실현 가능한 정책을 만들고 실행하기 위해 서로 소통한다.

(5) 정치 분석의 방법
정치학자는 다양한 분석 방법을 활용하여 미국의 정치적 행위와 태도, 이데올로기, 제도가 어떻게 다양한 요인을 통해 시간에 걸쳐 형성되었는지 측정한다.

장전은 매우 중요하게 다루어진다. 이 초기 문서들의 핵심 사상인 자유, 평등, 민주주의 이념에 관해 '배우고' 자발적으로 동의하고 헌신함으로써 미국인이 되는 것이지, 출생과 함께 자연스럽게 주어지는 것이 아니라고 보기 때문이다.Gould et al., 2011: 10 미국 시민교육의 주류 담론은 지속해서 오로지 '교육'을 통해서 배움으로써 미국인이 되는 것을 강조한다. 여기에 조지 워싱턴George Washington과 제임스 매디슨James Madison이 활동한 미국 초기부터 에이브러햄 링컨Abraham Lincoln 시기의 남북전쟁, 마틴 루서 킹 목사Martin Luther King Jr.의 시민 평등권 운동civil rights movement까지 자유, 평등, 민주주의 이념의 구현을 위해 투쟁해 온 역사로 끊임없이 재서술되는 미국사도 중요한 학습 내용으로 포함된다.Gould et al., 2011: 10 이러한 민주주의 역사적 서술의 학습은 '자유와 평등, 민주주의의 수호자'로서 미국인의 국가 공동체적 정체성 형성의 중요한 부분이 된다.

나. 기능(civic skills): 시민으로서 갖춰야 할 능력

미국 시민 교과교육과정의 중요한 또 다른 특징은 '분석' 능력에 대한 강박에 가까운 강조라고 할 수 있다. 예를 들면, AP 교육과정은 교과를 구성하는 가장 중요한 다섯 가지 원칙을 제시하면서 헌법에 대한 강조 다음으로 학생들의 '분석' 능력을 꼽고 있다. "학생들은 관망자spectators가 아니라 분석가analysts이다"라며, 초기 문서나 역사적으로 중요한 논쟁을 스스로 분석함으로써 현재의 공화정이 어떻게 형성되었는지 이해해야 한다고 설명한다. 즉, 교육과정 및 교과서에서 이미 분석과 해석을 끝낸 정제된 형태의 서술을 학생들에게 제시하는 방식이 아니라, 학생이 자료를 분석하여 스스로 결론을 끌어내는 사고력 훈련을 해야 한다는 의미다.

사고력의 위계를 설명하는 블룸의 목표체계Revised Bloom's Taxonomy나 웹의 지식의 깊이Webb's Depth of Knowledge 모델을 보면 분석은 거의 가장 상위의 고차원적 사고기능에 해당한다.Hess et al., 2009 시민 교과교육에서 시민으로서 갖춰야 할 가장 중요한 능력으로 사고력, 특히 분석력을 일관되게 제시하고 있다는 것은 시민의 역할을 지적intellectual으로 이해하는 미국의 특징적인 관점을 드러낸다. 또한, 타인이나 집단의 의견에 쉽게 휩쓸리지 않는 독립적 사고 능력의 강조는 개인주의 문화에 뿌리를 둔 미국 학교 민주시민교육의 특징을 반영한다. 자료를 꼼꼼하게 해체하여 디테일을 파악하는 분석 작업은 결국 평가evaluate로 이어지고, 평가는 곧 개인의 독립적인 의견/주장의 형성이라고 할 수 있다. 다시 말하면, 분석 작업은 학생이 정치적 주체로서 자신의 의견, 자신의 목소리를 내기 위해서 반드시 거쳐야 하는 작업이다. 이렇게 주어진 자료를 분석하고 그에 관한 자신의 의견을 형성하는 훈련을 반복하면, 궁극적으로는 연습을 해 보지 않은 새로운 상황과 사례를 접했을 때도 핵심을 파악하고 그에 대한 자신의 의견과 관점을 정당화하는, 다시 말해서 독립적이고 주체적으로 생각하는 시민적 사고 역량 자체가 성장하게 된다.

[표 3]은 AP 교육과정에서 제시하는 학생들이 갖춰야 하는 사고기능을 정치학에서 자주 사용하는 사고 유형disciplinary practice 다섯 가지로 구분하여 제시하고, 그에 따른 하위 사고 유형을 제시한 것을 필자가 번역·요약한 것이다. 이 표를 보면 개략적으로 민주주의의 기본적인 개념을 이해 → 다양한 형태의 자료에서 해당 개념을 찾기(인식) → 비교하

[표 3] AP 미국 정부 및 정치 교과 사고기능 | College Board, 2018: 9

정치학 연구 방법 Disciplinary Practices	연구 방법 1 정치 개념과 과정을 실제 맥락의 시나리오에 적용하기(개념 적용)
	하위기능: 정치적 원칙, 제도, 절차, 정책, 행위를 설명하기, 비교하기, 다른 사례에서 읽어 내기, 새로운 상황에 적용할 방법을 생각하기
	연구 방법 2 대법원 판례 적용하기(대법원 사례 적용)
	하위기능: 대법원의 판례와 관련한 사건의 사실관계, 추론, 여론을 설명하기, 대법원 판례의 근거가 된 문서와의 상관성 설명하기, 판례 비교하기, 새로운 상황에 판례 적용하기
	연구 방법 3 표, 도표, 그래프, 지도, 인포그래픽으로 제시된 양적 자료 분석과 해석하기(데이터 분석)
	하위기능: 데이터의 패턴과 흐름 읽기, 데이터 정보를 가지고 추론하기, 데이터가 정치적 원칙, 제도, 절차, 정책, 행위와 어떤 상관성이 있는지 설명하기, 자료 및 자료의 시각적 표현의 한계성에 관해 설명하기
	연구 방법 4 국가의 기초가 되는 문서(foundational documents) 및 기타 텍스트와 시각적 사료를 읽고, 분석하고 해석하기(사료 분석)
	하위기능: 저자의 주장, 관점, 증거, 추론을 설명하기, 저자의 의견이 정치적 원칙, 제도, 절차, 정책, 행위와 어떻게 상관이 있는지 또한 어떤 영향력을 미칠 수 있는지 설명하기, 만화, 지도 및 기타 인포그래픽스가 어떻게 정치적 원리, 제도, 절차, 정책, 행위와 상관이 있는지 설명하기
	연구 방법 5 글의 형식으로 자기 의견 전개하기(논증)
	하위기능: 변호할 수 있는 주장을 적절한 증거를 활용하여 분명하게 표현하기, 추론을 활용하여 증거를 분석 및 배치하여 자신의 관점을 정당화하기, 논박·인정·반박을 활용하여 반대/대안적인 관점에 반응하기

기 및 상관성 찾기 → 패턴, 흐름을 읽어 내기 → 평가, 의견 구성, 정당
화 → 반성, 성찰의 흐름으로 학생의 사고력을 훈련해 나감을 알 수 있
다. 이것은 사고력이라고 부를 수도 있고, 문해력literacy이라고 말할 수도
있다. 사료와 판례, 사례 등 다양한 형태의 텍스트 및 시각 자료를 체계
적으로 읽어 내는 훈련을 통해서 단순히 정보만 파악하는 것이 아니라
거기에 담긴 저자나 제작자의 의도, 사회·정치적 의미까지 비판적으로
읽어 내는 것이다. 시민으로서 살아가면서 반드시 읽을 줄 알아야 하는
이러한 자료를 읽는 연습을 통해서 학생들은 텍스트 및 시각적 자료의
문자적 의미만 파악하는 것이 아니라 그 너머의 사회·정치적 권력 구
조, 다시 말해서 '세상'을 읽는 법을 배운다.

[표 4]는 좀 더 좁은 관점에서 시민 교과에서 학생이 학습해야 할 추
론 과정을 설명하는데, 이 표에서 사고력 발달의 순서는 좀 더 명료하
게 드러난다. 4개의 독립적인 추론 분야의 오른쪽 열의 사고기능을(◆표
시) 위(낮은 수준)에서부터 아래(높은 수준)로 읽으면, 점진적으로 단순
한 사고 훈련 → 복잡·고차원의 형태로 진행함을 알 수 있다. 우선, 개
념을 학습 → 개념을 인식identify → 분절적으로 존재하는 정보들을 연
결하여 설명하는 내러티브 구성 → 주어진 정보로 알지 못하는 것을 추
론 및 예상하는 작업의 순서로 사고력 훈련을 확장해 나간다.

이러한 체계적인 사고력 훈련은 교육과정 개발의 측면에서 볼 때, 오
랜 시간 많은 연구 및 시행착오를 바탕으로 만들어진 완성도가 매우 높
은 것이다. 체계적인 사고력 훈련은 시민교육뿐만 아니라 일반적인 역량
함양 교육의 측면에서도 시사하는 바가 크다. 다만, 방대한 학습 내용과
마찬가지로 논리적 추론 능력을 강조하는 미국 시민교육의 모델은 상당
히 엘리트주의적인 문제가 있다. AP 교육과정은 대학 진학을 목표로 한
학업적으로 우수한 학생을 대상으로 한 것이긴 하지만, 교육의 평등성,

[표 4] AP 미국 정부 및 정치 교과 사고기능 || College Board, 2018: 10

추론 과정 Reasoning Processes	추론 과정 1 정의/분류 개념적 지식	◆개념의 성격, 속성, 특징, 요소를 설명 ◆개념들을 분류 ◆구조와 기능에 관해 설명 ◆패턴과 변화 양상에 관해 설명 ◆자료 및 저자의 관점에 관해 설명 ◆자료 및 저자의 전제 및 추론에 관해 설명
	추론 과정 2 과정 정치 과정	◆정치 과정의 절차와 각 단계 발견 ◆각 절차와 단계가 어떻게 연결되는지 설명 ◆과정 및 상호작용에서 겪는 어려움 설명 ◆절차와 상호작용의 적절성 및 의의 설명
	추론 과정 3 인과 정치적 원칙, 제도, 절차, 정책, 행위의 원인과 결과	◆원인과 결과를 발견(identify) ◆원인과 결과의 이유를 설명 ◆시간에 따른 변화 설명 ◆원인과 결과의 의의 설명 ◆시간에 따른 변화의 시사점 설명
	추론 과정 4 비교 정치적 원칙, 제도, 절차, 정책, 행위의 유사점과 차이점	◆적절한 비교 항목 찾기 ◆유사점과 차이점 발견 ◆유사점과 차이점의 이유 설명 ◆유사점과 차이점의 적절성, 시사점, 의의 설명

특히 시민교육의 평등성이라는 측면에서 봤을 때 모든 학생이 이렇게 높은 수준의 지적 능력을 요구하는 교육과정을 성공적으로 이수할 수 있을 것인가에 대한 의문이 남는다.

다. 태도 및 가치(civic virtue): 시민의 자세

미국 시민교육에서 학생들에게 요구하는 자세는 사회·정치적 영역에 지속적인 관심을 갖고 적극적으로 참여하는 것이다. C3 교육과정은 탐구inquiry를 중심으로 전체 구조를 조직하는 방식으로 구성되어 있다. 여기서 탐구란 간단히 말해서 "왜 법을 지켜야 하는가?" 같은 적절한 질문을 제기하고 그 질문에 대한 답을 찾아가는 학습 과정으로 정의된다.NCSS, 2013 C3 교육과정은 초등학교에서는 교사가 질문을 제시하고, 중

학교에서는 교사가 학생이 질문을 만드는 것을 돕고, 고등학교에서는 학생이 스스로 적절한 사회 탐구 질문을 던질 수 있어야 한다고 목표를 제시하고 있는데, 이는 고등학교를 졸업한 이후에도 학생이 사회의 문제에 대해서 더 알고자 하는 관심을 갖고 실천하는 태도를 촉진하기 위한 것이다. 방대한 학습 내용을 배우고 높은 사고력 훈련을 강조한 이유도 성인이 된 이후의 삶에서 능동적인 정치적 주체로서 높은 정치참여율을 보이길 바라는 기대를 반영한 것이다.

C3 교육과정의 성취기준 7, 8, 9, 10번은 시민의 참여와 숙의를 실천하는 자세를 강조한다([표 1]). 예를 들어, 7번 기준, '다른 사람과 작업할 때 시민적 덕과 민주적 원칙을 적용한다'를 보면, 민주주의의 원칙이 타인과 맺는 일상적인 관계의 도덕적인 기준으로 작동함을 알 수 있다. 또 9번 기준, '다양한 상황에서 숙의 과정을 적절하게 사용한다'는 숙의를 일상적으로 사용하는 것을 전제하고 있다. 다시 말하면, 일상적 삶에서 시민으로서 시민적 덕과 민주적 원칙, 헌법적 권리와 인권의 개념을 타인과의 관계에서, 자신을 반성하는 기준으로 계속 활용해야 한다. 또한 14번 성취기준을 보면 학생들이 스스로 공동선과 권리 보호를 위해 사회 변혁의 주체로서 자신의 정치적 역량을 자각하는 것이 중요함을 알 수 있다. 이와 관련하여 Gould 등[2011]의 카네기 재단의 학교 민주시민교육 보고서 시민적 덕목 서술에서도 "변화를 만들 수 있는 역량에 대한 자신감과 시민·정치적 행동에 직접 기여하려는 준비 자세"를 명시하고 있다.

무엇보다 가장 중요한 것은 미국적 민주주의 이념에 대한 자발적 동의와 내면화일 것이다. 시민 교과교육과정은 미국인을 정치적 주체로 호명하고 그러한 사회·정치적 역할 수행의 개인적 책임을 강조하는 교화의 담론이라는 측면도 있다. 시민 교과교육과정의 담론에서 미국은 자유, 평등, 정의, 민주주의 이상을 다른 어느 국가보다 앞서 실천하며 새로운 역사를 여는 정치적 공동체로 정체화되고, 미국인은 그러한 자국의 정치적 이념과 역사에 자긍심을 느끼고 자발적으로 내면화한다. 이러한 담론은 미국인의 국가 정체성이나 집단적 정서를 형성하는 데에서 그치지 않고, 시대와 세계를 보는 관점, 다양한 정책 및 정치적 결정 등에 영향을 미치며, 미국 내/외에서 권력 질서를 생산/재생산하는 기제로 작동한다.

2) 시민 교과교육과정의 최근 동향

지난 30년 동안 미국의 교육정책은 일관되게 학업 성취, 특히 국어와 수학의 기초 역량 강화를 추진하는 방향으로 전개되었다.Kirst & Wirt, 2009 이런 정책 기조는 시민 교과를 포함하는 사회과와 국어과의 연계의 형태, 다시 말해서 국어과와 사회과에서 성취기준을 통합하거나 연결하는 형태의 교과통합으로 이어졌다. C3 교육과정은 국어 교육과정Common Core State Standards과의 연계되는 지점을 아주 상세하게 밝히고 표시하는 구조로 구성되었으며, 전체적으로 사회과에서 문해력literacy에 대한 강조가 눈에 띄게 높아졌다. 또한, 표준화된 평가 도구를 통해 학업 성취를 측정하고 교육의 책무성을 담보하는 정책 흐름을 반영하여, 시민 교과에서도 논리적 추론과 같은 서술 평가의 표준화된 도구 개발 등의 연구가 이루어지고 있다.[11] 따라서 앞으로도 한동안 시민교육에서 다양한 자료를 읽어 내는 문해력에 대한 강조, 사고력에 대한 강조는 이어질 것으로 보인다.

교육정책 일반의 학업 성취, 또한 학력 격차에 대한 사회적 문제의식은 시민 교과연구에도 영향을 미치고 있다. 최근 시민교육연구는 시민교육 관련 평가 결과에서 드러나는 뚜렷한 학력 격차, 특히 인종, 소득 수준, 일반적인 학업 성취 수준 등에 따른 시민 교과 학습 경험의 질적 차이에 주목한다.Kahne & Middaugh, 2015 여러 조사 및 연구에서 소득 수준이 낮은 흑인이나 히스패닉계 학생들의 시민 교과 관련 지식이 중산층 이상의 백인 학생들에 비해서 유의미하게 낮게 측정되고 있다.Kahne & Middaugh, 2015 또한 많은 고등학교에서 우열반tracking을 실시하는데, AP나 상급반Honors의 경우, 뚜렷하게 소득 수준이 높은 백인 학생들이 편중되는 경향이 나타난다.Hess & McAvoy, 2015 AP 교육과정은 여러 측면에서 일반 시민 교과교육과정보다 내용이 풍부하고 깊을 뿐만 아니라 더 높은 수준의 학습을 요구하기 때문에 결과적으로 소득 수준 및 인종 간 학력 격차는 더 커질 수밖에 없다.Hess & McAvoy, 2015 그리고 고등학교 시기의 시민 교과 학습 경험의 질적 차이는 결국 시민사회 참여의 격차로 이어지는 것으로 나타나고 있다.Gimpel, Lay, Schuknecht, 2003

3. 미국의 특징적인 시민교육 교수-학습 방법

3장에서는 미국 고등학교 교실에서 이루어지는 시민 교과 수업을 다루고자 한다. 구체적인 교수-학습 방법을 다루기에 앞서 미국 고등학교 교실에서 이루어지는 시민 교과 수업의 모습을 개략적으로 파악할 수 있는 자료를 살펴보고자 한다. 아주 최신의 자료는 아니지만, 1988년 전국 규모의 시민 교과 학업 성취 결과 데이터the National Assessment of Educational Progress 1988 Civics Assessment; 이하 NAEP를 분석한 정치학자 니에미와 준Niemi & Junn, 1998의 연구는 고등학교 시민 교과 수업의 다양한 측면에 관한 흥미로운 연구결과를 제시했다. [표 5]는 니에미와 준Niemi & Junn, 1998의 연구에서 가져온 것으로, 미국 고등학교 학생들이 시민 교과 수업 시간에 어떤 학습활동이 주로 이루어지는지 보고한 것이다. NAEP 데이터는 전국단위에서 이루어지는 교육활동을 거시적으로 파악하기 위한 목적으로 표집되기 때문에 미국 전역의 평균적인 교육 실태를 나타내는 일반적인 자료라고 볼 수 있다.

[표 5]를 보면, 토론하기와 이야기하기가 거의 매일, 적어도 1주일에 1~2회 이루어진다고 답한 학생들이 많다. 미국 시민 교과 수업이 이루어지는 교실은 학생들의 목소리가 들리는 공간임을 알 수 있다. 또한, 의외로 시험이나 퀴즈(쪽지 시험)를 정말 자주 본다는 것을 알 수 있는데, 이는 2장에서도 살펴본 방대한 사실적 지식을 다루는 교과의 학습량과 무관하지 않다. 수업시간에 학생들이 말과 글로 자기 생각을 표현하는 활동을 주기적으로 경험한다는 의미는 수업이 교과 지식의 일방적인 수

[표 5] 9~12학년 시민 교과의 수업 방법(학생 보고)Niemi & Junn, 1998: 78

	거의 매일	1~2주에 한 번	1~2달에 한 번	연중 몇 차례	없음
	(퍼센트)				
교과서 읽기	47	40	8	3	3
읽은 내용을 주제로 토론·분석하기	55	29	10	4	3
최근 이슈를 주제로 토론하기	43	37	12	5	3
시험이나 퀴즈	14	64	20	1	1
질문에 단답형 글쓰기(1문단 이하)	23	45	20	6	6
학습한 주제에 관해 이야기하기	34	18	15	16	18
읽은 내용을 외우기	17	28	22	16	18
교과서 외의 자료 읽기	11	33	27	16	13
모둠 프로젝트 활동	5	13	31	28	24
3쪽 이상의 글쓰기	5	8	31	36	21

원 N = 3,218 가중치 부과 N = 392,075

용(예, 교사의 설명을 듣거나 교과서를 읽는)으로만 이루어지지 않는다는 의미이다. 우리는 실제로 말을 하거나 글로 표현하면서 생각을 정리하고 의미를 이해하게 되는데, 교실에서 이런 경험을 통해 학생들은 배운 내용의 의미를 이해하게 된다고 볼 수 있다. 또한 최근 이슈를 다루는 토론에 참여한 학습 경험이 아예 없는 학생이 아주 적은 것을 볼 때(3%), 고등학교 시민 교과 교실은 (아마도 첨예한 견해의 차이가 존재할) 학생들이 살아가는 '지금'의 사회 문제를 교육과정과 학습 경험에서 배제하지 않는다는 것을 알 수 있다.

이하에서는 미국 시민교육계에서 상당히 오랜 시간 동안 사라지지 않고 꾸준히 활용될 뿐만 아니라, 2절에서 살펴본 교육과정뿐만 아니라 여러 시민교육 관련 자료에서 계속 권장되는 수업 방법 세 가지를 소개하고자 한다. 지난 20년 이상 미국의 교과 교육계는 모범 수업 사례best practice, 즉 각 교과의 '효과적인 수업'이나 '효과적인 학습 경험'을 수업 모델로 정형화하려는 연구 흐름이 계속되고 있는데, 3절에서 살펴보게 될 교수-학습 방법은 특히 시민 교과교육에서 모범 수업 사례로 여겨지는 것이다.Kahne & Middaugh, 2015; Gould et al., 2011 지면 관계상 각 수업 방법을 아주 자세히 다루기는 어렵고 개념과 원리, 강점과 취약점, 최근 동향, 미국 시민교육의 특징적인 부분에 대해 살펴보기로 한다.

1) 자료 분석: 시민적 사고 역량 강화

이 교수-학습 방법은 기본적으로 '읽기' 수업이다. 수업에서 읽을 텍스트나 시각 자료를 선정 후, 교사가 읽는 법을 시범 → 학생과 함께 읽기 → 학생 혼자 읽기의 흐름으로 진행하면서, 궁극적으로 학생이 정보의 분석적·비판적 수용자가 될 수 있는 역량을 키우는 것을 목표로 한다. 이때의 읽기는 문자적인 내용을 파악하는 얕은 수준의 읽기가 아니라, 해당 내용의 근거sourcing, 논리적 흐름logic, 숨겨진 전제, 그로부터 유추할 수 있는 저자의 정치적 입장 및 세계관을 파악하는 분석적 읽기다. 또한 다른 관점의 여러 자료를 비교하여 분석함으로써 궁극적으로 정보를 신뢰할 수 있는지를 판단하게 된다. 이런 수업을 통해 학생들에게 가르치고자 하는 핵심 능력은 정보의 맹목적 수용unquestioning acceptance의 희생양이 되지 않을 수 있는 질문하기의 힘questioning skills이다. 교과서, 교사, 시험, 학교 제도의 권위를 이용하여 제시되는 지식과 정보 또한 맹목적으로 수용해서는 안 된다는 것을 가르침으로써, 공적 담론에 참여하는 시민으로서 정확성이 떨어지는 정보나 부당한 방식으로 정당성을 획득하는 정보(예, 내용과는 상관없는 사회의 '권위'를 이용한 선전 또는 '다수'의 여론)에 휘둘리지 않고, 냉철하고 독립적인 시민적 판단을 할 수 있는 역량을 기르고자 하는 것이다.Barton & Levstik, 2015

이 교수-학습 방법의 강점은 학생들이 스스로 분석적·비판적으로 사고하는 힘을 갖출 수 있는 것을 목표로 한다는 점, 다시 말해서 파울로 프레이리Paulo Freire가 말했던 학생의 역량을 강화하는empowerment 교육철학에 부합한다는 것이다. 근거와 정확성이 분명하지 않은 여론에 휘둘리지 않고 독립적이고 분석적으로 정치적 의사결정과 행동을 할 수 있을 것이라는 학생의 잠재성에 대한 높은 기대는 교육 심리학적으로 보아도 많은 학생의 잠재성을 끌어낼 수 있을 것이라 예상된다. 또한 이런 사고 역량은 시험 후 금세 잊을 수 있는 지식과는 달리, 자전거를 탈 줄 아는 것과 같은 체화된 '능력'이기 때문에 학습 효과의 장기적인 지속이라는 측면에서도 매우 긍정적인 접근이라고 할 수 있다. 하지만 취약점은 고등학교 시기까지 이미 누적된 학업 격차, 특히 독해력과 관련한 기초 학업 능력의 차이가 시민 교과 수업에서도 반복되거나 아예 의미 있는 토론에 참여하지 못하게 차단하는 효과를 가져올 수 있다는 것이다. 분석적 사고를 강조하는 이 접근은 기본적으로 학업 성취가 뛰어난 학생, 이미 지적 역량을 어느 정도 갖춘 학생에게 더 익숙한 수업 방법이기 때문에 공부를 잘하지 못하는 학생은 우수한 시민교육도 받을 수 없다는 윤리적인 딜레마에 빠질 수 있다.

이 교수-학습 방법과 관련하여 최근의 관심은 학생들이 접하는 정보의 출처가 인터넷의 공간으로 옮겨 감에 따라 디지털 텍스트 및 시각 자료를 분석적·비판적으로 읽는 능력에 관한 논의, 그러한 능력을 수업에서 어떻게 가르칠 것인가, 나아가 어떻게 평가할 것인가에 집중되고 있다. 예를 들면, 스탠퍼드 대학의 역사교육 팀the Stanford History Education Group은 온라인 추론 능력의 하위 구조[12]를 밝히고, 해당 능력을 평가하는 도구를 개발하여 학생들의 능력을 측정함으로써, 그런 결과를 바탕으로 시민 교과 학습의 새로운 접근 및 개선을 시도하고 있다.McGrew et al., 2018 이 연구팀에 따르면 하루에도 수차례 정보를 검색하는 이 시대의 시민에게 필요한 능력은 온라인 정보의 신뢰성을 파악하는 능력이며, 그러한 능력을 교실 수업에서 팩트체커들이 사용하는 측면 읽기 전략lateral reading strategy[13]이나 인터넷 자료의 신뢰성에 관한 학급 토론[14]을 통해 직접 가르쳐야 한다.McGrew et al., 2018

이 수업 방법은 증거에 기초해서 논리를 쌓는 것을 중요하게 생각하는 미국의 합리적인 문화를 잘 드러낸다. 이상적인 시민의 영어 표현인 'informed citizen'의 의미는 배운 사람, 정치·사회적으로 돌아가는 상황에 대해서 잘 알고 있는 사람으로, 이는 '바람직하게' 여겨지는 일반적인 미국인의 덕목이 '합리성'과 '앎'과 연결된다는 것을 알려 준다. 이런 측면에서 미국 민주주의 문화에서 시민적 의사결정을 하고 행동을 취함에서 정보information의 위치는 매우 중요하며, 그 정보가 주장하는 근거가 되는 증거의 면면을 살펴보는 능력도 중요하게 여겨진다. 이는 다수나 권위의 힘에 의존하지 않고, 스스로 독립적으로 생각하는 힘을 강조하는 미국의 개인주의 문화를 반영하는 것이기도 하다.

2) 토론: 시민적 의사소통 역량 강화

토론discussion은 거의 모든 교과에서 유용하게 활용되는 오래된 교수법으로써, 이 글에서는 특히 고등학교 시민 교과 수업에서 활용될 수 있는 정치적 이슈에 관한 논쟁controversial political issues에 초점을 맞춰 살펴보고자 한다. 토론의 중심에 놓이는 '논쟁적인 정치 이슈'는 신문이나 뉴스를 도배하는 공공정책 의사결정에 관한 진짜authentic 현안을 의미한다.Hess, 2009: 5 예를 들면, 미국이 이라크와 전쟁을 하던 그 시점에 "이라크에 미군을 추가로 파병할 것인가?"를 다루는 식이다. 이러한 논쟁적이고 따끈따끈한 정치적 현안은 서로 다른 견해와 여러 이익집단이 관계되기 때문에 학생들이 여러 다른 의견을 나타내어 열띤 토론으로 이어지기 쉽다. 적절한 주제를 선정했다면, 교사와 학생들 모두 이 주제에 관해서 많은 준비를 하는 것이 필요하고 이 과정에서 앞서 설명한 '자료 분석' 학습이 이루어진다.[15] 토론 학습은 수업 목표, 토론 주제, 교사와 학생의 성향, 주어진 시간 및 자료 등 여러 요인에 의해 다양한 형태의 변주가 가능하지만, 기본적으로 '토론'이 되려면 1) 2명 이상의 개인 간 대화dialogue여야 한다는 것과 2) 지식을 함께 구성constructing knowledge해 나가야 한다는 전제가 붙는다.Hess, 2009: 14 학생이 말의 형태로 자신의 의견을 표현하고 다른 이의 의견을 들어야 하는 의사소통의 경험이 되어야 한다는 것이고, 정답이 이미 주어진 것이 아니라 토론의 과정을 통해서 함께 '구성'해 나가야 한다는 의미이다.

이 교수-학습 방법의 강점은 크게 세 가지이다. 첫째, 학생들이 스스로 지식 생성의 주도자가 되는 경험, 즉 교사의 설명을 수동적으로 들는 형태의 수업이 아니라 직접 지식을 생성하고 자기 목소리를 내는 경험이 학생의 자신감, 특히 자신의 정치적 잠재성을 긍정적으로 인식할 수 있게 해 준다.Hess, 2015 둘째, 다원적 민주사회에서 필요한 자신과 다른 의견에 대한 정치적 관용의 역량을 키울 수 있다.Hess, 2009 셋째, 숙의를 통해서 나오는 세상을 다르게 바라보는 타인의 견해를 들을 때 '배움'이 일어난다.Hess, 2009[16] 이 교수-학습 방법의 큰 취약점은 없지만, 교사의 역량에 따라 학습 결과가 크게 좌우된다는 점, 또한 서로를 존중하고 신뢰가 쌓인 교실 문화가 선행적으로 형성되어 있어야 의미 있는 토론이 가능하다는 점, 또 너무 '정치적'인 내용을 다루는 것을 반대하는 학부모들이 우려를 표명할 수 있다는 점이 많은 교사가 이 교수-학습 방법의 강점을 알면서도 쉽게 시도하지 못하게 하는 요소로 작용한다.

정치 토론과 관련한 최근 연구는 여전히 많은 미국 시민 교과 교실에서 토론이 거의 이루어지지 않고 있다는 일관된 경험 연구 결과에 따른 것이다.Parker, 2006; Nystrand, Gamoran, & Carbonaro, 2001 특히, 헤스와 매커보이Hess & McAvoy, 2015의 연구는 논쟁 수업을 하는 데 교사의 역할이 핵심적이라고 보고, 교사들이 논쟁 수업을 준비하고 시행하면서 마주하는 어려움을 체계적으로 살펴보고 그에 대한 대안을 마련하기 위한 목적으로 이루어졌다. 이 연구는 정치 이슈를 선택하고 질문의 형태로 만드는 아주 구체적인 모델을 제시하고, 학생들의 반응에 따라 사용할 수 있는 수업 전략, 교사 자신의 정치적 견해를 밝히는 것에 대한 장/단, 학교의 행정적인 지원 체계 등을 꼼꼼하게 다루고 있다. 주어진 교과서와 교사용 지도서가 아닌, 교사 스스로 학생들에게 의미 있는 정치 현안을 선정하고, 그 과정을 지도하여 토론에까지 이끌어 가는 과정에서 필요한 교사의 역량을 '전문적 판단professional judgment'의 모델로 개념화하고, 그러한 교사의 교수 역량을 높일 방안을 찾은 것이다. 정치 토론은 학생들이 지적·정치적 모험을 시도할 수 있을 만큼 신뢰가 쌓인 학급 문화/공간 구축, 정치 이슈에 대한 교사 자신의 복합적이고 깊은 이해, 학생들의 반응을 빠르게 알아차리고 생산적인 토론이 계속 이루어지도록 진행하는 능력 등, 교사에게 높은 수준의 전문성을 요구하기 때문에 교사의 교수 역량 신장이 필요하다.

이 교수-학습 방법은 정치·사회적 문제에 높은 관심을 두는 것, 다시 말해서 일상생활에서 높은 정치성을 띠고 살아가는 것을 바람직하게 여기는 미국의 문화적 특징을 잘 드러낸다. 학교 민주시민교육의 목적은 학생들이 성인이 되어서도 정치·사회 현안에 관심을 두고 자신이 속한 공동체에서 정치적 주체로서 목소리를 낼 수 있는 역량을 길러, 궁극적으로 시민의 정치참여율을 높이는 것이다. 이를 위해서 학교에서는 성인으로서의 시민적 역할과 유리되지 않는 실제 정치 현안에 관한 토론을 교사의 도움을 받아 연습해 볼 수 있게 한다는 개념이다. 실제와 유사한 환경에서 연습과 훈련을 통해서 숙의의 능력이 길러진다고 보는 실용적인 미국 문화가 반영된 것으로도 보인다. 또한, 이 교수-학습 방법과 관련된 담론은 자율성이 높은 미국의 교육 행정 시스템의 특징을 잘 드러내 준다. 학교나 지역구에서 정한 교과서의 내용을 그대로 따르는 수업을 하지 않고, 최근의 정치적 현안을 가지고 수업을 계획하고 토론을 이끄는 일은 전적으로 교사의 재량으로 이루어진다.

3) 교실 밖 활동: 정치적 주체로서 시민적 정체성 형성

여기에서 소개하는 교수-학습 방법은 일반적인 봉사활동service-learning이나 행동하는 시민교육Action Civics 프로젝트와 같은, 교실 밖에서 이루어지는 학생들의 활동 및 실천을 통해서 시민적 지식과 기능, 가치 및 태도를 가르치고자 하는 접근법을 포괄적으로 지칭한다. 시민 교과와 연계된 봉사활동은 학습 봉사나 노인 방문과 같이 도움이 필요한 사람을 직접 돕는 형태, 모금 활동이나 학술연구 활동에 참여하는 비직접적 형태, 청원을 위해 직접 서명운동을 하거나 지역 문제 숙의를 위한 토론 행사를 직접 기획하는 것과 같은 직접적인 정치활동을 포함하는 큰 개념이다. 반면, 행동하는 시민교육 프로젝트는 존 듀이John Dewey의 경험을 통한 학습learning by doing 이론에 근거하여, 시민적 경험을 통한 학습을 강조하는 구체적인 수업 모델이다. 이 프로젝트 수업은 지역 살펴보기 → 주요 문제를 파악하기 → 조사 → 행동을 위한 전략 세우기 → 행동take action → 반성의 순서로 이루어진다.[17] 이러한 학생의 직접적인 행동과 실천을 강조하는 교수-학습 방법은 학생들이 시민으로서as citizens 직접 행동하고 실천함으로써do and behave 가장 효과적으로 시민교육이 이루어진다고 보는 교육철학 및 이론에 기초한다.Levinson, 2015 학생들은 자기들의 삶에 영향을 미치는 청소년 문제에 대해서 사려 깊고 자신감 있는 행동informed and empowered action을 취하는 과정에서 조사와 토론 등을 통해 시민적 지식과 기능, 가치와 태도를 학습하게 된다.Levinson, 2015

학생들의 실제적인 경험을 통한 시민 학습은 실천을 통해서 학생들의 정치적 효능감이 높아지고, 시민적 정체성이 형성 및 내면화된다는 강점이 있다.Levinson, 2015; Kahne & Middaugh, 2015; Wade & Yarbrough, 2007; Billing, Root, & Jesse, 2005 스스로 사회 변화를 만들 수 있는 정치적 주체로 인식하게 되어, 사회 문제에 관심과 참여가 높아지고 리더십 역량도 함께 길러진다. 또한, 프로젝트 설계가 체계적으로 이루어지면, 학생들은 그 과정에서 문제해결력, 탐구, 문해력, 의사소통능력을 종합적으로 신장시킬 기회도 얻을 수 있다. 특히, 학생들이 직접 정치적인 활동에 참여할 경우(학습 봉사나 노인 방문과 같이 도움이 필요한 사람을 직접 돕는 봉사 형태 제외), 시민적 지식과 기능, 태도가 모두 유의미하게 증가한다.[Wade & Yarbrough, 2007; Billing, Root, & Jesse, 2005] 취약점이라고 하기는 어렵지만, 일부 보수 진영에서는 청소년의 정치 참여가 학생들을 '사회 운동가'로 만드는 좌파적 기획이라고 비판하기도 한다.[Hansen et al., 2018]

청소년의 직접적이고 실제적인 정치활동 참여를 통해 시민교육의 목표를 달성하고자 하는 학자들은 이 교수-학습 방법이 시민 지식, 기능, 태도를 유의미하게 신장시킨다는 효과가 있다는 것을 입증하는 양적·질적 연구를 계속하고 있다.[Levinson, 2015; Flanagan, Cumsille, Gill, & Gallay, 2007; Youniss, McLellan, & Yates, 1997] 이 연구들은 청소년 시기에 시민적 활동에 참여한 경험이 성인이 되었을 때 시민적 관심과 참여를 높일 뿐만 아니라, 그 효과가 오랫동안 유지된다는 것을 밝히기도 했다. 또한, 학업 중단 학생이나 저소득층, 흑인 및 히스패닉계 청소년을 대상으로 이 교수-학습 방법의 효과성을 밝히는 연구도 이루어지고 있는데, 이런 노력은 시민교육이 교육 평등성equity의 원칙에서 벗어나지 않아야 한다는 문제의식을 반영한다. 직접적인 참여와 실천을 강조한 수업 모형은 기초 학업 능력이 부진한 학생, 저소득층의 학생에게도 효과가 높을 것이라고 기대되고 있다.

교실 밖 프로젝트를 통한 시민 교수-학습 방법은 미국의 교육학자 존 듀이의 경험을 통한 학습 철학과 이론에 기초하고 있다는 점에서 미국 교육학의 특징을 잘 나타낸다. 교실 밖에서 실천적인 시민활동을 하는 수업 모델은 비단 고등학교뿐만 아니라 초등학교, 중학교 수준에서도 상당히 많이 이루어진다. 초·중학교의 학생들은 프로젝트를 스스로 기획하는 대신, 교사의 지도에 따라 상·하원 의원에게 지역의 문제해결을 요청하는 편지 쓰기, 포스터 제작과 캠페인, 기금 모으기 같은 활동에 참여한다. 유치원 또는 초등학교에서부터 어렵고 복잡한 민주주의의 개념을 먼저 배우는 대신, 자신들에게 의미 있고 중요한 문제(예, 지역 도로 공사로 다람쥐의 서식지가 위험에 처한 상황)를 정치적인 방법으로 해결해 보는 경험(예, 하원 의원에게 편지 쓰기, 지역 캠페인, 쿠키를 구워 기금을 마련하기 등)을 반복함으로써, 정치·사회적인 참여를 자연스러운 삶의 방식으로 받아들이게 되는 것이다. 또한 시민적 행동의 경험 이후에 반성reflection의 과정을 갖고, 이를 성장의 발판으로 삼는 것도 존 듀이의 개념에 기초한 것이라 할 수 있다.

4. 결론: 우리나라 학교 민주시민교육에 주는 시사점

이 글은 우리나라 학교 민주시민교육의 정책 및 교육 방향을 모색하는 과정에서 참고할 기초 자료로서 미국 학교 민주시민교육의 특징을 포괄적으로 살펴본 것이다. 미국의 시민교육은 자유민주주의 이상과 민주화의 역사로 국가 공동체를 정체화하는 미국인의 상징적 담론 질서의 재/생산 공간으로 이해할 수 있으며, 합리성과 개인주의 문화와 이민 사회라는 독특한 상황이 맞물려 있음을 알 수 있었다. 미국 시민으로서의 정체성이 출생과 함께 자동으로 '주어지는 것'이 아니라 민주주의에 대한 배움을 통해서 '얻어지는 것'으로 프레이밍되면서, 민주주의와 교육이 불가분의 관계로 엮여 있다는 것을 확인했다. 이러한 관점에 기초하여, 학교에서 다루어야 하는 시민 교과의 학습량은 방대하고, 높은 수준의 분석력과 사회·정치적 현안에 대한 높은 관심과 참여를 요구한다는 것을 살펴보았다. 여기에서는 앞서 살펴본 미국 사례의 분석 결과에 기초해서 우리 교육에 주는 시사점을 다섯 가지로 나누어 간략하게 논의하고 글을 마무리하고자 한다.

첫째, 미국의 학교 민주시민교육의 사례는 민주주의와 '앎'의 관계에 대해 중요한 시사점을 제시한다. 시민의 역할을 성공적으로 수행하기 위해서 반드시 알아야 하는 지식civic knowledge이 있고, 그것은 교육기관에서 의도적인 교육 행위를 통해 가르치고 또한 배워야 한다는 당연한 사실을 재확인시켜 준다. 시민적 지식은 갖고 태어나는 것도 아니고, 자연스럽게 얻어지는 것도 아니며, 학교가 아닌 다른 곳에 가서 배우기도 난감한 것이다. 이 시민적 '지식'에는 헌법 등에서 명시한 정부 체계에 대한 지식과 시민적 권리와 역할에 관한 것뿐만 아니라, 민주적인 정부가 세워진 시점부터 지금에 이르기까지의 국가 공동체가 걸어온 '민주화'의 역사가 포함된다. 국가의 초기 문서에 나타난 민주주의의 정신과 함께, 영국에서 독립하던 시점부터 현재까지의 공동체의 역사를 민주화 투쟁으로 정체화한 역사적 서술을 시민교육의 지식으로 삼는 미국의 사례를 보면서, 우리의 시민적 지식에 해당하는 학습 내용은 무엇이어야 하는가를 생각해 보게 된다.

둘째, 역시 민주주의와 '앎'의 관계라는 차원에서, 시민교육은 사실적 지식을 많이 아는 것에서 그칠 수 없고 반드시 독립적으로 사고하는 역량을 길러 주는 강화empowerment의 교육이어야 한다는 점을 시사한다. 특히, C3 사회과와 AP 미국 정부 및 정치 교육과정은 학생의 사고력 발달 및 교육의 순서를 계획하는 교육과정 개발의 작업을 얼마나 체계적이고 치밀하게 할 수 있고, 해야 하는가를 알려 준다. 또한, 학생에게 스스로 생각할 기회를 주지 않고, 지식을 잘 정제되고 정리한 형태로 제시하는 교과서와 그것을 더 쉽게 설명하여 전달하는transmit 낡은 수업 방식으로는 학생이 더 민주적인 사회로의 변화transform를 일으킬 수 없다는 것을 깨닫게 한다. 그리고 높은 수준의 사고력 교육이 부재한 우리 교육의 현실은 시민교육의 차원에서만 문제가 아니라, 공교육 시스템 전체의 경쟁력이라는 차원에서도 심각하게 재고해 봐야 하는 부분이다.

셋째, 미국 학교 민주시민교육의 사례는 학생이 정치적 효능감과 자신감을 경험하는 것이 시민교육에서 중요한 요소라는 것을 알려 준다. 독립적으로 자료를 읽고 자신의 의견을 구성하는 경험, '어른들'의 문제라고 여겨졌던 정치 현안을 가지고 자신의 목소리를 내는 경험, 교실 밖에서 '행동'을 하는 경험은 공통적으로 학생 개개인에게 정치적 주체로서 많은 것을 할 수 있다는 효능감efficacy을 길러 준다. 반면, 성장하면서 정치적 주체로서의 경험이 없다면 정치적 영역은 '내가 할 수 없는 영역' 혹은 '해서는 안 되는 영역'으로 남겨진다. 따라서 학교에서 학생들이 질문을 던지고 의견을 제시하고 정치 토론에 참여하며 정치적인 활동을 하는 경험을 반복적으로 할 수 있는 경로와 구조를 만들어야 한다. 이는 학교나 교실 문화와도 관련된 것으로 '선생님의 말씀을 잘 듣는 조용한 학생'이 '모범적'으로 여겨지는 것이 아니라, 주체적으로 질문하고 생각하고 행동하는 학생이 '모범적'이고 '바람직'한 것으로 여겨지는 교육 공간으로 탈바꿈해야 함을 의미한다. 동시에, 관리자 및 '상부' 행정 기관의 명령에 잘 순응하는 교사를 '유능한' 교사로 여기는 학교 조직 문화에 의문을 제기하고, 창의적이고 능동적이며 주체적으로 업무를 수행하는 교사를 지지하고 강화하는 조직 문화, 교원 정책이 만들어져야 함을 시사한다.

넷째, 미국 학교 민주시민교육의 사례는 시민교육과 학력 격차의 문제, 교육 평등성equity의 문제에 대해 소홀히 다루지 않아야 한다는 시사점을 제공한다. 인종, 소득 수준, 학업 성취도에 따라서 학생들의 시민교과 수업의 경험은 어떠한지, 평가 결과는 어떠한지를 지속해서 파악하고, 그 차이gap를 윤리적인 문제로 인식하고 해결하기 위해 노력하는 미국의 사례는 학교에서 모든 학생에게 효과적이고 우수한 시민교육을 제공해야 함을 시사한다. 특히, 쉽게 소외를 경험할 수 있는 요인을 가진 학생들이(예, 성별, 장애, 가정환경, 소득 수준, 학업 성취 등의 요인) 정치적 주체로 효능감과 역량을 갖출 수 있도록 별도의 정책적·교육적 관심을 두는 것은 공적 교육기관이 당연히 실천해야 하는 정의이다. 이런 요인을 가진 학생들은 본인의 의지나 노력과 상관없이 상대적으로 더 정치적 주체로 성장하기 힘든 환경에 있다고 할 수 있는데, 이러한 환경을 벗어나기 위해서는 정치적 역량이 더 절실하게 필요하다. 따라서 학생의 정치적 역량을 강화하는 우수한 시민교육 프로그램을 제공하는 일은 윤리적이고 사회정의라는 차원에서 그 중요성이 논의되어야 할 것이다.

마지막으로 미국의 사례는 학교 민주시민교육과 관련한 행위자를 다원화해야 함과 교육 내용의 획일성을 지양해야 함을 시사한다. 어느 한 기관이나 단체, 개인이 권력을 독점하지 않는 '견제와 균형'은 민주주의의 핵심 원리 중 하나이며, 이는 학교 민주시민교육뿐만 아니라 모든 교육정책에도 적용되어야 하는 원리이다. 교육부가 독점적으로 틀과 내용을 규정하는 관官 주도의 교육은 민주주의 교육을 표방한 또 다른 교화indoctrination로 흐를 소지가 다분하다. 아무리 '너무나 당연'하고 '옳은' 교육 내용이라 할지라도, 교사와 학생이 스스로 비판하고 생각할 자율성을 주지 않는, 획일적이고 구체적으로 다 짜이고 정제된 매끈한 형태로 제시된다면 거기서 교육은 실패하고 교화만 남는다. 민주시민을 기르는 교육은 이념 교화의 장이 아닌, 학생 개개인의 독립적인 사고 역량과 민주적 의사결정 및 실천 능력의 신장이라는 목적으로, 교실에서 교사와 학생이 그들에게 의미 있는 내용을 생성적으로 구성하는 다원화된 교육이어야 할 것이다. 우리 교육의 동일한 목표인 민주시민 역량에 도달하기 위한 각 교실의 세세한 학습의 과정은 아직 나타나지 않은 것 not-yet-to-come이며, 각 학급에서 교사와 학생이 순간순간 의미 있게 만들어 가야 한다. 이를 위해서는 무無정치성 또는 반反정치성으로 왜곡되어 협소하게 해석되는 교원의 정치적 중립성에 대한 개념을 사회적으로 재정의하는 일이 선행되어야 한다.

1. "다른 국민과는 달리, 미국인은 인종이나 종교로 하나가 되는 것이 아니라, 오히려 핵심적인 시민 이상에 관한 공통의 헌신으로 묶인다. 우리의 다원주의의 이상은… 오직 모든 시민의 공유된 미국의 민주적 이상에 대한 이해와 헌신을 가능하게 하는 시민교육으로만 가능하다"(Gould et al., 2011: 13).
2. http://pdkpoll.org/results
3. http://www.civiced.org/about/37
4. https://www.mikvachallenge.org/educators/center-for-action-civics/
5. http://civicyouth.org/
6. https://www.socialstudies.org/c3
7. http://neatoday.org/2017/03/16/civics-education-public-schools/
8. https://marylandassessments.org/hsa-2016-17/
9. https://apcentral.collegeboard.org/pdf/ap-us-government-and-politics-course-framework-effective-fall-2018.pdf
10. 빅 아이디어(big idea)는 교육과정 개발에서 사용하는 용어로, 다른 맥락, 상황에도 적용이 가능한 원리나 원칙을 함축적인 명제의 형태로 표현한 것을 말한다. 빅 아이디어(예, 헌법은 개인의 권리를 보장한다)는 일반적인 사실(facts)이나 정보(information)와 비교하면(예, 헌법이 제정된 날짜나 참여자의 이름) 우리 삶에서 훨씬 '쓸모가 많은' 지식이다. 빅 아이디어 하나를 아는 것으로 삶의 다양한 영역에서 적용·응용할 수 있는, 쉽게 말해서 '열 일하는' 지식을 말한다. 따라서 교육과정 개발자들은 지식의 '활용성'에 따라 교과의 학습 내용을 구분하고, 될 수 있으면 실생활에 적용하기 쉬운 빅 아이디어의 형태로 교육과정을 제시함으로써 학습의 효율을 높여야 한다고 주장한다.
11. https://sheg.stanford.edu/
12. 온라인 추론 능력은 정치·사회 관련 정보를 인터넷에서 효과적으로 찾고, 해당 정보를 평가하고 그 정확성 및 신뢰 여부를 판단하는 일련의 능력으로, 1) 검색해서 찾은 정보 뒤에 누가 있는가를 파악하는 능력, 2) 주장에 동원된 증거(evidence)를 파악하고 신뢰성을 판단하는 능력, 3) 다른 정보원(source)은 같은 주제에 대해서 어떻게 설명하는지를 파악하는 하위 능력으로 구성된다(McGrew et al., 2018).
13. 어떤 정보를 검색해서 찾은 뒤, 그 정보를 작성한 사람과 그 정보를 실은 매체에 대해서 별도의 검색창을 열어서 조사하는 방식의 읽기 전략이다.

14. 교사와 학생들이 같은 내용을 검색해서 찾고, 해당 자료의 신뢰성을 판단해 나가는 일련의 사고 과정을 토론과 함께 진행하는 것이다. 이 토론은 더 정확한 정보에 도달하는 효과적인 전략을 함께 찾아 나가는 것을 목표로 한다(McGrew et al., 2018).

15. 헤스와 매커보이(Hess & McAvoy)(2015)는 2년 동안 토론이 이루어지는 많은 수의 사회 교과 수업을 관찰한 결과, 토론의 모범적인 수업 사례들은 공통적으로 전체 수업시간의 20% 이상을 논쟁적인 정치 현안을 다루는 데 할애하고, 토론 이전에 학생이 준비하는 과정이 있으며, 학생-대-학생의 대화가 충분히 이루어지고, 많은 학생이 참여한다는 것을 밝혔다.

16. 헤스(Hess)(2009)는 수업에서 활용되는 토론의 목적이 분명해야 한다고 말한다. 토론을 위한 토론, 상대를 꺾기 위한 토론은 바람직하지 않다. 토론은 학생들에게 자신과 다른 견해를 마주하는 경험을 제공하는 그 자체로 교육적이다. 또한, 최근의 논쟁적인 이슈를 가지고 가장 나은 안을 결정하는 목적성과 진전이 있는 생산적인 형태로 이루어져야 한다.

17. http://actioncivicscollaborative.org/why-action-civics/process/

| 참고 문헌 |

Barton, K. C., & Levstik, L. S.(2015). Why Don't More History Teachers Engage Students in Interpretation? In W. C. Parker(2nd Ed.). *Social Studies Today: Research & Practice*. NY: Routledge. 179-188.

Billig, S., Root, S., & Jesse, D.(2005). The Impact of Participation in Service Learning on High School Students' Civic Engagement. CIRCLE Working Paper 33. Washington, D.C.: Center for Information and Research on Civic Learning Engagement.

College Board(2018). AP U. S. Government and Politics course framework: Skill and content expectations for learning and assessment. Retrieved from: https://apcentral.collegeboard.org/pdf/ap-us-government-and-politics-course-framework-effective-fall-2018.pdf

Flanagan, C. A., Cumsille, P., Gill, S., & Gallay, L. S.(2007). School and Community Climates and civic commitments: Patterns for ethnic minority and majority students. *Journal of Educational Psychology*, 99(2), 421-31.

Gimpel, J. G., Lay, J. C., & Schuknecht, J. E.(2003). *Cultivating Democracy: Civic Environments and Political Socialization*. Washington, D.C.: The Brookings Institution.

Gould, J., Jamieson, K. H., Levine, P., McConnell, T., & Smith, D. B.(2011). *Guardian of Democracy: The Civic Mission of Schools*. Philadelphia: Leonore Annenberg Institute for Civics of the Annenberg Public Policy Center at the University of Pennsylvania.

Hansen, M., Levesque, E., Valant, J., & Quintero.(2018). The 2018 Brown Center report on American education: How well are American students learning? Washington, D.C.: The Brookings Institution. Retrieved from: https://www.brookings.edu/wp-content/uploads/2018/06/2018-Brown-Center-Report-on-American-Education_FINAL1.pdf

Hess, D. E.(2009). *Controversy in The Classroom: The Democratic Power of Discussion*. NY: Routledge.

Hess, D. E., & McAvoy, P.(2015). *The Political Classroom: Evidence and Ethics in Democratic Education*. NY: Routledge.

Hess, K. K., Jones, S. B., Carlock, D., & Walkup, J. R.(2009). "Cognitive

Rigor: Blending The Strengths of Bloom's Taxonomy and Webb's Depth of Knowledge to Enhance Classroom-level Processes." Retrieved from: http://www.standardsco.com/PDF/Cognitive_Rigor_Paper.pdf.

Kahne, J., & Middaugh, E.(2015). High Quality Civic Education: What Is It and Who Gets It? In W. C. Parker(2nd Ed). *Social Studies Today: Research & Practice*. NY: Routledge. 179-188.

Kirst, M. W., & Wirt, F. M.(2009). *The Political Dynamics of American Education*. (4th ed). Richmond, CA: McCutchan Publishing Corporation.

Parker, W.(2006). Public Discourses in Schools: Purposes, Problems, Possibilities. *Educational Researcher*, 35(8): 11-18.

Quigley, C. N.(1999). Civic education: Recent history, current status, and the future. American Bar Association Symposium. Retrieved from: http://www.civiced.org/papers/papers_quigley99.html

Levinson, M.(2015). Action Civics in The Classroom. In W. C. Parker. *Social Studies Today: Research & Practice*(2nd Ed.). NY: Routledge. 189-197.

McGrew, S., Breakston, J., Ortega, T., Smith, M., & Wineburg, S.(2018). Can Student Evaluate Online Sources? Learning from Assessments of Civic Online Reasoning. *Theory & Research in Social Education*. 46(2): 165-193.

National Council for the Social Studies(NCSS), The College, Career, and Civic Life (C3) Framework for Social Studies State Standards: Guidance for Enhancing the Rigor of K-12 Civics, Economics, Geography, and History (Silver Spring, MD: NCSS, 2013).

Niemi, R. G., & Junn, J.(1998). *Civic Education: What Makes Students Learn*. New Haven, CT: Yale University Press.

Nystrand, M., Gamoran, A., & Carbonaro, W.(2001). On The Ecology of Classroom Instruction: The Case of Writing in High School English and Social Studies. In P. Tynjälä, L. Mason & K. Lonka(Eds.). *Writing as A Learning Tool: Integrating Theory and Practice*. Dordrect, Netherlands: Kluwer Academic Publishers. 57-81.

Reese, W.(2005/2011). *America's Public Schools: From Common School to "No Child Left Behind."* Baltimore, MD: The Johns Hopkins University Press.

United Nations, Department of Economic and Social Affairs, Population Division(2017). *International Migration Report 2017: Highlights* (ST/ESA/SER.A/404).

Wade, R., & Yarrbrough, D. (2007). Service-learning in the Social Studies:

Civic Outcomes of the 3rd-12th Grade Civi Connections Program. *Theory & Research in Social Education*, 35(3): 366-392.

Youniss, J., McLellan, J. A., & Yates, M.(1997). What We Know about Engendering Civic Identity. *The American Behavioral Scientist*, 40(5): 620-31.

제7장

한국의 민주시민교육:
사회적 합의의 방향과 제도화의 과제

장은주(영산대학교 성심교양대학[철학] 교수)

1. 들어가는 말

"대한민국은 민주공화국이다." 우리 헌법 제1조다. 한 세기 전 순종의 국권포기 선언 이후부터, 독립을 염원했던 이 땅의 모든 이들에게 우리 나라가 결국 민民이 주권을 가진 민주공화국이 될 수밖에 없음은 너무도 명백했다. 상해 임시정부의 기초가 되었던 조소앙의 "대동단결선언"이 밝힌 대로,[1] 왕이 주권을 포기한 이상 나라를 구성하고 있는 나머지 모든 백성이 나라의 주인임을 선언하는 것 말고는 독립을 상상할 수 있는 다른 길은 없었다. 그래서 상해 임시정부를 수립할 때부터 저 조항은 거의 아무런 이견도 논쟁도 없이 우리 헌법의 으뜸 조항으로 자리를 잡았다.

그러나 그 건국 선언 이후 실체를 갖는 나라를 만드는 과정도 지난했고, 1948년 8월 15일 정부를 수립하고 나서도 저 헌법 제1조가 얼마간이나마 명실상부하다고 말할 수 있게 되기까지는 너무도 오랜 시간이 걸렸다. 지난 100년에 걸쳐 건국되고 성숙해 온 대한민국이라는 민주공화국은 그 눈부신 성취에도 불구하고 분단과 군부 독재의 질곡에 끊임없이 시달려 왔고, 민주화 이후에도 여러 면에서 빈약한 '결손 민주주의'[2]를 제대로 벗어나지 못했다. 심지어 지난 이명박, 박근혜 정부를 거치면서 우리나라는 민주주의라는 외피를 쓴 새로운 종류의 권위주의 국가로 전락할 지도 모를 위기까지 맞이했었다.

2016년 겨울의 '촛불혁명'은, 4·19혁명과 5·18민주화운동 및 6·10민주항쟁의 전통을 이어, 그러한 위기로부터 우리의 민주주의를 구한 위대한 시민혁명이다.[3] 그 혁명을 통해 새로운 민주정부가 탄생했고, 이제 우리 민주주의는, 분단의 질곡을 깨부술 항구적인 한반도 평화체제에 대한 비전과 함께, 더 완전한 성숙을 위한 도약을 준비하고 있다. 이러한 역사적 성취를 공고히 하고 그 주역들이 더 큰 열정과 역량을 갖추고서 민주주의의 새 시대를 열 수 있도록 하기 위한 사회적 준비와 노력이 필요하다.

우리 시민들은 역사의 고비마다 우리 민주주의를 위기로부터 구해 내었다. 그러나 이렇게 어렵게 쟁취한 민주주의를 지키고 가꾸며 더 온전하게 성숙시키기 위해서는 이제 시민들이 좀 더 일상적으로 민주주의를 실천할 필요가 있다.[4] 그러기 위해서 우리 사회는 주권자 시민들의 정치 참여를 일상적으로 이끌어 내고 민주주의 역량을 함양하도록 돕는 효과적인 민주시민교육의 체계를 시급하게 마련해야 한다.

사람들은 시민다움을 처음부터 내재하고 태어나지 않는다. 민주주의에 필요한 역량 및 기본적인 민주적 지향과 가치관이나 태도 등을 지닌 시민이 그냥 하늘에서 뚝 떨어지지도 않는다. 누구든 가만히 있는데 시민이 될 수는 없는 법이다. 시민은 '교육'되고 '형성'되어야 한다. 누구든 시민이 되기 위해서는 민주주의가 무엇인지, 그 속에서 권리의 주체가 된다는 것은 무엇을 의미하는지, 시민으로서 어떤 책무를 지녀야 하는지, 시민의 자세와 태도는 어떠해야 하는지 등에 대해 오래도록 배워야 한다.

그러나 안타깝게도 이런 민주시민교육의 필요에 대한 우리 사회 전반의 인식 수준은 아직 미미한 수준을 벗어나지 못하고 있다. 최근 들어 교육부가 '민주시민교육과'를 신설하고 '민주시민교육 활성화를 위한 종합계획'(2018년 11월)을 발표하는 등 약간의 변화가 없는 것은 아니지만, 민주시민교육의 절실한 필요와 방향에 대한 충분한 사회적 합의가 마련되어 있는 것처럼 보이지는 않는다.[5] 따라서 만약 정권이 바뀐다든가 하면 민주시민교육의 위상이 쉽게 흔들릴 수도 있다. 이런 상황을 벗어나기 위해서는, 민주시민교육에 대한 굳건한 사회적 합의 위에서 일정한 방식으로 법제화를 바탕으로 한 제도화를 이루어 내고 학교와 시민사회를 아울러 효과적으로 작동하는 교육 체계를 만들어야 한다.

이 글에서 나는 그와 같은 사회적 합의의 기본 방향과 제도화의 과제에 대해 지금의 맥락에서 필요하다고 여겨지는 과제에 초점을 두고 몇 가지 논의를 해 보려 한다.[6] 다음 절에서는 우선 민주시민교육에 대한 사회적 합의의 가능성을 염두에 두면서 우리 사회가 추구함 직한 시민의 상을 그려 보고 민주시민교육의 개념에 대한 잠정적인 규정을 시도해 볼 것이다(2절). 다음으로 나는 지금 우리 사회의 상황을 고려하면서 민주시민교육에 대한 사회적 합의를 끌어내기 위해 필요한 몇 가지 기본 관점과 원칙을 내 나름의 시각에서 정리해 보려 한다(3절). 마지막으로 그런 바탕 위에서 우리 사회가 앞으로 어떤 체계적 전망을 가지고 민주시민교육의 제도화를 시도해 볼 수 있을지에 대한 나의 구상을 대략적이나마 소개해 볼까 한다(4절).

2. 민주시민은 누구이고, 어떻게 길러질 수 있는가?

우리 교육기본법은 교육이 민주시민으로서 필요한 자질의 함양을 목표로 해야 한다고 명시하고 있다.[7] 그렇지만 물어보자. 어떤 자질인가? 아니, 도대체 민주시민이란 누구인가? 사실 우리에게는 이런 가장 기초적인 질문에 대한 사회적 합의도 없다. 그리고 이런 사정은 우리 사회가 교육기본법의 이 가장 기초적인 교육 이념조차 현장에서 실천하는 일에 큰 관심을 두지 않게 했다고 볼 수 있다.

물론 이는 우리 민주주의의 결손성에 곧바로 연결되는 문제다. 비록 우리의 현대사는 기본적으로 '민주주의를 향한 역사'김정인, 2015이긴 했지만, 안타깝게도 그 오랜 여정 속에서 민주주의는 끊임없이 굴절되어 왔고, 그 때문에 대한민국이라는 민주공화국에서 시민이라는 존재는 누구이고 어떤 존재여야 하는지에 대해서 뚜렷한 사회적 합의 같은 게 형성되는 것 자체가 불가능했다.

그러나 나는 우리가 이러한 사정을 단순히 민주공화국의 이념이 서양으로부터 들여온 무슨 수입품 같은 것이기 때문이라고 이해해서는 안 된다고 생각한다. 조선 망국 이후 이 땅에 '공화제'에 대한 거의 자연스러운 합의가 형성되었다는 사실은, 그 이념이 당시의 지식인들과 민중들에게 결코 낯설지만은 않았음을 충분히 합리적으로 추측할 수 있게 한다. 여기서 길게 논의할 수는 없지만, 성리학적 왕조 조선은 서양의 기준으로 보면 순수한 군주제라기보다는 왕과 신하(귀족)들의 '공치共治'가 이루어졌던 '귀족적 공화정'에 가까웠다고 볼 수 있고위잉스 2015, 306; 장은주 2017b, 23, 바로 이런 바탕 위에서 별다른 이견 없이 민주적 공화정에 대한 합의가 형성되었을 것이라는 이야기다. 최소한 다른 선택지가 없었음은 누구나 알고 있었다고 해야 한다. 민주공화국에 대한 지향은 말하자면 우리 근현대사의 자명한 역사적 진리 또는 어떤 역사적 수수께끼에 대한 진정한 해결책 같은 것이었다.서희경, 2012 민주공화국은 단순히 서구로부터의 수입품이 아니다.

문제는 어떤 사태의 본성과 관련된 것이라 할 수 있다. 다시 말해 시민이라고 지칭되는 사람들이 민주공화국을 실제로 구성하고 그 원리를 실천하는 일이 생각만큼 분명하지는 않아서라고 말이다. 실로 시민이 어떤 존재인지에 대해 이야기하는 건 결코 쉬운 일이 아니다. 단지 우리에게만이 아니라 민주주의와 시민의 이념을 애초 발전시켰던 서구의 여러 나라들에서도 사정은 마찬가지다.

이런 문제와 관련하여 서구의 정치철학에서는 크게 보아 두 조류의 전통이 발전했다.이에 대한 개관은 장은주 2017a, 130 이하 참조 시민을 국가가 보호해야 할 권리의 담지자 정도로 이해하면서 주기적인 선거에 참여하는 정도가 시민적 책임의 최대치라고 이해하는 전통이 있는가 하면(자유주의), 시민이란 정치공동체의 적극적인 구성 주체임을 강조하면서, 사람들이 공동선을 지향하는 '시민적 덕성'으로 무장하고서 일상적으로 정치과정에 참여할 수 있어야 비로소 시민다운 존재가 될 수 있다고 보는 전통도 있다(공화주의).

역사와 맥락이 다른 우리나라의 상황에서는 성급하게 두 전통 중 하나를 선택해서 절대화하는 방식의 접근은 옳지 않을 것이다. 중요한 준거는 우리 민주주의의 역사와 경험이어야 할 것이다. 민주주의를 향한 우리의 현대사는 서구의 두 전통이 강조하던 시민성을 각각 서로 강화시키는 방향으로 발전해 왔다고 보아야 하지 않을까 싶다.장은주 2017a, 133-135 우리 헌법 등에서 형식적이지만 반편이라도 보장되었던 여러 민주적 권리는 시민들의 민주적 참여를 강화시키는 출발점 또는 토대가 되었고, 반대로 그 바탕 위에서 강화된 민주주의는 시민들의 권리를 더 깊고 더 튼튼하게 만들어 왔다고 말이다.

이런 맥락에서 우리는 어쩌면 그 두 전통의 중간쯤에서 또는 그 두 전통 모두를 아우르는 방식으로 시민다움을 이해하려는 시도를 해 보는 것이 현실적이면서도 바람직할 수도 있겠다. 그러니까 시민이란 자신이 누리는 권리를 소홀히 하지 않으면서도 보통 사람들이 큰 부담 없이 수행할 수 있는 정도의 기본적인 시민적 책임을 다하는 존재라고 말이다. 오늘날의 민주주의에서는 다양한 수준과 차원의 공론장이 민주적 참여가 이루어지는 일차적인 공간이라고 할 수 있는데, 이런 사정에 초점을 둘 수도 있겠다. 그렇다면 시민이란 기본적으로 '공중the public'으로서 공론장에서 이루어지는 토론과 논쟁과 성찰의 과정에 이런 저런 방식으로 참여하여 집합적인 의사결정을 이끌어 내는 주체라고 규정해 볼 수 있지 싶다.장은주, 2017a, 135-136 이런 시민은 구체적으로 어떤 자질이나 역량을 가져야 할까? 거칠게만이라도 살펴보자.

확실히 시민은 단순한 '유권자' 이상의 존재여야 한다는 점은 분명하다. 물론 이 유권자로서의 역할조차 쉽게 저버리는 사람들이 많기도 하고 또 투표도 '잘' 해야 하지만, 단지 투표하는 것만으로 시민적 책무를 다했다고 여길 때 민주주의에 어떤 불행한 일이 생기는지는 우리의 역사적 경험이 잘 보여 준다. 민주주의에서도 민의를 대변해야 할 정치인들은 곧잘 유권자의 기대를 저버리고 스스로 독립적인 이해관계를 가진 이른바 '정치계급'이 되어서 국정을 운영하려는 경향을 갖고 있다. 그들에게 시민들의 정치 무관심이나 이른바 '정치 혐오'만큼 좋은 선물은 없다. 그래서 우리나라의 시민들은 가령 박근혜-최순실의 국정농단을 보면서 그냥 가만히 보고만 있지 않고 추운 겨울에도 몇 달이고 촛불을 들고 광장에 모여 무능하고 부패한 대통령의 퇴진을 이끌어 냈다. 이렇게 시민다운 시민이 되려면 투표 이상의 무엇을 해야 한다. 이런 저런 이유로 언제나 광장에 함께 나서지는 못하고 마음으로만 함께 촛불을 들더라도 말이다.

시민이라면 우선 헌법을 비롯한 민주주의 여러 제도의 이념과 작동

원리는 물론 여러 사회정치적 사안들을 나름의 시각으로 꿰뚫어 볼 줄도 알아야 할 것이다. 복잡한 인간사의 일들을 전부 세세하게는 아니더라도 최소한 어떤 민주적 의사결정과정을 통해 문제에 접근해야 하는지에 대해서는 판단할 수 있을 정도로는 알고 있어야 한다. 민주주의 국가의 주권자로서 행위하기 위하여 필요한 기본적인 지식을 갖추어야 한다는 이야기다.

마찬가지로, 아니 어쩌면 더 중요한 건 민주적 가치관과 태도다. 민주주의의 시민이 된다는 것은 민주주의 제도들의 작동 방식을 안다거나 투표를 할 수 있다거나 하는 능력보다는 훨씬 많은 것을 갖추어야 한다는 것을 의미한다. 민주주의는 우리의 정치공동체가 서로 평등한 사람들의 연합체라는 사실을 인정하는 데서 출발한다. 그래서 시민은 모두 1표의 권리만을 갖고 있다는 정도를 넘어 누구든 동등한 존엄성과 가치를 갖는다는 점이 모든 시민에게 어떤 자명한 진리로서 인식되고 실천되지 않으면 민주주의는 제대로 유지되고 작동할 수 없다. 예컨대 우리 사회에서 황행하는 이른바 '갑질' 문제가 심각한 까닭은 그것이 바로 이런 이념을 부정하기 때문이다. 물론 어느 사회에서든 돈이나 정치적 영향력이나 학식 같은 가치재를 구성원들 모두가 똑 같이 가질 수는 없다. 그러나 민주주의에서는 그런 가치재의 소유와 관련하여 생겨날 수 있는 불가피한 불평등이 누구든 시민으로서 가지는 '존엄의 평등'보다 더욱 중요하게 취급되어서는 안 된다.

사람들이 흔히 말하는 '일상의 민주주의'란 바로 그런 이념이 실현된 우리의 사회적 삶의 비전을 가리킨다. 그 이념에 따르면, 부모-자식의 관계이든 교사-학생의 관계이든 선후배 관계이든 또는 직장 상사-부하 직원의 관계이든, 사회 조직이나 어떤 관계상의 불가피한 권위의 차등적 배분이 신분적 상하관계나 종속관계로 발전해서는 안 된다. 남녀의 생물학적 다름은 그냥 차이일 뿐 결코 사회적 차별의 근거가 되어서는 안된다. 학교 공부를 잘하고 지적 능력이 뛰어나다는 사실은 그러한 능력이 꼭 필요한 분야에 활동을 할 수 있는 잠재력을 갖고 있음을 나타낼 뿐 특권을 누리면서 그렇지 못한 사람들을 차별하고 무시해도 좋다는 것을 의미하지는 않는다.

이렇게 민주주의는 사람들 사이의 자유롭고 평등한 관계 맺기라는 토대 위에서만 가능하다. 그래서 시민은 단순히 유교적인 수직적 관계에서 강조되던 그런 '예절'이 아닌 평등한 동료 시민들에 대한 '시민적 예의 civility'부터, 서로를 존중하고 다름을 포용하며 다른 이의 이야기에 귀 기울일 줄 아는 태도에 이르기까지 다양한 덕목들에 익숙해져야 한다. 나아가 자신의 삶의 성공을 최소한 타인에 대한 지배와 연결시키지는 않는 가치관도 형성할 수 있어야 한다.

그러나 단순한 갈등 회피가 민주적 태도라고는 할 수 없다. 민주적 시민은 공동의 목적을 협동의 방식으로 해결하려 하면서 비폭력의 원칙을 견지해야 하지만, 자신의 견해와 이해관계를 분명하게 표현하며 관철시키려 하면서도 타인의 권리를 인정하고 상대에 대한 공감이나 배려의 자세를 잊지 않는 소통에 대한 지향을 습관화할 수 있어야 할 것이다. 그밖에 사회적 불의에 맞설 수 있는 용기, 사회적 약자에 대한 공감 능력, 국가 전체의 공동선을 지향하는 민주적 애국심 같은 것들도 필요하다.

바로 이런 자질들을 갖춘 시민들을 길러 내는 교육이 민주시민교육이다. 나는 이를 '민주적 시민성에 대한 교육edcation for democratic citizenship'이라고 이해해 보자고 제안한 바 있다.장은주, 2017a, 제4장 나는 민주적 시민성을, 시민들이 민주주의를 지키고 운용하며 발전시키는 데 필요한 시민적 역량과 민주적 가치(관) 및 태도라는 차원으로 크게 나누어 이해할 수 있다고 본다. 그래서 민주시민교육은 핵심적으로 시민적 역량에 대한 교육이고, 민주적인 가치(관) 및 태도에 대한 교육이다.

이 민주적 가치관과 태도에 대해서는 위에서 살펴보았으므로, 시민적 역량이 무엇인지에 대해서만 좀 더 보기로 하자. 우리가 말하는 민주시민교육의 원형 또는 모범으로 간주되곤 하는 독일의 정치교육Politische Bildung은 1) 정치적 판단능력, 2) 정치적 행동능력, 3) 방법론적 활용능력을 미래의 시민들이 교육을 통해 갖추어야 할 핵심역량으로 규정한다.GPJE, 2005 나는 이를 우리나라의 맥락에서 각각 〈민주시민으로서의 판단능력〉, 〈민주시민으로서의 행동능력〉, 민주시민이 갖추어야 할 〈방법론적 활용 능력〉으로 발전시킬 수 있으리라고 본다. 물론 이 역량들은 따로따로 분리된 것으로서가 아니라 상호연관 속에서 이해된다.

〈민주시민으로서의 판단능력〉은 '공공의 사건, 문제, 논쟁 등을 사실과 가치의 측면에서 분석하고 성찰적으로 판단할 수 있는 능력'으로, 어떤 공적 사건이 개인의 삶과 사회나 세계의 미래에 미치는 영향이나 의미 등을 파악하는 능력이다

〈민주시민으로서의 행동능력〉은 '자신의 견해, 확신, 관심을 정리하여 다른 사람 앞에서 적절하게 내세울 수 있고, 합의과정을 이끌어 나가며 타협할 수 있는 능력'으로, 자신의 정치적 견해와 입장을 정립하고 관철시키며 정치적 차이와 대결을 평화적으로 해결할 수 있는 능력 등을 의미한다.

마지막으로 〈방법론적 활용능력〉은 '경제적·법적·사회적 문제와 같은 시사적인 정치 문제에 대해 독자적으로 파악하고, 전문적인 주제를 여러 가지 방법으로 다룰 줄 알며, 자신만의 정치심화 학습을 조직할 수 있는 능력'으로, 스스로 독립적으로 민주적-정치적 과정을 이끌기 위해 필요한 학습능력을 갖추도록 할 줄 아는 능력이다.

물론 다른 방식의 접근도 가능하다. 민주시민교육에 대한 사회적 합의와 제도화를 추진하기 위해서는 교육학 등에서 일반적으로 수용되고 있는 '역량competency'에 대한 규정을 차용하여, 민주시민교육을 '민주주의 사회의 주권자인 시민이 갖추어야 할 기본적인 역량, 곧 지식knowledge, 기술skill, 태도 및 가치attitudes & value의 함양에 대한 교육'으로 정의해 볼 수도 있겠다. 이런 접근법은 민주시민교육의 성격과 내용에 대해 생길 수도 있는 지나치게 복잡할 수도 있는 쟁론을 피해 비교적 쉽게 공통의 출발점을 제공할 수 있을 것이기 때문이다.

여기서 시민들의 민주주의에 대한 〈지식〉은 민주주의의 기본 원리, 다양한 제도, 시민으로서의 권리와 의무 등에 대한 이해와 인식에 대한 교육을 통해 배양될 수 있을 것이다. 이 교육은 예를 들어 헌법, 기본권, 권력 구조, 정당, 선거, 시민사회와 압력 단체, 과세와 재정, 미디어의 작동방식과 기능 등에 대한 교육을 포괄한다.

민주주의를 위한 〈기술〉은 민주주의를 운용하고 실천하기 위해 필요한 능력, 특히 민주적 의사소통을 위한 능력에 대한 교육을 통해 함양될 수 있을 것이다. 이 교육은 예를 들어 정치적 견해를 형성하여 내세울 수 있는 능력, 효과적으로 이견을 제기하고 자신의 이해관계를 명료화할 수 있는 능력, 정치적 이견을 가진 사람들과 소통하고 정치적 사안에 대한 의견 차이를 평화적으로 타협하고 조율할 수 있는 능력 등에 대한 교육을 포괄한다.

민주주의를 향한 〈태도 및 가치〉는 민주주의가 추구하는 근본적 도덕적 지향과 민주주의를 유지하고 발전시키기 위해 시민들이 공유해야 할 도덕적 원리의 내면화에 대한 교육을 통해 획득될 수 있을 것이다. 이 교육은 예를 들어 인권, 모든 시민의 평등한 존엄성의 인정, 상호존중, 이질성에 대한 관용 및 포용, 정의감 또는 공정성 및 공동선에 대한 지향, 민주적 애국심 등에 대한 교육을 포괄한다.

이런 접근법은 민주시민교육을 바라보는 다양한 입장들이 일반적이고 추상적인 수준에서만 공동의 합의를 이루고, 다음 절에서 살펴볼 몇 가지 기본적인 지향과 원칙들에서 어긋나지만 않는다면, 구체적인 내용 및 방식과 관련하여서는 다양하게 변용하고 수정·보완할 여지를 남길 수 있다는 점에서 큰 장점을 가진다.[8]

나는 여기서 어떤 접근법을 택하든[9] 한국 민주시민교육이 특별히 신경 써야 할 것으로 보이는 두 가지 초점을 강조하는 것으로 이 절의 논의를 마무리할까 한다.

첫째, '비판적 사고' 교육의 중요성이다. 민주주의의 주체를 기르는 교육, 곧 민주시민교육은 묘한 역설을 내포하고 있다. 이 교육은 궁극적으로는 주체가 교육의 내용과 방식을 스스로 비판적으로 성찰하고 내면화하지 않으면 성공할 수 없다. 이 교육에서는 가르침의 핵심이 남의 가르침을 무조건 따르지 말고 스스로 생각하고 판단할 수 있도록 하는 데 있다고 할 수 있기 때문이다. 이 교육에서는 가르치되, 이 가르침을 말하자면 '삐딱하게' 문제 삼고 따져 보라고 가르쳐야 한다. 왜냐하면 민주주의는 궁극적으로 자기 삶의 주인이자 매사를 독립적이고 비판적인 고유의 시선으로 바라볼 수 있는 시민들만이 꾸려 갈 수 있기 때문이다. 민주적 시민은 비판적 시민이다.

우리는 이런 민주적 시민의 상(像)이 오늘날의 조건에서 결코 쉽게 달성될 수 없음을 잘 알고 있다. 대중사회라는 현대적 삶의 조건 자체가 사람들로 하여금 독립적이고 진정성 있는 개인의 가치와 이상을 쫓는 삶의 비전으로부터 멀어지게 한다. 이런 사회에서는 늘 타인의 시선을 의식하며 다른 사람을 모방하고 대세적인 흐름을 따르며 기성의 제도와 관행에 익숙한 삶을 사는 게 사실은 무척 자연스럽다. 게다가 문화산업에 포획된 대중매체들은 진실이 아니라 더 많은 대중들의 시선을 끌 수 있고 그래서 더 많은 이윤의 창출을 가능하게 하는 가상의 조작된 현실을 만들어 실체화하려는 무서운 속성을 노골화하고 있다. 그만큼 우리의 과제가 무겁다는 이야기다.[10]

때문에 제대로 된 시민이 되기 위해서 개개인의 '비판적 성찰'만큼 중요한 역량은 없다고 할 수 있다. 시민은 통념을 당연하게 여기지 않아야 하고 편견과 선입견에 쉽게 빠져 있지 말아야 한다. 타인의 이야기를 귀담아 들을 줄 알아야 하고 무턱대고 권위에 기대서도 안 된다. 음모론 따위에 휘둘려 사태에 대한 그릇된 판단을 하지 않도록 지성을 배양하되, 언제나 자신이 틀릴 수도 있음을 열어 놓고 충분히 잘 검토되고 정당화된 믿음을 독단으로부터 잘 구분해 낼 수 있어야 한다. 이런 비판적 사고의 습관을 기르지 않고서 민주주의가 필요로 하는 시민이 되기는 쉽지 않다.

안타깝게도 우리나라의 학교교육은 전반적으로 보아 이런 비판적 성찰 역량을 함양하는 데에 적합하지 않다. 무엇보다도 우리나라를 지배하고 있는 교육에 대한 메리토크라시 패러다임장은주 2017a, 79 이하이 낳은 과도한 입시 위주의 교육 때문이다. 상대평가를 통한 줄 세우기에 초점을 두고 유일하게 올바른 정답 찾기를 강요하는 객관식 문제풀이 교육만 해대는 통에 우리 학교교육은 그와 같은 비판적 성찰 역량의 함양이라는 중요한 시민교육적 과제를 거의 감당하지 못하고 있다.

이 점은 두 번째 초점과 곧 바로 연결된다. 한국 민주시민교육은 교육을 온통 대학입시에 종속시키는 메토크라시적 이데올로기가 지배하는 한국적 상황과 그것이 낳은 병리적 귀결과 정면으로 맞설 수 있어야 한다. 이 이데올로기는 무한 경쟁을 강요하고 능력에 따른 차별 대우를 정당화하는 가운데, 무엇보다도 우리의 미래 세대들이 항시적인 자존감

상실의 위협 속에서 살아가도록 교육을 비틀고 있다.^{김현수 2019} 이런 경향에 맞서 민주시민교육은 미래 세대의 자존감을 제대로 형성할 수 있도록 돕는 일에 또 하나의 초점을 두어야 한다.^{2017a, 160 이하}

이 자존감의 형성은 민주주의에 대한 지식을 전달하고 민주적 가치관이나 판단능력 및 행동능력을 기르는 것만큼이나, 아니 그보다 더 중요하다. 민주시민교육은 궁극적으로 자존감을 가진 시민적 주체의 형성을 지향해야 한다. 시민적 자존감의 정립은 민주시민교육의 전제이자 또한 그 결과라고 할 수 있다.

그러나 반대로 보면 시민적 주체로서의 경험은 시민 개개인이 올바른 자존감을 정립하기 위한, 유일하지는 않더라도, 참된 기반이 될 수 있다. "자존감의 형성은 타인과의 상호존중 관계의 함수다. 메리토크라시적 비교와 서열화는 바로 그런 상호존중 관계의 건강함을 파괴할 가능성이 크다. 언제나 승패나 우열의 잣대가 작동할 것이기 때문이다. 그러나 시민적 연대성과 민주적 상호인정의 원칙 위에서만 가능한 시민적 실천의 경험은 시민들의 위축되지 않은 자기 신뢰와 자존감의 건강한 바탕이 될 수 있을 것이다. 여기서는 누구든 평등하게, 가령 빈부나 학식의 차이와 무관하게, 그 존엄성을 상호 존중하고 존중받는 것이 그 기본적인 출발점이자 지속적인 실천의 토대이기 때문이다. 나아가 시민으로서 보편적 가치와 공동선을 추구함으로써 무시와 경멸로 귀결될 수 있는 사회적 가치평가체계 너머에서 자신의 존재 가치를 확인할 수 있을 것이기 때문이다."^{같은 책, 162}

비판적 사고에 대한 강조가 어떤 주지주의적 편향으로 빠져서는 안 된다. 기존의 메리토크라시적 질서에 대한 일정한 '이데올로기 비판'이야 반드시 필요하겠지만, 민주시민교육의 우선적 초점은 민주주의나 정치 과정 등에 대한 단순한 앎의 매개가 아니라 삶의 일상적 과정 속에

서 그리고 전인격적 수준에서 얻을 수 있는 평등한 시민적 존엄의 자각
이어야 한다. 사람들은 민주적 상호인정의 관계를 바탕으로 시민적 삶의
가치를 제대로 확인할 수 있게 해 줄 경험을 통해서만 당당한 시민적 주
체로서 설 수 있는 기반을 갖출 수 있을 것이다. 민주시민교육을 위한
프로그램들은 우선적으로 또 궁극적으로 바로 그와 같은 경험의 실천
적 매개를 지향해야 할 것이다.

3. 사회적 합의를 위한 기본 관점과 원칙

민주공화국임을 선포한 지 100년이 되고 군사독재로부터 완전히 벗어
나 민주화가 진행된 지 30여 년이 지났지만, 우리 사회에서는 아직도 민
주시민교육의 필요와 기본 개념에 대해서조차 충분한 합의가 이루어졌
다고 보기 힘들다. 나는 지금까지 그런 합의를 염두에 두고 민주시민교
육의 필요와 개념에 대한 논의를 해 왔다. 그러나 그런 합의를 가로막는
것은 단순히 어떤 당위의 편향성이나 개념의 복잡함이 아니다. 민주주
의를 하겠다면서 시민이 필요로 하는 자질을 함양할 민주시민교육의 필
요를 노골적으로 부정할 이는 많지 않을 것이다. 진짜 장애는 '어떻게?'
에 대한 물음이다.

핵심 문제는 우리나라의 '분단체제'와 그에 따른 격렬한 이념 대립이
다. 그러한 대립은 국정화 시도로 인해 심각한 사회적 갈등을 겪었던 역
사 교과서 서술 문제 같은 데서 단적으로 표현되고 '한국교총'과 '전교
조' 같은 교원 조직상의 갈등으로도 표현되는데, 사실상 우리 교육 전반
을 지배하고 있다. 단순화해서 말하자면, 그러한 대립은 진보와 보수 양
진영이 서로가 올바르다고 생각하는 민주시민의 상과 덕목 및 방식에

집착하면서 상대 진영의 '악마성'을 의심하는 방식으로 이루어진다. 어떤 경우에는 아예 민주시민교육 그 자체를 백안시하는 것으로 표현되기도 한다.

주지하는 대로, 한때 우리와 같은 분단국가였으며 우리의 민주시민교육에 해당되는 '정치교육politische Bildung'을 둘러싸고 격렬한 이념 대립을 겪었던 독일은 1976년 '보이텔스바흐 합의Beutelsbacher Konsens'를 통해 이 문제를 우회하는 방법을 찾았다.심성보/이동기/장은주/케르스틴 폴, 2018 강제 또는 교화의 금지, 논쟁성에 대한 요청(논쟁성의 원칙), 이해관계 인지(행동지향)라는 세 원칙은, 다양한 논란과 비판에도 불구하고, 통일 이후 오늘날까지 '독일 정치교육의 헌법'이라고까지 평가되면서 정치교육의 방향성을 제시하고 있다. 우리에게도 바로 그런 합의가 필요하다.

물론 우리로서는 좀 다른 차원의 고민도 필요하다. 나치로부터 해방된 이후 '아우슈비츠 이후의 교육'Adorno, 1966, 곧 민주주의교육의 절박한 필요성에 대해서는 그 어떤 진영도 부정하지 않았던 독일과는 달리, 우리나라에서는 학교에서 정치적인 성격을 지닌 교육을 수행한다는 그 사실 자체를 달가워하지 않는 사람들이 많다. 그리고 독일에서는 1969년 빌리 브란트Billy Brandt 집권 이후 동서독의 완전한 통일보다는 '1민족 2국가'가 평화롭게 공존하는 체제를 공식화했던 '동서독기본조약'의 바탕 위에서 그러한 합의가 나왔지만, 우리의 경우는 아직 한반도 평화체제가 충분히 무르익었다고 할 수 없고 여전히 냉전 회귀를 주장하는 세력의 힘이 드세다. 이런 상황은 교육에도 영향을 미칠 수밖에 없는데, 이에 대한 고려가 필요하다.

이제, 민주 사회 일반의 사회적 갈등 상황과 우리나라의 특별한 상황을 염두에 두면서, 민주시민교육의 의미와 방향에 대해 우리 사회 전체가 공유할 만하다고 여겨지는 몇 가지 기본 관점과 '한국판 보이텔스바흐 합의'라고 할 수 있을 사회적 합의를 위한 민주시민교육의 기본 원칙 몇 가지를 제안해 볼까 한다. 나 개인의 일차적이고 잠정적인 의견인데, 앞으로 다양한 수준과 차원의 숙의를 통해 이런 원칙들에 대한 사회적 합의를 이뤄 내고 학교에서든 시민사회에서든 체계적 민주시민교육을 실시하기 위한 법적, 제도적 기반이 만들어지길 기대해 본다.

〈사회적 합의를 위한 기본 관점〉

1. 민주시민교육은 모든 시민의 기본권이다.

민주주의라는 역사적 성취는 모든 시민의 평등한 존엄성에 대한 인정을 토대로 모든 시민이 자신의 삶에 영향을 끼치는 사회적, 정치적 결정 과정에 참여할 수 있어야 한다는 원칙 위에서 구축된 것이다. 그러한 참여는 모든 시민의 기본적인 권리다. 그러한 권리를 누릴 수 있는 출발점은 시민 각자가 민주주의의 원리와 본성을 이해하고 민주적 가치관과 태도를 함양함으로써 그러한 참여에 필요한 실질적인 역량을 갖추는 것이다. 누구도 그러한 권리를 누리는 데서 소외되거나 배제되어서는 안 되며 국가는 그러한 권리를 최대한 존중하고 보장해야 할 책무가 있다.

2. 민주주의를 위한 역량과 민주적 가치관을 내면화한 시민의 형성은 민주공화국의 공적 교육체계의 궁극적 목적이다.

우리 교육기본법이 규정하고 있듯이, '민주시민으로서 필요한 자질의 함양'은 우리 교육의 근본 목적으로서, 국가는 모든 시민이 전 생애에 걸쳐 민주주의에 참여하고 발전시킬 수 있는 기본적인 역량과 민주주의에 걸맞은 가치관과 태도를 함양할 수 있도록 하는 것을 학교교육과 성인 교육을 가리지 않고 공적 교육 체계의 가장 중요한 과제로 삼아야 한다. 학교에서는 사회과나 도덕 교과들에서 초점 없이 이루어지고 있는 지식 중심의 시민교육 대신 뚜렷한 초점과 목적을 가진 민주적 시민교육을 실천하고 학교민주주의가 확립되도록 해야 하며, 시민사회에서는 시민들이 일상적으로 삶과 사회를 더 잘 이해하고 민주적 과정에 참여할 수 있는 가능성을 얻을 수 있도록 다층적인 교육 기회가 제공되어야 한다.

3. 온전한 민주주의 국가만이 시민의 민주적 형성에 관심을 가지고, 민주적 자질을 갖춘 시민만이 온전한 민주주의를 이루고 성숙시킬 수 있다.

우리 민주주의는 민주화 이후 30년이 지나도록 제자리를 찾지 못하고 재권위주의화의 위기마저 겪었다. 2016년의 '촛불혁명'은 시민들의 열정과 헌신으로 비로소 온전한 민주주의를 정착시킬 수 있는 결정적 계기를 마련했다는 의미를 가지는 바, 이제 우리 사회, 특히 정부와 정치권은 우리 민주주의의 안정적인 토대를 구축하기 위해 민주시민교육의 체계를 정착시켜야 할 역사적 책임을 가져야 한다. 민주시민교육의 제도화를 위한 중앙과 지역을 아우르는 다층적인 법적 근거의 마련이 시급하다.

4. 민주시민교육은 한반도 평화체제의 수립과 정착을 위한 마중물로서 시민들의 평화역량을 키우는 데 기여할 수 있다.

우리 현대사의 파국적 모순과 남북 적대 관계의 해소를 지향하는 한반도 평화체제는 우리 민족 구성원 모두의 성숙한 평화적 갈등해결 역량 위에서만 비로소 안정적으로 유지되고 항구화될 수 있다. 그러한 역량의 함양은 이질성의 포용, 차이에 대한 존중, 비폭력과 비지배에 대한 지향, 상호 인정의 가치와 태도를 내면화시키는 체계적인 민주시민교육을 통해서만 가능하다. 나아가 시민들이 인권과 민주주의의 우선성이라는 원칙 위에서 북한 및 통일 문제에 접근할 수 있도록 안내해야 한다.

5. 민주시민교육은 미래교육의 핵심 원리를 담아내면서 주지주의를 피하고 일상적 삶과 실천을 통해 실제로 민주주의를 살아 내고 실천하는 데 초점을 두면서 시민적 자존감을 형성하도록 도와야 한다.

민주시민교육이 기초하고 또 장려하는 대화와 토론, 민주적 협업, 다원주의, 개방성 같은 교육적 원리는 새로운 시대를 준비하기 위한 미래교육의 준칙이다. 이런 민주시민교육의 민주주의적 원리는 시민들이 도래할 미래 사회의 숱한 난관과 도전에 더 잘 대처할 수 있도록 하는 역량을 기르도록 도울 뿐만 아니라, 시민들이 단순히 지식이 아닌 삶과 실천으로 민주주의를 배움으로써 건강하고 당당한 자존감을 갖춘 시민적 주체성을 경험하도록 해야 한다.

〈사회적 합의를 위한 기본 원칙〉

1. 민주시민교육은 진보와 보수의 다양한 이념과 전망을 아우를 수 있는 보편적인 다원적 민주주의 체제를 토대이자 지향으로 삼아야 한다.

공적 사안들에 대한 다양한 의견, 이해관계와 가치관의 차이, 국가의 미래에 대한 서로 다른 비전의 다툼은 민주주의와 정치의 영원한 본질이다. 민주시민교육은 정치적 편향성을 거부하되 그러한 다원성을 가능하게 하고 인정하는 포용적 민주주의 체제를 옹호하고 발전시키는 데 기여해야 한다. 그러나 민주시민교육은 그러한 다원적 민주주의 질서를 부정하는 정치적 견해나 지향에는 단호하게 반대한다. 민주시민교육은 사실 그와 같은 극단주의로부터 민주주의를 보호하기 위한 가장 중요한 사회적 장치의 일부다.

2. 민주시민교육은 시민들이 독립적이고 자율적인 판단 및 행동의 주체가 되
도록 돕는 교육으로 어떤 형식과 내용이든 주입식 교화교육이나 의식화 교육이
되어서는 안 된다.

민주시민교육은 교육자와 피교육자 사이의 평등한 존엄성이라는 전제
위에서 이루어져야 하며, 교육자가 지닌 영향력과 권위는 피교육자에 대
한 강압이나 지배를 정당화할 수 없다. 교육자가 교육적 관계의 우월한
지위에 기대 피교육자에게 특정한 견해나 입장을 유일하게 올바른 진리
라고 강요해서는 안 된다.

3. 민주시민교육은 시민사회와 학교 모두에서 '정치적 공정성'의 원칙 위에서
이루어져야 한다.

학교에서든 시민사회에서든 공적인 체계 속에서 이루어지는 민주시민
교육은 정치적 편향성을 띠어서는 안 된다. 그러나 이 원칙이 시민사회
나 학교의 교육현장에서 정치적 사안들을 회피해야 한다는 것으로 오해
되어서는 안 된다. 오히려 민주시민교육은 시민들이 민주주의가 야기하
는 혼란과 갈등을 제대로 감당할 수 있도록 하기 위하여 정치적으로 민
감한 사안이라도 적극적으로 검토되고 토론될 수 있도록 장려해야 한
다. 민주시민교육의 정치적 공정성은 기본적으로 특정 정파나 정치 진영
이 국가 권력을 통해서든 여론을 통해서든 교육에 개입하여 교육을 정
치적 수단으로 삼아서는 안 된다는 정치적 독립성의 실현으로 이어져야
한다.

4. 민주시민교육에서 주입식 교화교육을 피하고 정치적 공정성을 확보하는

가장 좋은 방법은 '논쟁성의 원칙'을 따르는 것이다.

그 원칙은 정치적으로 또 사회적으로 논란이 되는 사안들에 대해 교육의 과정에서 공정하고 객관적으로 다양한 견해들이 드러나게 하는 방식으로 소개하고, 그것들에 대해 시민들이 스스로 판단을 형성할 수 있도록 해야 한다는 것을 의미한다. 이러한 원칙에 따른 시민들의 일상적인 대화와 토론은 정치적 사안들에 대한 다원적 접근의 불가피성을 인정하고 사회적 갈등과 대립을 생산적으로 승화시키기 위한 가장 기본적인 문화적 전제다.

5. 민주시민교육이라는 과제는 결코 특정한 국가 기관이나 정부의 과제로 머물러서는 안 되며 시민사회와 함께하는 협치(거버넌스)를 통해 완수되어야 한다.

국가는 확고한 법적 근거 위에서 시민교육이라는 책무를 다하기 위한 구체적인 제도적 장치들을 마련해서 다양한 시민교육활동과 프로그램을 지원해야 하지만, 그 실행은 시민들의 자율적인 노력과 구체적인 삶의 현장에서 나온 경험의 토대 위에서 이루어지도록 해야 한다. 국가적 차원의 제도화에 상응하는 시민사회 동반자로서 역할을 수행할 수 있는 포괄적인 시민사회적 네트워크가 필요하다. 이러한 네트워크는 학교 민주시민교육과 관련해서도 마찬가지로 중요하다.

역시 이런 기본 관점과 원칙에 대해서도 다양한 접근법과 이견이 존재할 수 있다. 사실 단지 이러한 다양성과 이견의 존재 가능성에 대해서만 이견이 없을 것이라고 해야 한다. 그러나 바로 그렇기 때문에 이런 이견의 존재와 다양성의 인정 그 자체에 초점을 맞춘다면 '한국판 보이텔스바흐 합의' 같은 게 완전히 불가능하지는 않을 것이다. 나의 제안은 바로 이런 결을 따른 것이다. 만약 우리가 민주시민교육의 체계적 제도화에 대한 절실한 필요와 당위에 대해 공감한다면, 어떤 식으로든 나의 제안과 유사한 방향의 사회적 합의를 지향하지 않을 수 없을 것이다.

물론 아무래도 그러한 합의는 학계, 교육계, 시민사회, 정계 등을 망라하여 민주시민교육의 활성화와 제도화를 추진하는 진영(이하 '민주시민교육계'라고 부르기로 한다)이 앞장서 추진할 수밖에 없을 것이다. 이 과정에서 내가 생각할 때 중요해 보이는 세 가지 사안에 대해 몇 마디 언급하면서 이 절의 논의를 마무리 하자.

우선, 민주시민교육에 대한 일종의 시민사회적 운동이 활성화될 필요가 있다.

민주시민교육계는 다양한 차원과 수준에서 민주시민교육 활성화를 위한 목소리를 높여야 한다. 아래로부터의 작은 실천들이 큰 흐름을 이룰 수 있도록 적극적인 운동을 펼쳐야 한다. 비록 교육부나 '민주화운동기념사업회' 등 정부 수준에서 민주시민교육 활성화를 위해 다양한 정책적 노력들을 기울이고 있는 것은 사실이나, 그런 노력들은 이런 시민사회적 운동이 바탕이 되어야 제대로 안착될 수 있고 체계적 제도화로 이어질 수 있을 것이다.

학교교육과 관련해서는 '학교민주주의'의 정착을 위한 운동 같은 것이 좋은 출발점이 될 수 있을 것이다. 학교 민주시민교육은 학교민주주의 없이는 불가능하다. 교사 스스로 학교 안에서 민주시민으로서 생활을 하지 못하면서 학생들에게 민주주의를 가르칠 수는 없으며, 학생들도 교과서를 통한 추상적이고 관념적인 차원의 교육만으로는 제대로 민주주의를 배울 수 없을 것이다. 그래서 민주시민교육계는 민주시민교육의 활성화에 대해 많은 교육 주체들의 자발적 참여를 이끌어 내기 위해서라도 우선적으로 학교 민주화 운동을 적극 추진해야 한다. 그러기 위해서는 가령 경기도교육청에서 이미 개발한 '학교민주주의 지수'^{장은주 외}

2015 같은 도구들을 활용하고 또 '교장공모제' 등을 확대하며, '교무회의의 의결기구화' 등을 추진해야 한다. 당연히 학생자치도 강화해야 한다.

시민사회 수준에서는 현재 다양한 주제와 방법을 통해 시민사회 운동을 하고 있는 조직과 단체들이, 규모, 조직화 정도, 이념적 지향 등의 차이를 뛰어넘어, 민주시민교육의 필요를 적극적으로 제기하고 사회적 합의를 이끌어 내기 위한 협력 네트워크를 형성할 수 있을 것이다. 이런 조직과 단체들은 현재로서도 각 지역 차원에서 또 다양한 수준에서 나름의 방식으로 일반 시민들을 상대로 한 민주시민교육을 실천하고 있거나 새롭게 시작할 의향을 가지고 있지만, 재정적, 인적 인프라가 부족한 것은 물론 민주시민교육의 개념과 필요 및 방법 등에 대해 분명하게 정리된 의견 같은 것을 가지고 있지 않은 경우가 대부분일 것이다. 때문에 그런 네트워크를 통해 민주시민교육에 대한 서로의 견해들을 조율하고 그 원칙과 방향에 대해 합의를 추구하는 노력을 기울일 필요가 있다. 이런 노력은 앞으로 이루어질 민주시민교육의 제도화를 위한 시민사회 차원의 준비라는 의의를 가질 수 있을 것이다. 이에 대해서는 아래에서 더 논의할 것이다.

다음으로, 예상되는 정치적 논란을 회피하지 않고 정면으로 맞서는 일이 필요하다. 우리나라에서 민주시민교육 활성화와 관련하여 제일 문제되는 것은 아무래도 이른바 '교육의 정치적 중립성 원칙'에 대한 요구, 아니 신화다. 이 신화를 걷어내야 한다. 이미 앞에서 민주시민교육을 위한 기본원칙을 정리하면서 언급해 두었지만, 우리는 '정치적 중립성'이 아니라 '정치적 공정성'을 주장해야 한다.

정치적 중립성 원칙이라는 것은 사실은 교육의 정치적 독립성을 보장하려 했던 헌법 조항에 대한 잘못된 해석에 기초하고 있을 뿐만 아니라, 교육현장에서는 실제로는 실천될 수 없으면서도[11] 학교에서 정치적 성격을 갖는 민주시민교육의 실행을 원천적인 수준에서 방해한다. 국가가 관리하고 지원하는 민주시민교육이 정치적 편향성을 피해야 한다는 것은 너무도 당연한 원칙이지만 이를 중립성이라고 함으로써 지금까지 너무 많은 오해와 잘못된 실천을 낳았다는 게 내 생각이다. 물론 그 원칙을 제대로 해석하기만 하면 문제가 해결될 수 있을 것처럼 보이기도 하지만,[12] 그 용어의 오용에 따른 폐해가 너무 크다.

중요한 것은 정치적 공정성이다. 다시 말해 민주시민교육이 민주공화국의 체제 안에서 활동하고 있는 다양한 정치 세력이나 진영 모두를 공정하게 다루는 것이다. 정치적 중립성 지향이라는 것은 자칫 교육에서 정치적으로 민감한 사안을 회피해야 한다는 식으로 오해를 불러일으킬 수 있다. 그래서는 어떤 종류의 민주시민교육도 불가능하다. 그런 식의 원칙은 일정한 '정치 혐오'를 조장하면서 오히려 민주시민의 양성을 방해하는 역할만 한다. 대신에 정치적 공정성의 원칙이라고 하면, 학교교육에서 정치적 사안을 회피하라는 잘못된 함의를 드러내지 않으면서 민주적 다원주의의 정신에 부합하게 정치적 편향성에 맞설 수 있다. 민주시민으로서 필요한 자질의 함양을 위해서 꼭 필요한 정치적 성격을 가진 교육을 하되, 다양한 이해관계와 정치적 이념 및 지향을 공정하게 다룸으로써 민주시민교육이 정치적으로 도구화되는 것을 막을 수 있음을 드러낼 수 있다. 나아가 교육의 정치적 독립성도 함축한다. 특정한 정치 세력이 자신의 입맛에 맞게 교육을 도구화할 때 정치적 공정성의 명분을 내세우며 맞서 싸울 수 있게 해 줄 것이다.

마지막으로, 민주시민교육의 활성화를 위한, 말하자면 '민주주의 헤게모니 전략'을 사용해야 한다. 이것은 앞서 이야기한 정치적 공정성 원칙을 주장하게 된 배경하고도 관련된 것으로, 이 전략은 민주시민교육의 활성화를 지금 현재의 왜곡된 정치 지형에 너무 민감하게 반응하면서 추진해서도 안 되고 그럴 필요가 없다는 점을 나타낸다. 지금까지 자유한국당 등 이른바 보수 세력이 해 온 정치 행태를 보면, 이 당과 그 지지 세력은 민주적 보수주의라기보다는 거의 극우적인 권위주의 지향을 보여 왔다. 그래서 민주시민교육계도 그런 세력이 무시 못 할 비율의 의석을 장악하고 있는 현실을 생각해서 조금은 소극적이고 조심스러운 접근법을 해 왔다. 기본적으로 올바른 방향이지만, 이제 약간의 선회가 필요하다는 게 내 생각이다.

그 선회의 배경은 당연히 '촛불혁명'이고, 새로 도래하고 있는 '한반도 평화체제'다. 지난 2017년 6·13 지방선거에서 우리 국민들은 자유한국당을 비롯한 사이비 보수 진영에 정치적 사망선고를 내리면서 너무도 단호한 민주주의-평화체제 지향을 보였다. 물론 2018년 하노이 회담 이후 북핵 문제 해결이 의외로 쉽지 않을 수도 있음이 드러나고 반민주적 지향을 지닌 우파들의 결집과 저항도 드세기는 하다. 그러나 그렇다 하더라도 민주주의와 평화를 향한 큰 흐름이 아예 꺾이지는 않을 것이다. 아니, 그런 흐름을 더 분명하게 하기 위해서라도 이제 민주시민교육계는 어설프게 타협하고 양보하면서 눈치를 볼 것이 아니라, 당당하게 '지적, 도덕적 지도력'(그람시)에 기초한 민주주의 헤게모니를 행사할 필요가 있지 않을까 싶다.

물론 이 헤게모니는 기본적으로 동의에 기초한다. 그러나 이 동의는 단순히 주고받기 식 타협이나 협상에 기초할 필요는 없다. 압도적인 명분, 도덕적 우월성, 명료한 전망, 대중적 지지 등에 기초하여 반대 진영도 결코 거부할 수 없고 마지못해서라도 동의할 수밖에 없는 프레임과 내용을 갖추고서 뚝심 있게 목표를 추구하자는 게 헤게모니 전략이다. 지금 누가 민주주의를 부정할 것인가? 지금 누가 평화체제의 수립에 훼방을 놓을 것인가? 민주주의를 더 성숙시키기 위해 꼭 필요한 민주시민교육을 하자는 데 누가 반대할 것인가? 우리는 좀 더 담대하고 당당해 질 필요가 있다.

4. 민주시민교육 제도화의 과제

다양한 토론을 통해 다소간의 수정이 있어야겠지만, 우리가 만약 이러한 기본 관점과 원칙에 대해 비슷한 방향에서 대략적이나마 합의를 할 수 있다면 다음 수순은 당연히 이러한 합의를 실천에 옮겨 우리 사회에 실질적인 민주시민교육의 '체계'를 만들어 내는 일이다. 이것은 단순히 우리 교육기본법이 민주시민의 자질 함양을 목표로 제시하고 각급 학교교육, 특히 도덕과나 사회과 교육이 추상적으로 민주시민의 양성을 지향한다고 선언하는 것을 넘어서는 일이다. 그것은 뚜렷한 목적의식과 방향, 원칙, 교육 내용을 갖추고 학교는 물론이고 사회 전체에서 시민들의 일상적인 민주주의 학습과 실천이 이루어지도록 하는 물질적이고 인적인 토대와 각 요소들의 유기적인 관계를 만들어 내는 일이다. 이를 위해서는 민주시민교육을 위한 법적 근거를 갖춘 제도부터 만들어야 한다.

물론 지금까지 다양한 차원과 수준에서 민주시민교육의 제도화를 이루어 내려는 노력들이 없지 않았고, 일정한 성과도 있었다. 비록 그러한 노력들은 거의 전적으로 서울이나 경기도 같은 몇몇 광역 및 기초 지방 단체 수준에서 이루어지긴 했어도, 예산이 배정되고 지방 정부 차원의 행정적 지원이 이루어지고 있어 발전 가능성은 크다고 평가된다.조철민, 2019; 차명재, 2019 그러나 이런 성과는 아직은 초보적이라고 해야 한다. 이제 민주시민교육의 올곧은 활성화를 위해서는 국가 전체 차원의 제도화와 그에 따른 중앙과 지역, 국가와 시민사회의 유기적 체계를 만들어 내는 일이 필요하다.

주목할 만한 움직임이 없는 것은 아니다. 지금 현재 20대 국회에서는 남윤인순 의원과 소병훈 의원이 각기 「민주시민교육지원법안」 및 「민주시민교육지원에 관한 법률안」을 발의해 둔 상태고, 따로 학교민주시민교육법안도 준비되고 있다고 한다. 그러나 아직 불투명한 지점이 많다. 이들 법안들은 세부적으로 약간의 차이를 갖고 있는데, 특히 '민주시민교육원' 같은 중추 교육기관을 어느 부처 산하에 둘 것인지에 대해 서로 다른 견해를 보이고 있다.[13] 그리고 일반 시민을 상대로 한 민주시민교육과 학교 민주시민교육을 어떻게 분리하면서도 통합적으로 관리할 수 있을지에 대해 체계적인 전망을 제시하지 못하고 있는 듯이 보인다. 그러나 무엇보다도 지금 현재와 같은 정치적 상황과 의석 분포를 고려할 때 20대 국회에서 이런 법안이 통과될 가능성은 거의 없다고 해야 할 것이다.

이런 법안 통과와 무관하게 민주시민교육의 활성화를 위한 정부 차원의 움직임도 있다. 앞서도 언급했지만, 교육부는 민주시민교육 종합계획을 발표하는 등 독자적인 노력을 기울이면서 교육기본법 등 이미 충분한 법적 근거가 마련되어 있다는 입장이다. 그러나 독자적인 법적 토대가 없을 때 민주시민교육이 학교교육 과정에 제대로 안착될 수 있을지 걱정이다. 혹시라도 정부가 다른 진영으로 넘어갈 경우 민주시민교육의 위상 자체가 흔들릴 수도 있다. 시민사회의 민주시민교육과 관련해서는 민주화운동기념사업회가 '민주시민교육센터' 설치를 계획하고 있다.민주화운동기념사업회, 2018 그러나 기념사업회 산하 기관이라는 조직의 위상이 충분히 안정적이라고 할 수 없고, 학교교육과 관련해서는 그 역할이 애매하다.

아래에서 나는 현재 진행되는 상황을 염두에 두면서도 얼마간 이상적인 관점에서 우리나라 민주시민교육이 어떤 제도화의 과제를 가지고 있는지에 대해 짧게나마 논의를 해 보고자 한다. 내 생각에 우리나라 민주시민교육의 활성화와 관련하여 제일 중요하고 필요한 것은 학교교육과 시민사회를 아우르며 민주시민교육의 체계화를 주도적으로 이루어 내고 발전시킬 중추 기관으로서 '민주시민교육원'(가칭)을 만들어 내는 일이다.

사실 그동안 그와 같은 중심 국가 기관이 꼭 필요하다는 데 대해서는 오래 전부터 많은 사람들이 공감해 왔다.가령 홍득표, 1997; 조영달, 2001 남윤인순, 소병훈 두 의원의 법안에서도, 그 조직적 위상에 대한 서로 다른 설정에도 불구하고, 모두 이는 당연한 것으로 전제되고 있다. 그동안 우리나라에서 민주시민교육의 체계화와 제도화를 고민해 왔던 많은 이들이 이 민주시민교육원의 설립에 대해 거의 일치된 요구를 제기해 온 배경은 비교적 명백하다. 민주시민교육 제도화의 핵심은 국가적 차원에서 민주시민교육 지원 체계를 확립하는 데에 있을 텐데, 이를 위해 중심 역할을 할 수 있는 국가 기관이 필요하다고 보고 이를 뒷받침할 법제화를 추구해 왔던 것이다. 이것은 기본적으로 독일의 '연방정치교육원'을 모델로 하고 있다.[14] 반면 영국이나 미국 같은 시민사회의 자율성에 기댄 (아마도 자유주의적이라 할 수 있는) 모델은 크게 지지받지 못했다.[15] 아마도 우리 시민사회 역량의 현실적 한계에 대한 자각 때문일 것이다. 때문에 나는 여기서 민주시민교육원의 필요나 역할 등에 대한 세세한 논의를 반복하지는 않을 것이다. 다만, 지금까지의 논의가 놓치고 있다 싶은 부분, 곧 이런 종류의 기관을 포함한 우리나라 민주시민교육의 전반적 체계의 얼개를 그려 보는 데 초점을 맞출까 한다.

우리에게는 지금 민주시민교육의 전체 체계를 만들어 내기 위한 큰 그림, 그러니까 중앙 및 지방의 각 부처나 기관 그리고 시민사회 조직들을 아우르는 분업 및 유기적 연결 체계 확립에 대한 전망이 절실하게 필요하다. 중앙 부처나 기관이 할 일, 각 지자체나 교육청이 할 일, 또 정부(지차체 포함)와 함께 파트너로서 민주시민교육 거버넌스를 수행할 학교 및 시민사회의 조직 또는 네트워크가 할 일 등을 전체적인 조망 속에서 규정하고, 그에 맞추어 제도와 법을 정비해 나가야 한다는 이야기다. 이렇게 우리가 구축해야 할 시민형성을 위한 교육 체계 전반에 대한 대략적인 윤곽이라도 있어야 지금 다양한 수준에서 이루어지고 있는 실천적 노력들이 스스로의 위상을 가늠하면서 불필요한 혼선을 피할 수 있을 것이다.

핵심은 민주시민교육 전체를 총괄하는 역할을 맡는 중추 기관을 설립하는 것이다. 이 기관은 무엇보다도 학교 민주시민교육과 시민사회 두 차원을 연결시켜 시민들의 전 생애에 걸쳐 유기적인 민주시민교육을 수행할 수 있도록 하는 데 기본 방향을 설정해야 한다. 앞서 언급한 남윤인순, 소병훈 두 의원의 법안이 가진 가장 명백한 한계는 학교 민주시민교육에 대한 고려가 전혀 없다는 것이다. 민주시민교육원은 선관위나 인권위를 포함한 여러 관련 국가기관, 지방자치 단체, 시민사회 조직들은 물론이고 교육부 및 교육청, 각급 학교를 망라하여 우리나라에서 공식적으로 또 비공식적으로 이루어지고 있는 다양한 수준과 내용을 가진 민주시민교육 모두를 아우르며 조율하고 지원하는 업무를 수행해야 한다. 독일처럼 광역자치 단체 차원에서도 민주시민교육원(센터)을 설립하여 중앙의 민주시민교육원과 협력하는 체계를 구축하는 것도 생각해 볼 수 있다.

이 민주시민교육원은 민주시민교육의 연구와 실천의 메카 또는 허브가 되어야 할 것이다. 예를 들어 민주시민교육을 실제로 수행할 교육자/

퍼실리테이터 등을 양성하기 위한 체계적인 교육 및 연수 프로그램을 운영해야 한다. 또 가령 온라인 민주시민교육 사이트를 운영하며, 각종 자료를 체계적으로 정비해서 보급하고, 질 좋은 프로그램을 확산시키며, 네트워크 형성을 돕고, 교육자든 피교육자든 지속적인 민주주의 심화 학습을 할 수 있도록 지원하며, 새로운 현안들에 대한 교육 자료를 개발하는 등의 일을 할 수 있을 것이다. 이런 기능과 역할을 가진 기관은 단순히 독일 정치교육원의 모방 차원에서가 아니라 지금까지 우리나라의 교육 현실과 경험 자체가 요구하고 있다.

물론 이 기관의 초점은 어디까지나 '지원'이어야 한다. 대원칙은 〈국가는 지원하고, 실행은 학교와 시민사회가 자율적으로 하는 것〉이다. 국가가 민주시민교육의 모든 내용과 프로그램을 주도하거나 관리하는 일은 그 자체가 비민주적일 수 있다. 국가는 지원하고 시민사회와 학교가 상당한 자율성을 갖고 실행, 실천하는 기본 원칙이 서야 한다. 재정 지원에 대한 관리, 감독 이상으로 민주시민교육의 내용과 방향을 두고 간섭하는 일이 있어서는 안 될 것이다.

이런 총괄적 기관이 어떤 조직적 위상을 갖게 할 것인지에 대해서는 다음 네 가지 방안 정도를 생각할 수 있을 것 같다. 이 방안들은 무엇보다도 어떻게 학교와 시민사회를 아우르는 민주시민교육 체계를 실현할지에 대한 고민 때문에 모색된 것들이다.

첫째, 민주시민교육원을 '국무총리실' 산하에 두는 방안이다. 이렇게 되면 행정자치부와 교육부 두 부처 상위에서 시민사회와 학교 두 차원 모두의 민주시민교육을 통할할 수 있다는 장점이 있다. 독일은 내각제 연방국가이고 각 주가 독자적인 교육정책을 펴기에 내무성 산하에 두었지만, 사정이 다른 우리가 그 모델을 그대로 가져와 행정안전부 산하에 두어야 한다고 하는 식으로 접근할 필요는 없다. 국무총리실 산하에 있는 각종 국책연구기관의 총괄조직인 '경제인문사회연구회' 산하에 두면 어떨까 싶다.

둘째, 민주시민교육원을 '국회의장' 산하 기관으로 하는 것도 논의해 볼 수 있다. 이 경우 정치권이 민주시민교육원의 위상과 활동을 더 적극적으로 지원할 수 있을 것이고, 그 운영을 정치적으로 좀 더 공정하게 만들고 감시할 수 있는 장점도 있을 것이다. 그러나 행정적 집행력이 약해질 우려는 있겠다. 또 정치적 상황 변화에 이 기관이 지나치게 민감해질 우려가 있다.

셋째, 민주시민교육원을 문재인 정부가 추진하는 '국가교육위원회' 산하에 두는 것이다. 만약 국가교육위원회가 평생교육까지 관장하게 되면 학교교육과 시민사회 교육 전체를 아우를 수 있는 권한을 부여할 수 있을 텐데, 그 일환으로 민주시민교육원을 두자는 것이다. 그러나 민주시민교육 중심의 평생교육 개념이 충분히 공유되고 있는 것 같지는 않다는 현실적인 제약이 있을 듯하다. 평생교육은 그 자체로 민주시민교육의 상위 개념이 되기 힘들지 않을까 싶다. 그런 접근으로는 자치, 시민참여 등에 초점을 두는 시민사회의 협력을 충분히 얻어낼 수 있을지는 모르겠다.

넷째, 아예 독립 국가 기관으로 설립할 수도 있을 것이다. '국가인권위원회'가 모델이다. 국가인권위는, 퇴행이 없었던 건 아니지만, 단순한 정부 산하 기관이 아닌 독립 국가 기관이 되면서 우리나라의 인권 문제 전반을 총괄하여 다루고 관리하며 우리 사회의 인권 향상과 인권 교육에서 획기적인 발전을 위한 초석을 마련했다는 평가를 받는다. 민주시민교육의 중요성에 공감하고 그것을 총괄하는 국가 기관의 강한 독립성이 필요하다면, 이런 방향의 논의도 해 볼 수 있지 싶다.

물론 현실적으로는 또는 적어도 당분간은 이런 기관의 설립은 쉽지 않아 보인다. 때문에 정부는 대통령 국정과제에서 제시된 민주시민교육 강화를 위해, 위에서 잠시 언급한 대로, (행정안전부의 관리, 감독을 받고 있는) 민주화운동기념사업회 산하에 특별한 입법 과정 없이 가능한 '민주시민교육센터'의 설립을 추진하는 것으로 알려져 있다.민주화운동기념사업회, 2018[16] 그러나 이 경우에도 이 기관은 당장은 아니더라도 장기적으로는 민주시민교육 체계 전반에 대한 조감을 놓치지 않으면서 위에서 제시했던 바와 같은 방향에서 독립적인 민주시민교육원으로 발전할 수 있는 방안을 모색해야 할 것이다.

그러나 민주시민교육의 제도화는 시민사회 수준의 호응 없이는 완성될 수 없다. 민주시민교육원이라는 지원 기관이 설립된다면 그에 맞춰 학교교육 차원에서든 시민사회 차원에서든 그 기관의 지원 속에서 실질적으로 민주시민교육을 수행할 주체 조직 또는 네트워크가 필요할 것이라는 점이 특별히 강조될 필요가 있을 것 같다.

우선, 학교 민주시민교육과 관련해서는 각 지역별(광역과 기초 단위를 아울러) 민주시민교육 담당교사/장학관/학자 등이 주축이 되어 '학교 민주시민교육협의회' 같은 네트워크를 만들어 서로 협력하고 조율할 수 있지 않을까 한다. 이 네트워크 단위에서 민주시민교육원과 협력하여 전국적인 민주시민교육 표준 안도 만들고, 끊임없이 교육 목표와 내용 등을 조정해 나가는 일 등을 할 수 있을 것이다. 교육 경험과 프로그램 등을 상호 교류하고, 다양한 방법론을 여러 지역의 교육 주체들이 함께 개발할 수도 있을 것이다.

학교민주시민교육에서는 민주시민교육 교과 신설과 그 필수화가 제일 중요한 과제다. 물론 이 과제는 장기적으로 국가교육과정 개편과 맞물려 갈 수밖에 없다. 때문에 섣부른 도입은 교육현장의 혼란을 초래할 것이란 우려가 클 것이다. 또 꼭 독립 교과가 아니라 원칙적으로 모든 교과에서 민주시민교육을 수행할 수 있어야 한다는 의견도 있을 수 있다. 그러나 독립 교과를 신설하는 것이 모든 교육 과정 안에서 민주시민교육을 강화하자는 것과 상호 배타적이지는 않다. 우리보다 앞서 민주시민교육을 필수화했던 영국의 경험에서 보면 독립 교과로서의 민주시민교육은 아래의 그림에서와 같은 위상을 갖게 될 것인데Citizenship Foundation 2007: 49, 이런 체계가 제일 바람직할 것이다.

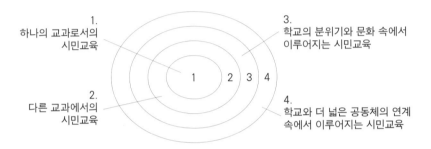

시민사회 수준에서는 지역과 중앙을 아울러 또 진보 및 보수 진영을 망라하여 민주시민교육에 관심 있는 개인, 조직, 기관 등의 전국적 네트워크를 형성하여 자율적으로 '민주시민교육협회'(가칭)를 형성할 필요가 있다. 현재 중앙과 지방 차원, 시민사회를 아울러 다양한 수준과 기관에서 민주시민교육 활성화를 모색하고 있으나 각 노력들이 분절화되어 서로 참조하고 협력하는 시스템이 부재한데, 이런 문제를 해결하기 위해 일단 시민사회 수준에서 서로 네트워크를 형성하고 웹사이트 등을 통해 서로 소통하는 시스템을 만들어 정보 교류, 의견 교환, 정책 공동 수립 등을 수행할 필요가 있다는 것이다. 그리고 이런 네트워크가 정부와 적절한 거버넌스 관계를 만들 수 있도록 하자는 것이다.

일반 시민들의 삶의 현장에서 실제로 민주시민교육을 수행할 각 시민단체들은 국민의 세금을 통해 조성된 지원금을 받을 수 있는데, 이런 경우 각 단체들은 조직의 안정성이나 회계처리의 투명성, (이념 지향을 떠나 다원적 민주주의 체제에 대한 헌신이라는 관점에서) 민주적 신뢰성을 입증해야 할 것이다. 아마도 이 협회 같은 조직이 그 과정에서 중요한 매개 고리 역할을 할 수 있을 것이다. 이런 수준의 네트워크는 지방자치단체 수준에서도 형성될 필요가 있을 것이며, 각 지자체들과도 비슷한 거버넌스 관계를 형성할 수 있어야 할 것이다.

이 협회는 시민사회의 자발적 노력의 결집체이자 시민교육 거버넌스를 위한 시민사회 핵심 파트너 역할을 해야 할 것이다. 여기서 중요한 것은 정부가 아니라 이 협회 중심의 시민사회 차원에서 자발적으로 시민교육 프로그램의 개발과 실천, 일반적인 원칙과 지침의 마련, 단체들 상호 간의 경험과 정보 공유, 신뢰성 있는 시민교육전문가나 퍼실리테이터 양성 등의 활동을 주도함으로써, 시민사회 활성화의 과제도 수행하면서 민주시민교육의 내실화도 이루어 내는 것이다.[17]

| 주석 |

1. 조소앙은 이렇게 말한다. "융희 황제가 주권을 포기한 8월 29일은 즉 우리 동지들이 이를 계승한 8월 29일이니, 그 사이에 순간의 쉼도 없다. 우리 동지들은 주권을 완전히 상속하였으니, 황제권이 소멸한 때가 곧 민권이 발생하는 때요, 구한국의 최후의 하루는 곧 신한국 최초의 하루다"(김육훈 2012, 103쪽에서 재인용).

2. 이는 메르켈(W. Merkel) 등이 민주주의와 권위주의 사이에 있는 제한적 민주주의를 지칭하기 위해 사용하는 개념이다. 결손 민주주의(defekte Demokratie)는 "누가 지배할지를 규제하는 포괄적으로 기능하는 선거제도가 존재하기는 하지만, 제대로 작동하는 민주주의에서라면 자유, 평등 및 통제를 보장하기 위해 불가결한 나머지 부분 제도들의 기능 논리가 방해를 받아, (그 민주적 선거 제도가 필요로 하는-필자) 보완적 지지를 잃어버린 지배체제"다(Merkel,et.al. 2003, 66). 이에 대한 자세한 논의는 장은주(2014a, 113) 각주 6번을 참조하라.

3. 이는 단순히 우리의 주관적 평가가 아니다. 촛불혁명이 현 시기 세계적 민주주의의 위기를 극복한 하나의 모범이라는 평가에 대해서는 야스차 뭉크(2018, 153 이하)를 보라.

4. 영국의 『이코노미스트(The Economist)』가 매년 발표하고 있는 '민주주의 지수' 평가 결과에 따르면, 우리나라는 2018년 21위로 일본(22위)이나 심지어 미국(25위)보다도 민주주의 성숙도가 높다. 그러나 여전히 '결함 있는(flawed) 민주주의'를 벗어나지 못하고 있으며, 특히 '정치 문화'와 시민들의 '정치 참여도' 영역에서 평가 점수가 상대적으로 낮다. The Economist Intelligence Unit, Democracy Index 2018.

5. 기획재정부 등에서 민주시민교육 강화를 위한 예산 편성에 대해 몰이해를 보이고 있으며 모종의 정치적 부담을 느낀다는 언론 보도가 심심찮게 이어지고 있는 실정이다. 가령 『한겨레』, 2018.9.9.(인터넷판) 자는 "예산 '0'원... 문재인 정부 '교육 국정과제' 좌초 위기"라는 제목 아래 2019년 민주시민교육 관련 예산 편성 과정의 '소동'을 보도하고 있다. 사소해 보일 수도 있지만, 명칭 문제도 있다. 우리나라에서는 이념 대립의 현실 속에서 민주시민교육이 좌경, 의식화 교육으로 오도되고 정쟁의 대상이 될 우려가 있다는 게 엄연한 현실이다. 어처구니없게도 "'민주'시민교육 = 민주당 정권의 이념 교육"이라는 식의 웃지 못할 일부 세간의 인식이 있을 정도로 이 교육을 둘러 싼 갈등은 극단적이다. 때문에 앞으로 그냥 세계적으로 통용되는 '시민교육(civic education)'이라는 개념을 사용하는 것은 어떨지에 대한 토론과 합의가 필요하다. 여기서는 관례를 따라 일단 민주시민교육이

라고 한다.

6. 민주시민교육에 대한 일반적인 논의는 차라리 혼란스럽다고 해야 할 정도로 풍성하다. 그간의 많은 논의들에 대한 개괄적인 소개는 장은주(2014b)의 선행연구 정리를 참고하라. 그러나 대부분의 연구에서 아직도 일반적이고 개괄적인 수준의 논의가 주를 이루고 있다. 민주시민교육에 대한 사회적 합의와 제도화된 체계가 구축되지 못한 탓이 큰 것으로 보인다.

7. 제2조 (교육 이념) 교육은 홍익인간(弘益人間)의 이념 아래 모든 국민으로 하여금 인격을 도야(陶冶)하고 자주적 생활능력과 민주시민으로서 필요한 자질을 갖추게 함으로써 인간다운 삶을 영위하게 하고 민주국가의 발전과 인류공영(人類共榮)의 이상을 실현하는 데에 이바지하게 함을 목적으로 한다.

8. 실제로 경기도교육청은 2016년 제정한 「학교민주시민교육조례」에서 민주시민교육을 "민주시민으로서, 사회 참여에 필요한 지식, 가치, 태도를 배우고 실천하는 교육"이라고, 비록 '기술'에 대한 언급은 없지만, 필자의 제안과 유사한 규정을 내렸다. 이러한 규정은 서울, 충북, 충남, 전북, 전남 등 다른 교육청에서도 조례를 제정하면서 큰 틀에서 따르고 있는 바, 그것은 바로 이런 접근법의 보편적 수용 가능성 때문이리라.

9. 가령 교육부 종합계획은 민주시민교육을 "비판적 사고력을 가진 주체적인 시민이 민주주의의 가치를 존중하고 서로 상생할 수 있도록 민주시민으로서의 역량을 향상시키는 교육"으로 정의하면서 주체적 시민 형성에 초점을 두고 있다.

10. 이런 맥락에서 '문화산업(Kulturindustrie)'이라는 개념을 처음 제안했을 뿐만 아니라 그것의 억압적 잠재력 때문에 서구 민주주의의 미래에 대해 매우 비관적이었던 아도르노가 독일의 민주시민교육, 곧 정치교육의 활성화를 위해 많은 노력을 기울였다는 사실은 우리에게도 시사하는 바가 크다(Adorno, 1966). 그는 민주주의 교육, 이데올로기 비판 교육, 반권위주의 교육, 저항권 교육, 공감 교육, 과거청산교육을 강조했다. 김누리(2017) 참조.

11. 학교를 정치적 진공 상태로 만들려는 것도 일정한 정치적 편향성을 담고 있다고 해야 한다.

12. 나 자신도 이전 글들에서는 이런 입장에서 교육의 정치적 중립성 원칙을 좀 더 잘 이해하자는 입장을 갖고 있었다(장은주 2017a,제5장).

13. 이 두 법안에 대한 법률적 관점에서의 비판적 검토는 다음을 참조. 정필운/전윤경(2019) 이들은 남윤인순, 소병훈 의원이 각기 발의한 두 법안의 취지에 공감하면서도, 두 법안이 전담기관을 각각 행정안전부나 국무총리실 산하에 두도록 한 것이 모두 각 부처의 고유의 기능과 무관하다는 점에 대해 문제를 제기한다. 이런 법논리적 측면에 대한 토론은 여기서는 진행하지 않기로 하겠다.

14. 당연히 우리나라의 상황에 맞는 창조적인 변형이 필요하다. 우리나라는 내각제

를 채택한 독일과는 다르게 대통령제를 채택하고 있다는 사실, 그리고 원칙적으로 모든 교육 문제를 연방 주가 관할하는 독일과 달리 국가 수준에서 교육을 관리하고 있다는 점이 고려될 필요가 있겠다.

15. 독일 정치교육원에 대해서는 Bernd Hübinger(2005) 참조. 그리고 이 정치교육원을 중심으로 한 독일의 정치교육 체계 전반에 대해서는 한국민주주의연구소(2016) 참조. 이 연구보고서는 독일 이외에도 프랑스, 스웨덴, 미국, 영국의 시민교육 체계 구축 과정에 대한 개괄적 소개도 담고 있다. 여기서 스웨덴은 독일과 비슷한 국가 지원 모델을, 영국과 미국은 시민사회 중심 모델을 갖고 있다고 평가될 수 있다.

16. 이 기관 역시 독일의 연방정치교육원을 기본 모델로 하고 있는 것처럼 보인다.

17. 정당 수준의 민주시민교육도 중요하다. 그러나 이에 대한 논의는 추후의 과제로 남겨 둔다.

『한겨레』(2018년 9월 9일 인터넷판). "예산 '0'원… 문재인 정부 '교육 국정과제' 좌초 위기".

김누리(2017). 「아도르노의 교육담론」. 『독일언어문학』, 78. 한국독일언어문학회.

김육훈(2012). 『민주공화국 대한민국의 탄생: 우리 민주주의는 언제, 어떻게 시작되었나』. 후마니타스.

김정인(2015). 『민주주의를 향한 역사』. 책과 함께.

김현수(2019). 『요즘 아이들 마음고생의 비밀』. 해냄.

민주화운동기념사업회(2018). 『민주시민교육센터 설립·운영연구』. 민주화운동기념사업회 민주시민교육국.

서희경(2012). 『대한민국 헌법의 탄생: 한국 헌정사, 만민공동회에서 제헌까지』. 창비.

심성보·이동기·장은주·케어스틴 폴(2018). 『보이텔스바흐 합의와 민주시민교육』. 북멘토.

장은주(2014a). 「민주주의라는 삶의 양식과 그 인간적 이상」, 『사회와 철학』, 27.

장은주(2014b). 『왜 그리고 어떤 민주시민교육인가』. 경기도교육연구원.

장은주 외(2015). 『학교민주주의 지수 개발 연구(II): 지표 체계와 평가도구 개발』. 경기도교육연구원.

장은주(2017a). 『시민교육이 희망이다: 한국 민주시민교육의 철학과 실천 모델』. 피어나.

장은주(2017b). 「메리토크라시와 민주주의: 유교적 근대성의 맥락에서」. 『철학연구』, 119.

정필운/전윤경(2019). 「민주시민교육은 어떻게 활성화되는가?: 현재 발의된 민주시민교육지원법안에 대한 비판적 검토」. (사)한국NGO학회 2019년 춘계학술회의 발표집.

조영달(2001). 「시민참여를 위한 시민교육의 제도화 방안」. 『시민교육연구』, 32.

조철민(2019). 「시·도 민주시민교육 관련 조례와 운영실태」. (사)한국NGO학회 2019년 춘계학술회의 발표집.

차명제(2019). 「기초지자체 민주시민교육 조례 및 운영실태: 경기도를 중심으로」. (사)한국NGO학회 2019년 춘계학술회의 발표집.

한국민주주의연구소(2016). 『시민사회 시민교육 체계 구축과정 연구』. 민주화운동기념사업회.

홍득표(1997). 「한국 민주시민교육의 체제구축 방안: 민주시민교육원 설립을 중심으로」, 『한국민주시민교육학회보』.

야스차 뭉크(2018). 『위험한 민주주의』. 함규진 옮김. 와이즈베리.

위잉스(2015). 『주희의 역사세계: 송대 사대부의 정치문화 연구』. 이원석 옮김. 글항
아리.

Bernd Hübinger(2005), 「독일연방정치교육원의 기능과 역할」. 『민주시민교육의 비
전과 제도화』. 중앙선거관리위원회.

Th. W. Adorno(1966). Erziehung nach Auschwitz. Gesammelte Schriften,
Bd.10 Kulturkritik und Gesellschaft I/II.

Citizenship Foundation(2006). *Making Sense of Citizenship: A Continuing
Professional Development Handbook*. Hodder Murray, London.

The Economist Intelligence Unit. *Democracy Index 2018*.

GPJE(Gesellschaft für Politikdidaktik und politische Jugend-
und Erwachsenen-bildung)(2005). *Anforderungen an nationale
Bildungsstandards für den Fachunterricht in der Politischen Bildung an
Schulen. Ein Entwurf*. 2 Aufl. Schwalbach: Wochenschau

W. Merkel (et.al./2003). *Defekte Demokratie*. Band 1: Theorie. Oplanden;
Leske+Budrich, 2003: 66.

삶의 행복을 꿈꾸는 교육은 어디에서 오는가?

미래 100년을 향한 새로운 교육 혁신교육을 실천하는 교사들의 **필독서**

▶ 교육혁명을 앞당기는 배움책 이야기
혁신교육의 철학과 잉걸진 미래를 만나다!

한국교육연구네트워크 총서

01 핀란드 교육혁명
한국교육연구네트워크 엮음 | 320쪽 | 값 15,000원

02 일제고사를 넘어서
한국교육연구네트워크 엮음 | 284쪽 | 값 13,000원

03 새로운 사회를 여는 교육혁명
한국교육연구네트워크 엮음 | 380쪽 | 값 17,000원

04 교장제도 혁명
한국교육연구네트워크 엮음 | 268쪽 | 값 14,000원

05 새로운 사회를 여는 교육자치 혁명
한국교육연구네트워크 엮음 | 312쪽 | 값 15,000원

06 혁신학교에 대한 교육학적 성찰
한국교육연구네트워크 엮음 | 308쪽 | 값 15,000원

07 진보주의 교육의 세계적 동향
한국교육연구네트워크 엮음 | 324쪽 | 값 17,000원
2018 세종도서 학술부문

08 더 나은 세상을 위한 학교혁명
한국교육연구네트워크 엮음 | 404쪽 | 값 21,000원
2018 세종도서 교양부문

09 비판적 실천을 위한 교육학
이윤미 외 지음 | 448쪽 | 값 23,000원

10 마을교육공동체운동:
세계적 동향과 전망
심성보 외 지음 | 376쪽 | 값 18,000원

한국교육연구네트워크 번역 총서

01 프레이리와 교육
존 엘리아스 지음 | 한국교육연구네트워크 옮김
276쪽 | 값 14,000원

02 교육은 사회를 바꿀 수 있을까?
마이클 애플 지음 | 강희룡·김선우·박원순·이형빈 옮김
356쪽 | 값 16,000원

03 비판적 페다고지는
세상을 변화시킬 수 있는가?
Seewha Cho 지음 | 심성보·조시화 옮김 | 280쪽 | 값 14,000원

04 마이클 애플의 민주학교
마이클 애플·제임스 빈 엮음 | 강희룡 옮김 | 276쪽 | 값 14,000원

05 21세기 교육과 민주주의
넬 나딩스 지음 | 심성보 옮김 | 392쪽 | 값 18,000원

06 세계교육개혁:
민영화 우선인가 공적 투자 강화인가?
린다 달링-해먼드 외 지음 | 심성보 외 옮김 | 408쪽 | 값 21,000원

07 콩도르세, 공교육에 관한 다섯 논문
니콜라 드 콩도르세 지음 | 이주환 옮김 | 300쪽 | 값 16,000원

혁신학교
성열관·이순철 지음 | 224쪽 | 값 12,000원

행복한 혁신학교 만들기
초등교육과정연구모임 지음 | 264쪽 | 값 13,000원

서울형 혁신학교 이야기
이부영 지음 | 320쪽 | 값 15,000원

혁신교육, 철학을 만나다
브렌트 데이비스·데니스 수마라 지음
현인철·서용선 옮김 | 304쪽 | 값 15,000원

대한민국 교사, 어떻게 가르칠 것인가?
윤성관 지음 | 320쪽 | 값 15,000원

아이들을 어떻게 가르칠 것인가
사토 마나부 지음 | 박찬영 옮김 | 232쪽 | 값 13,000원

모두를 위한 국제이해교육
한국국제이해교육학회 지음 | 364쪽 | 값 16,000원

경쟁을 넘어 발달 교육으로
현광일 지음 | 288쪽 | 값 14,000원

혁신교육 존 듀이에게 묻다
서용선 지음 | 292쪽 | 값 14,000원

 다시 읽는 조선 교육사
이만규 지음 | 750쪽 | 값 33,000원

 대한민국 교육혁명
교육혁명공동행동 연구위원회 지음 | 224쪽 | 값 12,000원

 독일 교육, 왜 강한가?
박성희 지음 | 324쪽 | 값 15,000원

 핀란드 교육의 기적
한넬레 니에미 외 엮음 | 장수명 외 옮김 | 456쪽 | 값 23,000원

 한국 교육의 현실과 전망
심성보 지음 | 724쪽 | 값 35,000원

▶ 비고츠키 선집 시리즈
발달과 협력의 교육학 어떻게 읽을 것인가?

 생각과 말
레프 세묘노비치 비고츠키 지음
배희철·김용호·D. 켈로그 옮김 | 690쪽 | 값 33,000원

 도구와 기호
비고츠키·루리야 지음 | 비고츠키 연구회 옮김
336쪽 | 값 16,000원

 어린이 자기행동숙달의 역사와 발달 I
L.S. 비고츠키 지음 | 비고츠키 연구회 옮김
564쪽 | 값 28,000원

 어린이 자기행동숙달의 역사와 발달 II
L.S. 비고츠키 지음 | 비고츠키 연구회 옮김
552쪽 | 값 28,000원

 어린이의 상상과 창조
L.S. 비고츠키 지음 | 비고츠키 연구회 옮김
280쪽 | 값 15,000원

 비고츠키와 인지 발달의 비밀
A.R. 루리야 지음 | 배희철 옮김 | 280쪽 | 값 15,000원

 수업과 수업 사이
비고츠키 연구회 지음 | 196쪽 | 값 12,000원

 비고츠키의 발달교육이란 무엇인가?
비고츠키교육학실천연구모임 지음 | 412쪽 | 값 21,000원

 비고츠키 철학으로 본 핀란드 교육과정
배희철 지음 | 456쪽 | 값 23,000원

 성장과 분화
L.S. 비고츠키 지음 | 비고츠키 연구회 옮김
308쪽 | 값 15,000원

 연령과 위기
L.S. 비고츠키 지음 | 비고츠키 연구회 옮김
336쪽 | 값 17,000원

 의식과 숙달
L.S 비고츠키 | 비고츠키 연구회 옮김
348쪽 | 값 17,000원

 분열과 사랑
L.S. 비고츠키 지음 | 비고츠키 연구회 옮김
260쪽 | 값 16,000원

 성애와 갈등
L.S. 비고츠키 지음 | 비고츠키 연구회 옮김
268쪽 | 값 17,000원

 관계의 교육학, 비고츠키
진보교육연구소 비고츠키교육학실천연구모임 지음
300쪽 | 값 15,000원

 비고츠키 생각과 말 쉽게 읽기
진보교육연구소 비고츠키교육학실천연구모임 지음
316쪽 | 값 15,000원

 교사와 부모를 위한 비고츠키 교육학
카르포프 지음 | 실천교사번역팀 옮김 | 308쪽 | 값 15,000원

▶ 살림터 참교육 문예 시리즈
영혼이 있는 삶을 가르치는 온 선생님을 만나다!

 꽃보다 귀한 우리 아이는
조재도 지음 | 244쪽 | 값 12,000원

 성깔 있는 나무들
최은숙 지음 | 244쪽 | 값 12,000원

 선생님이 먼저 때렸는데요
강병철 지음 | 248쪽 | 값 12,000원

 서울 여자, 시골 선생님 되다
조경선 지음 | 252쪽 | 값 12,000원

아이들에게 세상을 배웠네
명혜정 지음 | 240쪽 | 값 12,000원

 행복한 창의 교육
최창의 지음 | 328쪽 | 값 15,000원

 밥상에서 세상으로
김흥숙 지음 | 280쪽 | 값 13,000원

 북유럽 교육 기행
정애경 외 14인 지음 | 288쪽 | 값 14,000원

 우물쭈물하다 끝난 교사 이야기
유기창 지음 | 380쪽 | 값 17,000원

▶ 4·16, 질문이 있는 교실 마주이야기
통합수업으로 혁신교육과정을 재구성하다!

 통하는 공부
김태호·김형우·이경석·심우근·허진만 지음
324쪽 | 값 15,000원

 미래교육의 열쇠, 창의적 문화교육
심광현·노명우·강정석 지음 | 368쪽 | 값 16,000원

 내일 수업 어떻게 하지?
아이함께 지음 | 300쪽 | 값 15,000원
2015 세종도서 교양부문

 주제통합수업, 아이들을 수업의 주인공으로!
이윤미 외 지음 | 392쪽 | 값 17,000원

 인간 회복의 교육
성래운 지음 | 260쪽 | 값 13,000원

 수업과 교육의 지평을 확장하는 수업 비평
윤양수 지음 | 316쪽 | 값 15,000원
2014 문화체육관광부 우수교양도서

 교과서 너머 교육과정 마주하기
이윤미 외 지음 | 368쪽 | 값 17,000원

 교사, 선생이 되다
김태은 외 지음 | 260쪽 | 값 13,000원

 수업 고수들 수업·교육과정·평가를 말하다
박현숙 외 지음 | 368쪽 | 값 17,000원

 교사의 전문성, 어떻게 만들어지나
국제교원노조연맹 보고서 | 김석규 옮김 392쪽 | 값 17,000원

 도덕 수업, 책으로 묻고 윤리로 답하다
울산도덕교사모임 지음 | 320쪽 | 값 15,000원

 수업의 정치
윤양수·원종희·장군 지음 | 280쪽 | 값 14,000원

 체육 교사, 수업을 말하다
전용진 지음 | 304쪽 | 값 15,000원

 학교협동조합,
현장체험학습과 마을교육공동체를 잇다
주수원 외 지음 | 296쪽 | 값 15,000원

 교실을 위한 프레이리
아이러 쇼어 엮음 | 사람대사람 옮김 | 412쪽 | 값 18,000원

 거꾸로 교실,
잠자는 아이들을 깨우는 수업의 비밀
이민경 지음 | 280쪽 | 값 14,000원

 마을교육공동체란 무엇인가?
서용선 외 지음 | 360쪽 | 값 17,000원

 교사는 무엇으로 사는가
정은균 지음 | 292쪽 | 값 15,000원

 교사, 학교를 바꾸다
정진화 지음 | 372쪽 | 값 17,000원

 마음의 힘을 기르는 감성수업
조선미 외 지음 | 300쪽 | 값 15,000원

 함께 배움
학생 주도 배움 중심 수업 이렇게 한다
니시카와 준 지음 | 백경석 옮김 | 280쪽 | 값 15,000원

 작은 학교 아이들
지경준 엮음 | 376쪽 | 값 17,000원

 공교육은 왜?
홍섭근 지음 | 352쪽 | 값 16,000원

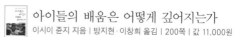 **아이들의 배움은 어떻게 깊어지는가**
이시이 준지 지음 | 방지현·이창희 옮김 | 200쪽 | 값 11,000원

 자기혁신과 공동의 성장을 위한
교사들의 필리버스터
윤양수·원종희·장군·조경삼 지음 | 280쪽 | 값 14,000원

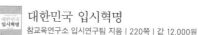 **대한민국 입시혁명**
참교육연구소 입시혁명팀 지음 | 220쪽 | 값 12,000원

함께 배움 이렇게 시작한다
니시카와 준 지음 | 백경석 옮김 | 196쪽 | 값 12,000원

함께 배움 교사의 말하기
니시카와 준 지음 | 백경석 옮김 | 188쪽 | 값 12,000원

교육과정 통합, 어떻게 할 것인가?
성열관 외 지음 | 192쪽 | 값 13,000원

학교 혁신의 길, 아이들에게 묻다
남궁상운 외 지음 | 272쪽 | 값 15,000원

프레이리의 사상과 실천
사람대사람 지음 | 352쪽 | 값 18,000원
2018 세종도서 학술부문

혁신학교, 한국 교육의 미래를 열다
송순재 외 지음 | 608쪽 | 값 30,000원

페다고지를 위하여
프레네의 『페다고지 불변요소』 읽기
박찬영 지음 | 296쪽 | 값 15,000원

노자와 탈현대 문명
홍승표 지음 | 284쪽 | 값 15,000원

선생님, 민주시민교육이 뭐예요?
염경미 지음 | 244쪽 | 값 15,000원

어쩌다 혁신학교
유우석 외 지음 | 380쪽 | 값 17,000원

미래, 교육을 묻다
정광필 지음 | 232쪽 | 값 15,000원

대학, 협동조합으로 교육하라
박주희 외 지음 | 252쪽 | 값 15,000원

입시, 어떻게 바꿀 것인가?
노기원 지음 | 306쪽 | 값 15,000원

촛불시대, 혁신교육을 말하다
이용관 지음 | 240쪽 | 값 15,000원

라운드 스터디
이시이 데루마사 외 엮음 | 224쪽 | 값 15,000원

미래교육을 디자인하는 학교교육과정
박승열 외 지음 | 348쪽 | 값 18,000원

흥미진진한 아일랜드 전환학년 이야기
제리 제퍼스 지음 | 최상덕·김호원 옮김 | 508쪽 | 값 27,000원

교사를 세우는 교육과정
박승열 지음 | 312쪽 | 값 15,000원

전국 17명 교육감들과 나눈
교육 대담
최창의 대담·기록 | 272쪽 | 값 15,000원

들뢰즈와 가타리를 통해
유아교육 읽기
리세롯 마리엣 올슨 지음 | 이연선 외 옮김 | 328쪽 | 값 17,000원

학교 민주주의의 불한당들
정은균 지음 | 276쪽 | 값 14,000원

교육과정, 수업, 평가의 일체화
리사 카터 지음 | 박승열 외 옮김 | 196쪽 | 값 13,000원

학교를 개선하는 교장
지속가능한 학교 혁신을 위한 실천 전략
마이클 풀란 지음 | 서동연·정효준 옮김 | 216쪽 | 값 13,000원

공자뎐, 논어는 이것이다
유문상 지음 | 392쪽 | 값 18,000원

교사와 부모를 위한
발달교육이란 무엇인가?
현광일 지음 | 380쪽 | 값 18,000원

교사, 이오덕에게 길을 묻다
이무완 지음 | 328쪽 | 값 15,000원

낙오자 없는 스웨덴 교육
레이프 스트란드베리 지음 | 변광수 옮김 | 208쪽 | 값 13,000원

끝나지 않은 마지막 수업
장석웅 지음 | 328쪽 | 값 20,000원

경기꿈의학교
진흥섭 외 지음 | 360쪽 | 값 17,000원

학교를 말한다
이성우 지음 | 292쪽 | 값 15,000원

행복도시 세종, 혁신교육으로 디자인하다
곽순일 외 지음 | 392쪽 | 값 18,000원

나는 거꾸로 교실 거꾸로 교사
류광모·임정훈 지음 | 212쪽 | 값 13,000원

교실 속으로 간 이해중심 교육과정
온정덕 외 지음 | 224쪽 | 값 13,000원

교실, 평화를 말하다
따돌림사회연구모임 초등우정팀 지음 | 268쪽 | 값 15,000원

폭력 교실에 맞서는 용기
따돌림사회연구모임 학급운영팀 지음 | 272쪽 | 값 15,000원

학교자율운영 2.0
김용 지음 | 240쪽 | 값 15,000원

그래도 혁신학교
박은혜 외 지음 | 248쪽 | 값 15,000원

학교자치를 부탁해
유우석 외 지음 | 252쪽 | 값 15,000원

학교는 어떤 공동체인가?
성열관 외 지음 | 228쪽 | 값 15,000원

국제이해교육 페다고지
강순원 외 지음 | 256쪽 | 값 15,000원

교사 전쟁
다나 골드스타인 지음 | 유성상 외 옮김 | 468쪽 | 값 23,000원

미래교육, 어떻게 만들어갈 것인가?
송기상·김성천 지음 | 300쪽 | 값 16,000원

인공지능 시대의 사회학적 상상력
홍승표 지음 | 260쪽 | 값 15,000원

선생님, 페미니즘이 뭐예요?
염경미 지음 | 280쪽 | 값 15,000원

시민, 학교에 가다
최형규 지음 | 260쪽 | 값 15,000원

혁신교육지구와 마을교육공동체는 어떻게 만들어지는가?
김태정 지음 | 376쪽 | 값 18,000원

▶ 교과서 밖에서 만나는 역사 교실
상식이 통하는 살아 있는 역사를 만나다

전봉준과 동학농민혁명
조광환 지음 | 336쪽 | 값 15,000원

교과서 밖에서 배우는 역사 공부
정은교 지음 | 292쪽 | 값 14,000원

남도의 기억을 걷다
노성태 지음 | 344쪽 | 값 14,000원

팔만대장경도 모르면 빨래판이다
전병철 지음 | 360쪽 | 값 16,000원

응답하라 한국사 1·2
김은석 지음 | 356쪽·368쪽 | 각권 값 15,000원

빨래판도 잘 보면 팔만대장경이다
전병철 지음 | 360쪽 | 값 16,000원

즐거운 국사수업 32강
김남선 지음 | 280쪽 | 값 11,000원

영화는 역사다
강성률 지음 | 288쪽 | 값 13,000원

즐거운 세계사 수업
김은석 지음 | 328쪽 | 값 13,000원

친일 영화의 해부학
강성률 지음 | 264쪽 | 값 15,000원

강화도의 기억을 걷다
최보길 지음 | 276쪽 | 값 14,000원

한국 고대사의 비밀
김은석 지음 | 304쪽 | 값 13,000원

광주의 기억을 걷다
노성태 지음 | 348쪽 | 값 15,000원

조선족 근현대 교육사
정미량 지음 | 320쪽 | 값 15,000원

선생님도 궁금해하는 한국사의 비밀 20가지
김은석 지음 | 312쪽 | 값 15,000원

다시 읽는 조선근대 교육의 사상과 운동
윤건차 지음 | 이명실·심성보 옮김 | 516쪽 | 값 25,000원

걸림돌
키르스텐 세룹-빌펠트 지음 | 문봉애 옮김
248쪽 | 값 13,000원

음악과 함께 떠나는 세계의 혁명 이야기
조광환 지음 | 292쪽 | 값 15,000원

역사수업을 부탁해
열 사람의 한 걸음 지음 | 388쪽 | 값 18,000원

논쟁으로 보는 일본 근대 교육의 역사
이명실 지음 | 324쪽 | 값 17,000원

진실과 거짓, 인물 한국사
하성환 지음 | 400쪽 | 값 18,000원

 다시, 독립의 기억을 걷다
노성태 지음 | 320쪽 | 값 16,000원

 우리 역사에서 사라진 근현대 인물 한국사
하성환 지음 | 296쪽 | 값 18,000원

 한국사 리뷰
김은석 지음 | 244쪽 | 값 15,000원

 꼬물꼬물 거꾸로 역사수업
역모자들 지음 | 436쪽 | 값 23,000원

 경남의 기억을 걷다
류형진 외 지음 | 564쪽 | 값 28,000원

▶ 더불어 사는 정의로운 세상을 여는 인문사회과학
사람의 존엄과 평등의 가치를 배운다

 밥상혁명
강양구·강이현 지음 | 298쪽 | 값 13,800원

 좌우지간 인권이다
안경환 지음 | 288쪽 | 값 13,000원

 도덕 교과서 무엇이 문제인가?
김대용 지음 | 272쪽 | 값 14,000원

 민주시민교육
심성보 지음 | 544쪽 | 값 25,000원

 자율주의와 진보교육
조엘 스프링 지음 | 심성보 옮김 | 320쪽 | 값 15,000원

 민주시민을 위한 도덕교육
심성보 지음 | 500쪽 | 값 25,000원
2015 세종도서 학술부문

 민주화 이후의 공동체 교육
심성보 지음 | 392쪽 | 값 15,000원
2009 문화체육관광부 우수학술도서

 교과서 밖에서 배우는 인문학 공부
정은교 지음 | 280쪽 | 값 13,000원

 갈등을 넘어 협력 사회로
이창언·오수길·유문종·신윤관 지음 | 280쪽 | 값 15,000원

 오래된 미래교육
정재걸 지음 | 392쪽 | 값 18,000원

 동양사상과 마음교육
정재걸 외 지음 | 356쪽 | 값 16,000원
2015 세종도서 학술부문

 대한민국 의료혁명
전국보건의료산업노동조합 엮음 | 548쪽 | 값 25,000원

 교과서 밖에서 배우는 철학 공부
정은교 지음 | 280쪽 | 값 14,000원

 교과서 밖에서 배우는 고전 공부
정은교 지음 | 288쪽 | 값 14,000원

 교과서 밖에서 배우는 사회 공부
정은교 지음 | 304쪽 | 값 15,000원

 전체 안의 전체 사고 속의 사고
김우창의 인문학을 읽다
현광일 지음 | 320쪽 | 값 15,000원

 교과서 밖에서 배우는 윤리 공부
정은교 지음 | 292쪽 | 값 15,000원

 카스트로, 종교를 말하다
피델 카스트로·프레이 베토 대담 | 조세종 옮김
420쪽 | 값 21,000원

 한글 혁명
김슬옹 지음 | 388쪽 | 값 18,000원

 일제강점기 한국철학
이태우 지음 | 448쪽 | 값 25,000원

 우리 안의 미래교육
정재걸 지음 | 484쪽 | 값 25,000원

 한국 교육 제4의 길을 찾다
이길상 지음 | 400쪽 | 값 21,000원

 왜 그는 한국으로 돌아왔는가?
황선준 지음 | 364쪽 | 값 17,000원

마을교육공동체 생태적 의미와 실천
김용련 지음 | 256쪽 | 값 15,000원

▶ 평화샘 프로젝트 매뉴얼 시리즈
학교폭력에 대한 근본적인 예방과 대책을 찾는다

 학교폭력 어떻게 만들어지는가
문재현 외 지음 | 300쪽 | 값 14,000원

 아이들을 살리는 동네
문재현·신동명·김수동 지음 | 204쪽 | 값 10,000원

 학교폭력, 멈춰!
문재현 외 지음 | 348쪽 | 값 15,000원

 평화! 행복한 학교의 시작
문재현 외 지음 | 252쪽 | 값 12,000원

 왕따, 이렇게 해결할 수 있다
문재현 외 지음 | 236쪽 | 값 12,000원

 마을에 배움의 길이 있다
문재현 지음 | 208쪽 | 값 10,000원

 젊은 부모를 위한 백만 년의 육아 슬기
문재현 지음 | 248쪽 | 값 13,000원

 별자리, 인류의 이야기 주머니
문재현·문한뫼 지음 | 444쪽 | 값 20,000원

 우리는 마을에 산다
유양우·신동명·김수동·문재현 지음 | 312쪽 | 값 15,000원

 동생아, 우리 뭐 하고 놀까?
문재현 외 지음 | 280쪽 | 값 15,000원

 누가, 학교폭력 해결을 가로막는가?
문재현 외 지음 | 312쪽 | 값 15,000원

▶ 남북이 하나 되는 두물머리 평화교육
분단 극복을 위한 치열한 배움과 실천을 만나다

 10년 후 통일
정동영·지승호 지음 | 328쪽 | 값 15,000원

 선생님, 통일이 뭐예요?
정경호 지음 | 252쪽 | 값 13,000원

 분단시대의 통일교육
성래운 지음 | 428쪽 | 값 18,000원

 김창환 교수의 DMZ 지리 이야기
김창환 지음 | 264쪽 | 값 15,000원

 한반도 평화교육 어떻게 할 것인가
이기범 외 지음 | 252쪽 | 값 15,000원

▶ 창의적인 협력 수업을 지향하는 삶이 있는 국어 교실
우리말 글을 배우며 세상을 배운다

 중학교 국어 수업 어떻게 할 것인가?
김미경 지음 | 340쪽 | 값 15,000원

 토론의 숲에서 나를 만나다
명혜정 엮음 | 312쪽 | 값 15,000원

 토닥토닥 토론해요
명혜정·이명선·조선미 엮음 | 288쪽 | 값 15,000원

 인문학의 숲을 거니는 토론 수업
순천국어교사모임 엮음 | 308쪽 | 값 15,000원

 어린이와 시
오인태 지음 | 192쪽 | 값 12,000원

 수업, 슬로리딩과 함께
박경숙 외 지음 | 268쪽 | 값 15,000원

 언어던
정은균 지음 | 268쪽 | 값 15,000원

 민촌 이기영 평전
이성렬 지음 | 508쪽 | 값 20,000원

참된 삶과 교육에 관한
생각 줍기